ORAÇÕES QUE PREVALECEM

Orações poderosas baseadas na Palavra de Deus

GERMAINE COPELAND

Copeland, Germaine
  Orações que Prevalecem / Germaine Copeland; [tradução de Thayse Mota].
Belo Horizonte, MG : Editora Atos, 2023.
  16 cm x 23 cm – 304 p.
  Título original: *PRAYERS THAT AVAIL MUCH.*
  ISBN: 978.65.00.79522-6
  1. Devocional   2. Vida cristã   I. Título.

CDD: 248

Copyright© by Germaine Copeland
Copyright©2023 por Editora Atos
Todos os direitos reservados

Coordenação editorial: Manoel Menezes
Capa: Douglas Lucas
Primeira edição em português: 2023

Nenhuma parte deste livro pode ser reproduzida, arquivada ou transmitida por qualquer meio – eletrônico, mecânico, fotocópias, etc. – sem a devida permissão dos editores, podendo ser usada apenas para citações breves.

Os textos bíblicos mencionados neste livro são da versão
Almeida Clássica Corrigida.

Publicado com a devida autorização e com todos os direitos reservados pela EDITORA ATOS LTDA.

www.editoraatos.com.br

O que estão dizendo sobre *Orações Que Prevalecem*

São poucos os livros que li várias vezes. Na verdade, este é o único livro que li – mais corretamente, que orei – repetidamente. Desgastei a capa de várias cópias. Considero o livro *Orações que Prevalecem* o recurso mais útil que já usei. Recomendo-o a todos. Você não se arrependerá de orar enquanto lê este livro.

— Dr. Jim Garlow,
CEO *Well Versed*, Inc.,
La Mesa, Califórnia

Orações que Prevalecem foi meu manual sobre como orar a Palavra. Li este livro pela primeira vez nos anos 80 e ele me deu a base de que precisava para me tornar uma intercessora eficaz. Esta é uma leitura muito necessária para todo crente que deseja aprender a orar com eficácia.

— Dra. Cindy Jacobs
Generals International
Ovilla, Texas

Orações que Prevalecem vem diretamente da própria história de oração de Germaine Copeland. Este livro surgiu do coração de uma mãe para seu filho. Nele, ela compartilha uma revelação maravilhosa: a oração eficaz sempre vem da adoração. A oração começa com o temor a Deus. Este livro é um presente para aqueles que desejam receber ferramentas para sua vida de oração. Está profundamente enraizado na Palavra, pois Germaine compartilha as promessas de Deus por meio de versículos para que possamos ver claramente como orar.

—Beni Johnson
Bethel Church, Redding, Califórnia
Autor de *O Intercessor Feliz* e *O Poder da Comunhão*

A oração e a Palavra de Deus são essenciais para termos um relacionamento pessoal com Deus e para experimentarmos Seu poder sobrenatural em nossas vidas e por meio delas. Quando a Palavra de Deus é a essência de nossas orações, e somos justos perante Ele por meio de Jesus Cristo, podemos ter certeza de que Deus ouvirá e responderá nossas orações. É somente quando oramos de acordo com a Palavra que estamos realmente orando a vontade de Deus. À medida que continuamos a acumular consistentemente orações diante da presença de Deus, podemos ter certeza de que veremos Sua fidelidade, amor, sabedoria e poder por meio de conquistas e orações respondidas. É por essas razões que recomendo fortemente o livro de Germaine Copeland, *Orações que Prevalecem*. É uma ferramenta maravilhosa para ajudar líderes e crentes a desenvolverem e aprofundarem uma vida de oração significativa e poderosa que produzirá muitos frutos em todas as áreas de suas vidas.

— Guillermo Maldonado
Apóstolo Sênior e Pastor da Igreja *King Jesus International Ministry*
Miami, Flórida

A oração é o momento mais íntimo que podemos passar com Deus. Ao comunicarmos nossa gratidão, esperanças e preocupações a Ele, formamos uma conexão direta que permite que Ele transforme nossa vida e as circunstâncias. *Orações que Prevalecem* está repleto de orações poderosas que não apenas lhe ajudarão a desenvolver e fortalecer sua vida de oração, mas também permitirão que Deus lhe abençoe de maneira que você nunca imaginou ser possível.

— Victoria Osteen,
Co-Pastora da *Lakewood Church*, Houston, Texas
Autora do New York Times

Em Efésios 6.18, o apóstolo Paulo disse: "Orai em todo o tempo, com toda oração e súplica". A versão em grego realmente significa: "Ore sempre que houver uma oportunidade – não importa onde você esteja ou o que esteja fazendo. Use todas as ocasiões, todas as estações, todos os momentos possíveis para orar. E quando o fizer, use todo tipo de oração que estiver à sua disposição".

Este versículo explica por que amo o poderoso livro de Germaine Copeland, *Orações que Prevalecem*. Esta edição fortalecerá qualquer crente com todos os tipos de oração disponíveis para usar em todas as ocasiões! Este livro é uma ferramenta poderosa nas mãos de qualquer santo de oração!

— Rick Renner
Autor, Professor, Pastor, Comentarista
Rick Renner Ministries e *Moscow Good News Church*
Tulsa, Oklahoma, e Moscou, Rússia

Dedico este livro à minha primeira parceira de oração, a Sra. Doris Beasley, que compartilhou meu desejo de aprender a orar com eficácia.

Aqueles anos em que oramos juntas e pesquisamos se tornaram a base do livro *Orações que Prevalecem*.

Juntas, estabelecemos o *Word Ministries*, Inc., e Doris atuou como nossa primeira gerente de negócios.

Agradecimentos

Obrigada a todos os membros do meu primeiro grupo de oração. Esse grupo me ajudou a buscar na Bíblia as respostas para os pedidos de oração que começaram a surgir. Quero agradecer especialmente a Carolyn East, que trabalhou diligentemente para preservar nossos registros e mimeografou aquelas primeiras orações para distribuição. As orações escritas estavam disponíveis para todos os que vieram da cidade de Atlanta, Geórgia. Eu honro aqueles que fizeram a transição da terra para o Céu.

Um agradecimento especial a Jan Duncan, que andava em volta da mesa da sala de jantar observando todas aquelas orações escritas e idealizou um livro de orações. Esse foi o começo da série de livros conhecida como *Prayers That Avail Much*®. Jan tornou-se a gerente de negócios do *Word Ministries*, e ela e seu marido, Earle, serviram como membros do conselho.

Outro agradecimento vai para Linda Whitaker, que atuou como secretária do *Word Ministries*. Gentilmente, ela me ensinou muito mais do que pode imaginar. Obrigada por me encorajar e me ensinar a ser uma líder.

Tenho uma dívida de gratidão com Donna Walker. Ela foi a editora que leu aquelas primeiras páginas amarelas manuscritas, marcou-as em vermelho e me convenceu de que eu poderia ser uma escritora produtiva.

Há uma série de outras pessoas que eu poderia citar que trabalharam como assistentes pessoais, companheiros de viagem, líderes de oração, funcionários de escritório, organizadores de conferências, etc. Cada um contribuiu para o sucesso da série de livros *Prayers That Avail Much*®.

Obrigada, David Copeland, vice-presidente do ministério *Prayers That Avail Much*®, por orar por mim e conversar comigo durante aqueles dias cheios de estresse, quando nada parecia funcionar. Além disso, não posso agradecer o suficiente por cuidar dos negócios do ministério com a ajuda de nossos membros do conselho Andy e Gail Lee, James e Trisha Tippin, Lynn Copeland Sutton e, por último, mas não menos importante, meu marido, Everette Copeland.

Quero agradecer especialmente a Brad Herman, editor da Harrison House, a Kaye Mountz, editora, e a toda a equipe por sua orientação e apoio.

"E esta é a confiança que temos para com Ele: que, se pedirmos alguma coisa, segundo Sua vontade, Ele nos ouve. E, se sabemos que nos ouve em tudo o que pedimos, sabemos que alcançamos as petições que Lhe fazemos". – 1 João 5.14-15

Sumário

Uma Carta de Germaine 15
Oração Eficaz 19
Como Fazer Orações Que Prevalecem 24
Afirmações Pessoais 29

Parte I – Orações Pessoais

Orações de Compromisso 33
   1 Para Receber Jesus como Salvador e Senhor 34
   2 Para Comprometer-se a Orar 34
   3 Para Alinhar Meus Pensamentos Com a Palavra de Deus 36
   4 Para Vestir a Armadura de Deus 37
   5 Para Regozijar-me no Senhor 38
   6 Para Glorificar a Deus 39
   7 Para Andar na Sabedoria de Deus e em Sua Perfeita Vontade ... 40
   8 Para Andar na Palavra 42
   9 Para Andar em Amor 43
   10 Para Andar em Perdão 44
   11 Para Receber o Espírito Santo 45
   12 Para Andar em Santificação 46
   13 Para Produzir Frutos 47
   14 Para Ajudar os Outros 48
   15 Para Cuidar Com o Que Você Fala 49
   16 Para Viver Livre de Preocupações 50

Orações ao Pai 53
   17 Adoração: "Santificado Seja o Teu nome" 54

18 Intervenção Divina: "Venha Teu Reino"...................................56
19 Submissão: "Seja Feita Tua Vontade"....................................57
20 Provisão: "O Pão Nosso de Cada Dia Nos Dá Hoje"..................58
21 Perdão: "Perdoa Nossas Dívidas"...59
22 Orientação e Libertação: "Não Nos Deixes Cair em Tentação"...60
23 Louvor: "Porque Teu é o Reino, o Poder e a Glória"..................61

Orações pelas Necessidades e Preocupações Pessoais...............63
24 Submetendo Tudo a Deus...64
25 Recebendo Perdão..66
26 Andando em Humildade..67
27 Dando Graças a Deus...68
28 Comprometendo-se com um Jejum..71
29 Pleiteando o Sangue de Jesus..74
30 Lidando com o Dia da Angústia ou Calamidade........................75
31 Quebrando a Maldição do Abuso..77
32 Curando-se do Abuso...80
33 Abandonando o Passado...82
34 Força para Superar Preocupações e Fardos..............................83
35 Renovando a Mente...84
36 Vencendo os Pensamentos...86
37 Destruindo Conselhos..87
38 Cura para Emoções Feridas...88
39 Vitória Sobre a Depressão...89
40 Vitória Sobre o Orgulho...91
41 Vitória em um Estilo de Vida Saudável...................................92
42 Vitória Sobre o Medo...93
43 Superando um Sentimento de Abandono................................94
44 Superando o Desânimo...96
45 Superando a Intimidação..98
46 Superando uma Sensação de Desespero..................................99
47 Superando um Sentimento de Rejeição.................................100
48 Superando a Preocupação...104

49 Superando a Hipersensibilidade 105
50 Superando a Síndrome da Fadiga Crônica 107
51 Perdão e Cura 110
52 Segurança 111
53 Sono Tranquilo 112
54 Conhecendo a Vontade de Deus 113
55 Sabedoria Divina nas Questões da Vida 114
56 Recebendo um Coração Perspicaz 115
57 Desenvolvendo Amizades Saudáveis 116
58 Ousadia 118
59 Sendo Preparado para o Sucesso 119
60 Oração Para o Sucesso de um Negócio 120
61 Definindo Prioridades Adequadas 122
62 Mantendo Boas Relações 123
63 Superando a Escravidão Religiosa 124
64 Confiando em Deus em Situações Financeiras 129
65 Dedicação de Seus Dízimos 130
66 Vendendo Imóveis 131
67 Em Processos Judiciais 132
68 Proteção Para Viajar 133

Orações pelas Necessidades e Preocupações dos Solteiros, Divorciados e Viúvos 135
69 Vencendo a Tentação 136
70 Conhecendo o Plano de Deus Para o Casamento 139
71 Preparando-se para um Casamento Saudável 140
72 Desenvolvendo Paciência 144
73 Conforto em Tempos de Solidão 145
74 Comprometendo-se a Uma Vida de Pureza 147
75 Abandonando a Amargura 152
76 Completo Nele como Solteiro 154
77 Mulher Solteira Confiando em Deus Para um Companheiro ... 155
78 Homem Solteiro Confiando em Deus Para Uma Companheira 156

Orações pelas Necessidades e Preocupações dos Cônjuges e Chefes de Família 157
   79 Maridos 158
   80 Esposas 159
   81 Amar no Casamento 160
   82 Casamento da Nova Criação 161
   83 Casamento Cristão Harmonioso 164
   84 A Provisão de Deus para um Casal Sem Filhos 165
   85 O Filho Não Nascido 166
   86 Ordem Divina na Gravidez e no Parto 167
   87 Adotando uma Criança 168
   88 O Lar 170
   89 Abençoando a Família 171
   90 Oração Por um Casamento Problemático 176
   91 Quando os Votos de Casamento São Quebrados 178
   92 Superando a Rejeição no Casamento 179
   93 Paz na Família Cristã 180
   94 Cuidando das Finanças Familiares 181
   95 Mudando Para Um Novo Local 185
   96 Buscando Segurança em um Lugar de Violência 186
   97 Lidando com uma Situação Familiar Abusiva 188
   98 Superando o Cansaço 191

Orações Pelos Filhos 195
   99 Uma Oração Pelos Seus Filhos 196
   100 Lidando Com Uma Criança com TDA/TDAH 197
   101 Filhos na Escola 209
   102 Orando pelo Futuro de Seus Filhos 210
   103 Orando pelo Seu Filho Adolescente 213

Parte II – Orações em Grupo

Um Grupo de Oração Intercessória
   104 Crescimento Individual 218
   105 Um Membro do Grupo Vivenciando Luto ou Perda 219
   106 Amar e Cuidar de Si 220
   107 Perseverança na Oração 221
   108 Agradando a Deus ao Invés das Pessoas 222
   109 Comunicação Com os Membros do Grupo 223

Povo, Ministros e Ministérios de Deus 225
   110 O Corpo de Cristo 226
   111 União e Harmonia 227
   112 Visão Para uma Igreja 228
   113 Oração de um Pastor pela Congregação 230
   114 Ministros 231
   115 Missionários 232
   116 Professores da Igreja 235
   117 Um Conselheiro Cristão 236
   118 Prosperidade Para os Servos Ministradores 237
   119 Um Ministério Carente de Finanças 239
   120 Orações pelos Parceiros do Ministério 240
   121 Vencendo o Preconceito 241
   122 Funcionários do Escritório 243
   123 Ministério em Casas de Repouso 244
   124 Ministério Para os Encarcerados 246
   125 Vivificação 247
   126 Sucesso de uma Reunião 249
   127 Sucesso de uma Conferência 250

Povos e Nações 253
   128 Proteção e Libertação de uma Cidade 254
   129 Oração Contra o Terrorismo 255
   130 Salvação dos Perdidos 257

131 Nações e Continentes ... 258
132 O Povo da Nossa Terra ... 260
133 Governo ... 261
134 Sistemas Escolares e Filhos ... 262
135 Membros das Forças Armadas ... 264
136 A Nação e o Povo de Israel ... 266
137 Paz de Jerusalém ... 267
138 Oração de Proteção em Evento Meteorológico Destrutivo e Desastre Natural ... 268

Orando Uns Pelos Outros
139 Vida Controlada pelo Espírito ... 272
140 Oração Por Uma Comunhão Renovada ... 273
141 Libertação Contra Satanás e Suas Forças Demoníacas ... 274
142 Libertação dos Cultos ... 276
143 Libertação de Hábitos ... 279
144 Libertação de Companhias Corruptas ... 280
145 Libertação do Transtorno Mental ... 281
146 Cerca de Proteção ... 283
147 Achando Graça Diante dos Outros ... 284
148 Aperfeiçoando as Habilidades de Comunicação ... 285
149 Oração pelo Emprego ... 286
150 Superando Atitudes Negativas no Trabalho ... 287
151 Conforto para uma Pessoa Que Perdeu um Ente Querido Cristão ... 288
152 Cura de Deficientes ... 289
153 Aqueles Envolvidos no Aborto ... 292
154 Um Paciente com AIDS ... 294
155 Presidiários ... 297

Uma Carta de Germaine

Caro amigo,

Foi em 1980 que Harrison House publicou pela primeira vez *Orações que Prevalecem*. O livro original era uma coleção de orações que o Espírito Santo orquestrou das profundezas do meu coração e das páginas da Palavra de Deus enquanto meu marido Everette e eu enfrentávamos grandes adversidades lutando pela vida de nosso filho, que se viciou em drogas e álcool.

Há muitos anos reconhecemos que a personalidade de nosso filho inteligente e carismático estava mudando e começamos uma busca por ajuda. Tínhamos ouvido falar de um hospital que era um centro de reabilitação para aqueles que queriam se recuperar de seus vícios. Hoje, percebo que o psiquiatra que consultamos sabia que éramos pais buscando ajuda para nosso filho, que não procurava ajuda.

O custo da estadia obrigatória de seis meses era astronômico, mas estávamos dispostos a hipotecar nossa casa e tudo o mais que fosse necessário para resgatar nosso filho. Enquanto voltávamos para casa, as últimas palavras ditas pelo psiquiatra pairaram no espaço: "não posso garantir nada a vocês. Depois de seis meses na reabilitação, seu filho pode sair livre das drogas ou do mesmo jeito".

O silêncio tomou conta de mim enquanto subíamos no carro e dirigíamos para casa. Por fim, eu disse: "conheço Alguém que oferece uma garantia e sugiro que acreditemos na Palavra de Deus e confiemos Nele para a libertação de David". Eu sabia que meu marido pragmático consideraria todos os lados da questão antes de falar. No dia seguinte, decidimos contra a reabilitação e afirmamos nossa fé em Deus, pois sabíamos que Ele nos orientaria nos tipos de oração que seriam necessários antes que David estivesse pronto para escolher entre a vida e a morte.

Apenas três anos antes, tive uma experiência com Deus que mudou drasticamente minha vida. Eu sabia muito bem que Jesus não era um mito. Ele era real e conhecê-Lo é conhecer a Deus. Deus falava comigo através das páginas da Bíblia, e eu falava com Ele. Eu estava "convivendo com Deus". Deus me amava, e eu O amava. A vida se tornava emocionante conforme eu aprendia mais sobre Deus e Sua Palavra. E quando os problemas bateram à nossa porta, eu conhecia Aquele que tinha as respostas.

Minha redoma do Espírito Santo foi quebrada quando a epidemia de drogas da década de 1970 invadiu nossa casa, e eu me voltei para Deus em busca de respostas. Chegou o dia em que tomei a decisão de confiar em Deus e tive grande alegria! Não foi fácil, mas a vida do meu filho foi ameaçada pelo ladrão que vem para roubar, matar e destruir. A essa altura da minha vida, eu sabia que Deus ouve e responde às orações de acordo com a Sua vontade. Apesar de eu não saber nada sobre guerra espiritual ou oração de intercessão, embarquei em outro nível de estudo da Bíblia e pratiquei a oração.

Embora ninguém parecesse notar, questionei o comportamento estranho de nosso filho e gritei: "Senhor, ensina-me a orar!" Este foi o início da minha instrução e estudo na arte da oração de intercessão. Foi tudo tentativa e erro. Cometi erros e esses erros foram trampolins para emocionantes revelações de oração. Eu me nutri das páginas da Bíblia e minha mente se expandiu para entender a divisão da alma e do espírito, de forma que eu poderia cooperar com meu Mestre Divino, o qual conhece a mente do Pai (ver Romanos 8.26-28).

Durante o caos, tive paz e alegria. Então, um dia, depois de outra sessão com o conselheiro da escola sobre David, voltei para casa e fui para o quarto, onde me dissolvi em uma poça de lágrimas, completamente quebrantada. A voz que aprendi a reconhecer respondeu à minha angústia: "você está quebrantada, mas não esmagada. Vou reconstruí-la". Mais tarde, enquanto lia a Bíblia, aprendi que minha efusão de emoções era feita das lágrimas do coração quebrantado de uma mãe, juntamente das lágrimas de um espírito de angústia. Ana, uma mulher que viveu muito antes de mim, também estava com o coração quebrantado, e Deus respondeu sua oração (ver 1 Samuel 1).

Há poder na união, e meu constante estudo sobre a oração revelou dois intercessores divinos que estavam orando. Meu foco mudou de "libertação das drogas" para o divino destino de David e sua salvação eterna. Jesus estava orando por David. Satanás veio para peneirá-lo como trigo, mas Jesus rogou em oração por ele para que a fé de David não falhasse e, quando ele tivesse superado, pudesse fortalecer outras pessoas (ver Lucas 22.31-33).

Intercessor em Treinamento

Mal sabia eu a intensidade de tudo o que estava acontecendo comigo. Tornei-me viciada em ler minha Bíblia, buscando a face de meu Pai para que eu pudesse conhecê-Lo. E eu orei. Tendo feito orações ineficazes no passado, busquei por orações eficazes. Busquei respostas de meu Pai, que amava David e a mim. Aprendi a reconhecer a voz de Deus, e o lema da minha vida ganhou mais significado: *estar sempre aprendendo, sempre crescendo e sempre alcançando a glória do Pai.*

Nascida em 1934, agora posso olhar para trás em minha vida e ligar os pontos – os eventos que me levaram até onde estou hoje. Às vezes, David e eu conversamos sobre os milhões de pessoas que estão experimentando cura e transformação emocional e física ao fazerem orações bíblicas escritas pelo coração de uma mãe que buscou as respostas de Deus para os desafios da vida.

Uma senhora crente, que era a diretora local da sede em Atlanta de uma organização cristã, me pediu para ensinar em um de seus estudos bíblicos domiciliares. Senhoras vieram estudar a Bíblia comigo, e logo o primeiro grupo de oração foi formado. Ficamos surpresas quando pessoas de longe e de perto enviaram pedidos de oração. Juntos, procuramos respostas nas Escrituras. O volume I de *Orações que Prevalecem* foi escrito por membros daquele primeiro grupo de oração e por mim.

Escrevendo Orações Bíblicas

O primeiro "livrinho amarelo" com a missão de dotar as pessoas que oram circulou por toda parte e apareceu em lugares inusitados. Desde então, em resposta a pedidos pessoais por orações escritas adicionais, o Senhor orquestrou muitos outros livros de orações bíblicas e agora milhões estão aprendendo a se levantar e orar com confiança e ousadia. Eles estão oferecendo suas petições ao Pai com ação de graças, e os testemunhos que recebemos continuam a chegar.

Este livro de oração é projetado para aumentar sua capacidade de orar com eficácia por necessidades específicas e prepará-lo para sair para as ruas como uma testemunha viva capacitada pelo Espírito Santo. Quer você seja uma pessoa de oração experiente ou um novato, nunca se esqueça do poder da oração. Ela é o próprio alicerce que permite que você vá de fé em fé e de glória em glória. Querida pessoa que ora, você é alguém que transforma o mundo – forte no Senhor e na força de Seu poder!

"Dai ao Senhor, filhos dos poderosos, dai ao Senhor glória e força. Dai ao Senhor a glória devida ao Seu nome; adorai o Senhor na beleza da Sua santidade" (Salmo 29.1-2).

Lembre-se sempre, você tem uma amiga orando por você!

Atenciosamente em Seu Amor,
Germaine Copeland
Presidente do *Word Ministries, Inc.*

Oração Eficaz

"A oração feita por um justo pode muito em seus efeitos."
— Tiago 5.16

Sem dúvida, existem orações eficazes e orações ineficazes. Tiago, o meio-irmão de Jesus, escreve às igrejas e inclui instruções sobre a oração. Ele nos diz em Tiago 5.16 que a oração eficaz e fervorosa de uma pessoa justa pode muito em seus efeitos.

Graças a Deus, cresci em um lar onde a oração era algo que fazíamos em família todas as manhãs e todas as noites. Ajoelhados, meus irmãos e eu sabíamos que devíamos ficar quietos enquanto nosso pai ou nossa mãe orava. Então, no final de suas orações, recitávamos juntos a Oração do Senhor. Eu sabia que Deus ouvia as orações de meus pais e avós, mas não estava convencida de que Ele ouviria as minhas, muito menos que as responderia. Nunca teria sonhado que eu era justa ou que poderia fazer uma oração eficaz e fervorosa. Na verdade, acredite em mim quando digo que fiz muitas orações ineficazes. No entanto, quando desejamos a verdade, Deus nos encontrará onde estivermos e nos mostrará Sua salvação.

O Começo da Oração Fervorosa e Eficaz

A oração eficaz começa com um relacionamento pessoal com Deus, e a comunhão com Deus é a comunhão com Sua Palavra. Eu queria conhecê-Lo e entender quem Ele é e, portanto, tive que entender que "o Verbo estava com Deus, e o Verbo era Deus" (João 1.1). Ele fala com você através das páginas da Bíblia, e a oração é falar com Ele. Esta é uma doce comunicação – seu contato vital e pessoal com Deus, que é mais do que suficiente. A oração eficaz é proferida em palavras, e suas palavras têm o poder de vida ou morte – positiva ou negativa. Você tem a Palavra Dele de que Deus ouve as orações que você faz de acordo com a Sua vontade. Mas lembre-se de que as orações negativas também têm o poder de colocar as circunstâncias em movimento. Isso não é para assustá-lo, mas para inspirá-lo a aprender a fazer orações eficazes para a glória do Pai.

> *"Porque quem quer amar a vida e ver os dias bons, refreie a sua língua do mal e os seus lábios, de falar enganosamente; aparte--se do mal e faça o bem; busque a paz e siga-a. Porque os olhos do Senhor estão sobre os justos, e os Seus ouvidos, atentos às suas orações; mas o rosto do Senhor é contra os que praticam males"* (1 Pedro 3.10-12).

A oração não é uma obrigação religiosa sem poder. O tempo de oração pessoal é aquele momento especial em que você pode conversar com o Pai individualmente. Você vem do jeito que está, sem pretensão. Você vem porque Ele é seu Pai e você é Seu filho. Conhecer Jesus é conhecer o Pai, e Ele nos instrui a ir diretamente ao Pai e pedir qualquer coisa a Ele.

> *"Naquele dia, nada Me perguntareis. Em verdade, em verdade vos digo que tudo quanto pedirdes a Meu Pai, em Meu nome, Ele vos concederá. Até agora nada pedistes em Meu nome; pedi, e recebereis, para que vossa alegria seja completa"* (João 16.23-24).

A oração eficaz transforma você, e a oração se torna um modo de vida. Suas orações se tornam mais precisas à medida que você aprende a vontade de Deus e Seus caminhos revelados em Sua Palavra. Deus é a Palavra, e Ele vela sobre a Sua Palavra para cumpri-la (ver Jeremias 1.12). A oração eficaz é a oração que Deus responde. Você pode ter certeza de que Ele ouve cada pedido que você faz em oração de acordo com a Sua vontade. E se você sabe que Ele ouve em tudo o que você pede, também sabe que você tem recebido os pedidos que faz a Ele (ver João 5.14-15).

A oração eficaz é a Palavra "viva" em sua boca. Quando você faz orações bíblicas, está revelando sua fé no grande poder de Deus para atender a seus pedidos.

> *"Porque a palavra de Deus é viva e eficaz, mais penetrante do que qualquer espada de dois gumes, penetra até a divisão da alma e do espírito, das juntas e medulas, e é apta para discernir os pensamentos e as intenções do coração" (Hebreus 4.12).*

Quando as orações não forem eficazes, peça ao Espírito Santo que lhe ajude a saber como orar. Esteja pronto quando a Palavra "viva" de Deus revelar se você está em conflito e lutando para seguir seu próprio caminho e satisfazer seus próprios desejos. Quando você não receber o que pede, volte às Escrituras. Deus é fiel e deseja responder às orações de Seus filhos.

UM ESTUDO SOBRE A ORAÇÃO RESPONDIDA

> *"De onde vêm as guerras e pelejas entre vós? Porventura não vêm disto, a saber, dos vossos deleites, que guerreiam nos vossos membros? Cobiçais e nada tendes. Sois invejosos e cobiçosos e não podeis obter. Combateis e guerreais e nada tendes, porque não pedis. Pedis e não recebeis, porque pedis mal, para o gastardes em vossos deleites" (Tiago 4.1-3).*

A oração eficaz transforma você. À medida que sua mente é renovada para a Palavra de Deus, seus motivos e desejos são transformados. A Palavra de Deus é o nosso contato com Ele. Suas percepções de Deus mudam, e você faz Dele o maior deleite e prazer de sua vida, e Ele proverá o que você mais *deseja* (ver Salmos 37.4).

Nós nos lembramos Dele por meio de Sua Palavra (veja Isaías 43.26), pedindo a Ele o que necessitamos em nome de Jesus, que é a Palavra. A mulher em Marcos 5.25-34 fez uma exigência à Palavra de Deus (Jesus) quando tocou a orla de Suas vestes. Não sabemos quanto tempo esta mulher esperou para ver Jesus. Ela obviamente tinha ouvido falar de Seu poder para curar e realizar milagres – sobre olhos cegos sendo abertos e coxos andando. E ela creu. Ela desafiou a tradição e se aventurou não apenas para vê-Lo, mas para tocá-Lo! Quando viu Jesus, ela revelou sua fé nesta oração. "Se eu puder tocar a orla de Suas vestes, serei curada". Ela agiu de acordo com sua fé por meio de suas palavras e ações. Ela exigiu o poder Dele de curar.

A oração eficaz traz filhos pródigos para casa. A fé vem pelo ouvir, e o ouvir vem pela Palavra. O livro que você está lendo hoje começou no dia em que decidi crer em Deus que nosso filho pródigo voltaria para casa. Eu tinha lido a história de Jesus sobre o filho pródigo; ouvi testemunhos de pródigos. Pela fé, comecei a exigir que o poder de Deus libertasse nosso filho pródigo da estranha terra dos vícios e o trouxesse para casa. Mais uma vez, aprendemos com o livro de Tiago a fixar nossa mente na Palavra de Deus e nos tornarmos obstinados. Nossa fé permanecerá forte enquanto estivermos cercados por circunstâncias que contradizem nossa oração, e "receberemos a coroa da Vida, a qual o Senhor tem prometido aos que O amam!" (Tiago 1.12).

As orações deste livro são compostas da Palavra de Deus, a qual não volta a Ele vazia – sem produzir qualquer efeito, inútil – mas cumprirá o que Ele deseja e designa, e prosperará naquilo para o qual Ele a enviou (veja Isaías 55.11). Ele não nos deixou sem Seus pensamentos e Seus caminhos, pois temos Sua Palavra – Seu vínculo conosco. Deus nos diz: "Clama a Mim, e te responderei e anunciarei coisas grandes e firmes que não sabes" (Jeremias 33.3). A oração é uma aventura emocionante – não um trabalho enfadonho.

Deus está procurando um intercessor em cada geração – alguém que venha diante Dele e ore! O poder de Deus é revelado do céu quando o crente ora com fé – crendo! Os olhos do Senhor perscrutam toda a terra a fim de fortalecer aqueles cujos corações estão totalmente comprometidos com Ele (veja 2 Crônicas 16.9). Portanto, aproximemo-nos com ousadia do trono de nosso gracioso Deus. Lá alcançaremos Sua misericórdia e acharemos graça para nos ajudar quando mais precisarmos (veja Hebreus 4.16).

A oração eficaz é desenvolvida quando você se torna um praticante da Palavra. Pratique, pratique, pratique orar a Palavra para que o Pai seja glorificado.

"Ele, então, lhes disse: Quando orardes, dizei: Pai, santificado seja Teu nome; venha Teu reino; seja feita Tua vontade, assim na terra como no céu. Dá-nos cada dia nosso pão cotidiano. Perdoa os nossos pecados, pois também perdoamos todo que nos deve; e não nos deixes cair em tentação, mas livra-nos do mal" (Lucas 11.2-4).

A oração é uma jornada emocionante com o grande Três-em-Um. A oração não é uma tarefa chata com a qual você espera ganhar pontos com Deus. A oração é um encontro com Deus, que lhe ressuscitou dos mortos junto com Cristo e lhe permitiu assentar-se com Ele nos reinos celestiais, porque você está unido com Cristo Jesus! (Ver Efésios 2.6). Aqui é onde você aprende as estratégias de oração, as diferentes formas de oração, com a ajuda do Espírito Santo. Quanto mais você orar, mais desejará orar, porque você tem Sua ajuda divina.

Existem diferentes tipos de oração e todas são eficazes quando proferidas pelo coração de esperança, fé e amor do crente. O maior deles é o amor.

A oração eficaz começa com a adoração de um coração crente que teme a majestade de Deus. A oração não faz a fé trabalhar, mas a fé faz com que a oração trabalhe. Lembre-se sempre de que a fé opera pelo amor e, portanto, as orações devem ser feitas com amor.

SUAS ORAÇÕES VALERÃO MUITO

Você foi feito justiça de Deus em Cristo Jesus e tem a mente de Cristo. Suas orações trarão salvação para o pecador, libertação para o oprimido, cura para o enfermo e esperança para o pobre. Deus deseja que todos sejam curados e prosperem, assim como suas almas prosperam.

Unidos em oração, daremos início ao próximo movimento de Deus no planeta Terra! É tempo de colheita! No processo de oração, nossas vidas serão transformadas conforme andamos de fé em fé e de glória em glória.

"Não a nós, Senhor, não a nós, mas ao Teu nome dá glória, por amor da Tua benignidade e da Tua verdade" (Salmo 115.1).

Como Fazer Orações Que Prevalecem

Este não é um livro de fórmulas, mas um livro de orações vivas que lhe darão sabedoria e compreensão espiritual. Não se apresse, mas reserve um tempo para ler e meditar nos versículos incluídos em cada oração. O Espírito Santo abrirá os tesouros do verdadeiro conhecimento e lhe capacitará para reinar em vida. Seu compromisso de fazer orações bíblicas será o início de uma experiência gloriosa. Tenha propósitos com a oração! Você se tornará espiritualmente forte e o Pai será glorificado.

Se você está embarcando agora em sua jornada pessoal de oração, o método ACAS é uma ferramenta eficaz. Você não precisa alcançar todas as etapas todas as vezes. Suas orações se desenvolverão à medida que você continuar praticando a oração de Adoração, Confissão, Ação de Graças e Súplica. O Espírito Santo é seu divino Ajudante e será seu Guia. A confissão é um momento para você examinar a si mesmo (veja 1 Coríntios 13.5).

Uma pergunta que sempre me fazem sobre a oração é: "por quanto tempo eu faço essas belas orações?" A resposta é simples: faça uma oração até que as palavras sejam escritas nas tábuas do seu coração e da sua mente. Você descobrirá que suas dúvidas e medos se dissolvem à medida que sua fé na Palavra de Deus aumenta. A oração eficaz é uma oração baseada na vontade do Pai. Sua mente será renovada se você escolher trocar padrões de pensamento errados e equivocados pela Palavra de Deus. A fé vem pelo ouvir, e o ouvir vem pela Palavra de Deus (ver Romanos 10.17).

Deus é paciente e bondoso mesmo quando temos a audácia de dizer a Ele exatamente como Ele deve responder às nossas orações. A

Palavra de Deus é para correção e disciplina! (Veja 2Tm 3.16-17). Orar as Escrituras mudou minhas falsas percepções sobre quem é Deus. Ao orar a Palavra, você conhecerá as Escrituras de maneira significativa e experimentará a transformação em sua vida diária. Você se tornará forte no Senhor e em Seu grande poder.

Quando você orar, certifique-se de arranjar um tempo e fazer uma pausa para reflexão. Se você ainda não o fez, certifique-se de não permitir que seus telefones celulares e outros dispositivos roubem seu momento de ouvir. Use esse tempo para desenvolver sua imaginação espiritual. Veja seu Pai convidando você para entrar na Sala do Trono (veja Hebreus 4.16). Ele quer ouvir sua voz e está pronto e disposto a conceder misericórdia e graça exatamente quando você precisa. Peça ao Espírito Santo para tornar a Palavra uma realidade em seu coração e mente. Uma senhora crente que havia sido diagnosticada com câncer terminal começou a orar as orações escritas, página por página. Ela recebeu um milagre. A Palavra de Deus a curou. Outro crente fazia cada oração todos os dias, às vezes várias vezes ao dia. Ao final de sete dias, ele foi libertado da depressão. A oração não é mágica! Deus não está negando nada de bom a Seus filhos. A oração eficaz é um abismo chamando outro abismo – um Pai amoroso respondendo às orações de Seus filhos.

Essas orações irão ajudá-lo a pedir e continuar pedindo, a buscar e continuar buscando, a bater e continuar batendo até que a porta seja aberta! (Ver Mateus 7). O Rei da glória entrará!

Reserve um tempo para pesquisar e contemplar o significado espiritual de cada versículo listado ao final das orações. Orar em nome de Jesus é a oração que Jesus faria em sua situação. Acrescentar "em nome de Jesus" ao final de suas orações não é apenas uma declaração simbólica. É a autoridade para fazer a oração, sabendo que Jesus concede o poder para sustentá-la.

Essas orações são um guia para você conhecer seu Pai celestial intimamente. Como você se familiariza com alguém? Passando tempo com aquele indivíduo. Nunca fuja de Deus, mesmo quando você pecar; em vez disso, corra para Ele. Se você confessar seus pecados, Ele é fiel para perdoá-lo e purificá-lo de toda iniquidade (veja 1 João 1.9).

Lembre-se, o Pai nunca vai desamparar você. Ele nunca vai deixá-lo sem ajuda (veja Hebreus 13.5).

Passos Práticos Para Uma Vida Intensa de Oração

- Tenha um horário determinado para orar deliberadamente. Descobri que se não mantenho meu tempo matinal com Deus, o dia passa despercebido. "Pela *manhã* ouvirás a minha voz, ó Senhor; pela manhã me apresentarei a Ti e vigiarei" (Salmo 5.3). "De tarde, de manhã e ao meio-dia, orarei e clamarei, e Ele ouvirá a minha voz" (Salmo 55.17).
- Leia sua Bíblia. Se você não gosta ou não tem tempo para ler, ouça uma leitura em áudio das Escrituras. A Bíblia é alimento para o seu ser espiritual. Alimente seu coração e sua mente com a Palavra de Deus.
- Entre no seu momento de oração com louvor e ação de graças. "Dai ao Senhor, filhos dos poderosos, dai ao Senhor glória e força. Dai ao Senhor a glória devida ao Seu nome; adorai o Senhor na beleza da Sua santidade" (Salmos 29.1-2).
- Medite na Palavra de Deus. Escolha um versículo das Escrituras para sua meditação. Seja paciente consigo mesmo; você tem o poder de escolha e pode aprender a capturar seus pensamentos e se concentrar na Palavra. Aprender a meditar não foi fácil para mim; minha mente nunca se aquietava. A música instrumental me ajudou a manter minha mente focada. (Recomendo álbuns de música de Nick Syrett e Maurice Sklar). "Também levantarei as mãos para Teus mandamentos, que amo, e *meditarei* nos Teus estatutos" (Salmo 119.48).

Continue Seguindo em Frente

Esteja preparado! A oração não é um convite para viver como se estivesse pisando em ovos. As orações bíblicas perfuram a escuridão, e Satanás pressionará e tentará você, assim como fez com Jesus em

Mateus 4. Faça o que Jesus fez. Responda a cada mentira com as Escrituras e tenha a oração disponível para reforçar sua fé. A única arma de Satanás é o engano. O inimigo foi destituído de poder e somente você pode traçar o limite. Não desista! Lembre-se, você é forte, não na força humana, mas "forte no Senhor e na força do Seu poder" (Efésios 6.10).

Deus lhe dará ainda mais força para resistir a todos esses anseios malignos. Como diz a Escritura, "Deus resiste aos soberbos, porém dá graça aos humildes. Sujeitai-vos, pois, a Deus, resisti ao diabo, e ele fugirá de vós" (Tiago 4.6-7).

Você é sal e você é luz! Você é o Corpo de Cristo! Vista sua armadura de oração! (Ver Efésios 6.12-18.)

Ao fazer as orações a seguir, você reforçará sua armadura de oração, a qual fomos instruídos a vestir, conforme Efésios 6.11. O tecido do qual a armadura é feita é a Palavra de Deus. Devemos viver de toda palavra que sai da boca de Deus. Desejamos todo o conselho de Deus porque sabemos que ele nos muda. Ao receber esse conselho, você será "transformado (mudado) pela [total] renovação de sua mente [por seus novos ideais e sua nova atitude], para que possa provar [por si mesmo] qual é a boa, agradável e perfeita vontade de Deus, sim, o que é bom, agradável e perfeito [aos Seus olhos para você]" (Romanos 12.2).

Se Satanás tentou descaradamente impedir Jesus de fazer a vontade do Pai, ele não hesitará em atacar aqueles que ousam crer na Palavra de Deus! Pensamentos surgem do nada para minar sua confiança, e você pode até questionar sua salvação. O acusador não faz acepção de pessoas. As táticas de Satanás mudam de tentar impedi-lo de aceitar Jesus para tentar enganá-lo. Uma noite, enquanto me preparava para uma palestra, um pensamento sarcástico veio do nada: *quem você pensa que é?* Imediatamente declarei: "sou uma filha do Deus Altíssimo! É o que eu sou!"

Vá até a próxima página e fale em voz alta as afirmações pessoais para reforçar quem você é. Escreva as afirmações em cartões e coloque-os por toda a sua casa. Mantenha a Palavra de Deus diante de seus olhos e lembre-se de que você foi criado à imagem de Deus. Você é inteligente e de grande valor.

E continue seguindo em frente. Nunca desista, nunca ceda e nunca recue. Quando você é vitorioso, Deus é glorificado.

Suas orações valerão muito!

Elas trarão salvação para o pecador, libertação para o oprimido, cura para o enfermo e prosperidade para o pobre. Elas conduzirão o próximo movimento de Deus na terra. Além de afetar as circunstâncias externas e outras pessoas, suas orações também afetarão você. No próprio processo de orar, sua vida será transformada à medida que você anda de fé em fé e de glória em glória Nele – Aquele que lhe chamou para orar.

Afirmações Pessoais

- Eu tenho um espírito de fortaleza, amor e moderação (2Tm 1.7).
- Escolho a vida, para que eu e minha família possamos viver (Dt 30.19).
- Eu sou a justiça de Deus em Cristo Jesus (2Co 5.21).
- Minhas orações valem muito (Tg 5.16b).
- Posso todas as coisas Naquele que me fortalece (Fp 4.13).
- O Senhor é meu pastor; nada me faltará (Sl 23.1).
- Meu Deus supre todas as minhas necessidades segundo as Suas riquezas em glória, por Cristo Jesus (Fp 4.19).
- Em tudo, pela oração e súplicas com ação de graças, eu escolho fazer minhas petições conhecidas diante de Deus (Fp 4.6).
- Eu escolho honrar a Deus e dar glória a Ele em meu corpo (1Co 6.20).
- Tenho a mente de Cristo e mantenho os pensamentos, sentimentos e propósitos de Seu coração (1Co 2.16).
- Escolho andar no Reino da luz, no amor, na Palavra; e o maligno não me toca (Rm 5.5; 1Jo 4.16; 1Jo 5.18).
- Eu tenho o poder de pisar serpentes e escorpiões e sobre toda a força do inimigo (Lc 10.19).
- Eu tomo meu escudo da fé e apago todos os dardos inflamados de Satanás (Ef 6.16).
- Maior é Aquele que está em mim do que aquele que está no mundo (1Jo. 4.4).
- Estou assentado com Cristo nos lugares celestiais (Ef 2.6).
- A lei do Espírito da vida em Cristo Jesus me livrou da lei do pecado e da morte (Rm 8.2).

- Se Deus é por mim, quem será contra mim? (Rm 8.31).
- Ouço a voz do Bom Pastor. Eu ouço a voz de meu Pai, e a voz de um estranho não seguirei (Jo 10.27).
- Confio minhas obras ao Senhor. Eu as entrego e confio totalmente a Ele. Ele fará com que meus pensamentos se tornem agradáveis à Sua vontade, e assim meus planos serão estabelecidos e bem-sucedidos (Pv 16.3).
- Eu sou a obra-prima de Deus (Ef 2.10).
- Cumprirei o destino que Deus me deu porque estou unido a Jesus (Ef 2.10).

PARTE I

Orações Pessoais

ORAÇÕES
de Compromisso

~ 1 ~
Para Receber Jesus como Salvador e Senhor

Pai, está escrito na Tua Palavra que se eu confessar com a minha boca que Jesus é o Senhor e crer em meu coração que Tu O ressuscitaste dentre os mortos, eu serei salvo.

Portanto, Pai, confesso que Jesus é o meu Senhor. Eu O faço Senhor da minha vida agora mesmo. Creio em meu coração que Tu ressuscitaste Jesus dentre os mortos. Renuncio à minha vida passada com Satanás e fecho a porta a qualquer um dos ardis do diabo.

Obrigado, Pai, por me perdoares de todos os meus pecados. Jesus, Tu és o meu Senhor! Eu sou uma nova criação. As coisas velhas já passaram; tudo se fez novo. A velha vida se foi; uma nova vida começou em nome de Jesus, amém.

Referências Bíblicas
João 3.16 • João 14.6 • João 6.37 • Romanos 10.9-10 • João 10.10
Romanos 10.13 • Romanos 3.23 • Efésios 2.1-10 • 2 Coríntios 5.19
2 Coríntios 5.17 • João 16.8-9 • João1.12
Romanos 5.8 • 1 Coríntios 5.21

~ 2 ~
Para Comprometer-se a Orar

Pai, em nome de Jesus, agradeço por me chamares para ser um cooperador – um promotor e um obreiro – de Ti. Comprometo-me a orar e a não desistir.

Jesus, Tu és o Filho de Deus, e nunca deixarei de confiar em Ti. Tu és meu Sumo Sacerdote e compreendes minhas fraquezas. Portanto, eu venho com confiança ao Teu trono, meu gracioso Pai. Ali alcanço a

Tua misericórdia e acho graça, a fim de ser ajudado em tempo oportuno.

Há momentos em que não sei pelo que devo orar. Espírito Santo, submeto-me à Tua liderança e agradeço por intercederes por nós com gemidos inexprimíveis. Tu sondas os corações e conheces a intenção do Espírito, pois intercedes pelos santos segundo a vontade de Deus.

Portanto, tenho certeza e sei que com Deus sendo um cooperador em meu trabalho, todas as coisas contribuem conjuntamente e se adéquam em um plano para o meu bem, porque amo a Deus e fui chamado de acordo com Seu propósito.

Senhor, ensina-me a orar para que eu seja uma casa de oração para todas as nações. Comprometo-me a orar sem cessar conforme o Espírito Santo me ajuda. O Senhor está perto; escolho não estar solícito de nada, mas em tudo, pela oração e súplicas, com ação de graças, minhas petições serão conhecidas diante de Deus. O que quer que eu peça em oração, creio que o receberei, e o terei.

Escolho vigiar e orar para não cair em tentação. Ainda que a carne seja fraca, sou forte no Senhor e na força do Seu poder. Pai, inclino minha cabeça e, com ações de graças, estou aqui para agradecer por me considerares justo diante de Ti. Eu sou a justiça de Deus por causa da Tua grande misericórdia. Agora, minha oração sincera, fervorosa e contínua torna disponível um tremendo poder – dinâmico em seu funcionamento. Pai, eu vivo em Ti – permaneço vitalmente unido a Ti – e Tuas palavras permanecem em mim e continuam a viver em meu coração. Portanto, peço o que quiser, e me será feito. Quando produzo muito fruto, isso traz grande glória a Ti, o Pai de meu Senhor Jesus Cristo. Amém.

Referências Bíblicas

1 Coríntios 3.9 • Hebreus 4.16 • Marcos 11.17
Marcos 11.24 • Lucas 18.1 • 2 Coríntios 5.21
Romanos 8.26-27 • Tiago 5.16 • Romanos 8.28
Filipenses 4.6 • João 15.7-8

~ 3 ~
Para Alinhar Meus Pensamentos Com a Palavra de Deus

Pai, sou um ser espiritual aprendendo a viver em um mundo polarizado de luz e escuridão. Eu tenho uma alma (mente, vontade e emoções) e vivo em um corpo físico. Tenho a mente de Cristo. Estou no mundo, mas não sou do mundo. Deus da paz, peço que me santifiques de todas as maneiras, e que todo o meu espírito, alma e corpo sejam mantidos irrepreensíveis até o dia em que Jesus voltar.

Pai, Tu me chamaste e és totalmente confiável. Tu o disseste, e o farás. Agradeço pelo Espírito que me guia em toda a verdade enquanto estou sendo transformado pela renovação da minha mente, fazendo com que cada pensamento seja devidamente alinhado com a Palavra de Deus.

Sou um filho de Deus, nascido do Espírito de Deus, cheio do Espírito de Deus e guiado pelo Espírito de Deus. Eu escolho ouvir a voz do Bom Pastor.

Agradeço, Espírito Santo, por me guiares e por iluminares minha mente. Tu me guias no caminho que devo seguir. Agradeço por me guiares por um testemunho interior. Os olhos do meu entendimento estão sendo iluminados. A sabedoria está em meu íntimo. O amor de Deus é aperfeiçoado em mim. Eu tenho uma unção do Santo.

Pai, pela graça estou ficando alerta para meus pensamentos, atitudes e sentimentos. Destruo todo conselho enganoso que se opõe a Deus e quebro toda altivez que se levanta contra o verdadeiro conhecimento de Deus. Levo cativo, como um prisioneiro de guerra, cada pensamento e insisto para que se curve em obediência ao Ungido.

Confio em Ti, Senhor, de todo o meu coração e não me estribo em meu próprio entendimento. Em todos os meus caminhos, eu Te reconheço e Tu endireitas minhas veredas. Eu ando na luz da Palavra. Espírito Santo, Tu és meu Conselheiro, ensinando-me a educar, treinar e alinhar meus pensamentos com a mente de Cristo. A Palavra de

Deus não se afastará da minha boca. Medito nela dia e noite. Portanto, farei meu caminho próspero e prudentemente me conduzirei. Eu sou um cumpridor da Palavra e coloco a Tua Palavra em primeiro lugar.

REFERÊNCIAS BÍBLICAS
1 Tessalonicenses 5.23-24 • 1 João 4.12 • João 16.13
Romanos 12.1-2 • 1 João 2.20 • Provérbios 20.27 • Romanos 8.1
1 Coríntios 2.12 • João 10.4 • Provérbios 3.5-6 • Romanos 8.14,16
Salmo 119.105 • João 3.6-7 • João 14.26 • Efésios 5.18 • Josué 1.8
Isaías 48.17 • Tiago 1.22 • Efésios 1.18 • 2 Coríntios 10.5

~ 4 ~

Para Vestir a Armadura de Deus

Pai, eu visto toda a armadura que Tu me deste para que eu possa resistir às ciladas do diabo; pois não é contra carne e sangue que luto, mas contra os principados e potestades, os príncipes das trevas deste mundo, e a maldade espiritual nos lugares celestiais.

Portanto, tomo para mim toda a armadura de Deus, para que eu possa resistir no dia mau e, havendo feito tudo, permanecer firme. Eu permaneço vitorioso com a força de Teu poder explosivo fluindo dentro e através de mim. Meus lombos estão cingidos com a verdade. A Tua Palavra, Senhor, que é a verdade, contém todas as armas da minha milícia, que não são carnais, mas poderosas em Deus para destruição das fortalezas.

Eu visto a couraça da justiça, que é fé e amor. Meus pés estão calçados com a preparação do Evangelho da paz. Em Cristo Jesus tenho paz e busco a paz com todos os homens. Sou um ministro da reconciliação, proclamando as boas novas do Evangelho.

Eu tomo o escudo da fé, com o qual posso apagar todos os dardos inflamados do maligno; o capacete da salvação contendo os pensamentos, sentimentos e propósitos do coração de Deus; e a Espada do Espírito, que é a Palavra de Deus. Diante de todas as provações, testes, tentações e tribulações, desfaço a armadilha do inimigo ao falar a Palavra de Deus. Maior é Aquele que está em mim do que aquele que está no mundo.

Obrigado, Pai, pela armadura. Orarei em todos os momentos – em todas as ocasiões, em todas as estações – no Espírito, com todo tipo de oração. Para isso, ficarei alerta e vigiarei com forte propósito e perseverança, intercedendo por todos os santos. Minha força, habilidade e suficiência vêm de Deus, que me qualificou como ministro e anunciador de um novo testamento de salvação por meio de Cristo. Amém.

REFERÊNCIAS BÍBLICAS
Efésios 6.11-18 • Salmo 34.14 • João 17.17 • 2 Coríntios 5.18
2 Coríntios 10.4 • Efésios 6.16-17 • Efésios 6.14-15
1 João 4.4 • Efésios 2.14

~ 5 ~
Para Regozijar-me no Senhor

Pai, este é o dia que Tu fizeste. Eu me regozijo e me alegro nele! Eu me regozijo sempre em Ti. E, novamente, digo regozijar. Eu me deleito em Ti, Senhor. Feliz sou porque Tu és o meu Senhor!

Pai, obrigado por me amares e por Te alegrares comigo com júbilo. Aleluia! Sou redimido. Eu venho com júbilo, e perpétua alegria há sobre minha cabeça. Eu alcanço regozijo e alegria – a tristeza e o gemido fogem. O espírito de regozijo, alegria e riso é minha herança. Onde está o Espírito do Senhor, há liberdade – liberdade e emancipação da escravidão. Eu ando nessa liberdade.

Pai, eu Te louvo com lábios alegres. Estou sempre cheio e estimulado com o Espírito Santo. Eu falo em salmos e hinos e faço melodias de todo o meu coração a Ti, Senhor. Meu coração alegre é um bom remédio e a luz em meus olhos alegra o coração dos outros. Eu tenho uma boa fama. Meu semblante irradia a alegria do Senhor.

Pai, eu Te agradeço porque tenho dado muitos frutos de oração. Peço em nome de Jesus e receberei, para que meu regozijo, alegria e deleite sejam plenos, completos e transbordantes. A alegria do Senhor é a minha *força*. Portanto, tenho grande alegria, grande força, quando encontro testes ou provações de qualquer tipo, porque sou forte em Ti, Pai.

Eu tenho a *vitória* em nome de Jesus. Satanás está sob meus pés. Não sou movido por circunstâncias adversas. Fui feito justiça de Deus em Cristo Jesus. Habito no Reino de Deus e tenho paz e alegria no Espírito Santo! Louvado seja o Senhor! Em nome de Jesus eu oro, amém.

REFERÊNCIAS BÍBLICAS
Salmo 118.24 • Filipenses 4.8 • Filipenses 4.4 • Provérbios 15.13
Filipenses 3.1 • João 15.7-8 • Salmo 144.15 • João 16.23
Sofonias 3.17 • Neemias 8.10 • Isaías 51.11 • Tiago 1.2
2 Coríntios 3.17 • Efésios 6.10 • Tiago 1.25 • 1 João 5.4
Salmo 63.5 • Efésios 1.22 • Efésios 5.18-19
2 Coríntios 5.7 • Provérbios 17.22 • 2 Coríntios 5.21
Provérbios 15.30 • Romanos 14.17

∼ 6 ∼
Para Glorificar a Deus

Pai, apresento meu corpo em sacrifício vivo, santo e agradável a Deus – este é o meu ato espiritual de adoração. Não é minha própria força. Pois és Tu, Senhor, que estás o tempo todo operando efetivamente em mim – energizando e criando em mim a força e o desejo – tanto para querer quanto para efetuar segundo Tua boa vontade, satisfação e deleite.

Pai, não recuarei nem me encolherei de medo, pois então a Tua alma não teria deleite ou prazer em mim. Eu fui comprado por um preço — comprado e pago com uma preciosidade. Feito Teu. Então, eu Te honro, Senhor, e glorifico a Ti em meu corpo.

Invoquei-Te no dia da angústia e Tu me livraste. Eu Te honrarei e glorificarei. Eu me regozijo porque Tu me libertaste e me tiraste do controle e domínio das trevas e me transportaste para o reino do Filho do Teu amor. Eu Te confessarei e Te louvarei, Pai, com todo o meu coração, e glorificarei o Teu nome para todo o sempre.

Como servo de Jesus Cristo, recebo e desenvolvo os talentos que me foram dados, pois gostaria que dissesses de mim: "muito bem, servo honrado, admirável e fiel!" Faço uso dos dons, talentos e qualidades de acordo com a graça que me foi dada. Deixo minha luz resplandecer diante dos homens para que vejam minha excelência moral e minhas louváveis, nobres e boas obras, e para que reconheçam, honrem, louvem e glorifiquem meu Pai, que está nos céus.

Em nome de Jesus, permito que minha vida expresse com amor a verdade em todas as coisas – falando verdadeiramente, agindo verdadeiramente, vivendo verdadeiramente. O que quer que eu faça – não importa o que seja – em palavras ou ações, faço tudo em nome do Senhor Jesus. Dele dependo, louvando a Deus, o Pai, por meio Dele. Seja qual for a minha tarefa, eu a opero de coração como algo feito para o Senhor e não para os homens. A Deus, o Pai, seja toda glória, honra e louvor. Amém.

Referências Bíblicas
Romanos 12.1 • Mateus 25.21 • Filipenses 2.13 • Romanos 12.6
Hebreus 10.38 • Mateus 5.16 • 1 Coríntios 6.20 • Efésios 4.15
Salmo 50.15 • Colossenses 3.17 • Colossenses 1.13
Colossenses 3.23 • Salmo 86.12

∼ 7 ∼
Para Andar na Sabedoria de Deus e em Sua Perfeita Vontade

Senhor e Deus, Tu és digno de receber glória, honra e poder, pois criaste todas as coisas. Tu me criaste e me adotaste como Teu filho por meio de Jesus Cristo, segundo Teu prazer e vontade. Rogo para que eu seja ativo em compartilhar minha fé, para que eu tenha uma compreensão completa de todo o bem que tenho em Cristo.

Pai, peço que me dês total conhecimento do que desejas fazer em minha vida e peço que me tornes sábio com sabedoria espiritual. Então, a maneira como vivo sempre honrará e agradará a Ti, e continuarei fazendo coisas boas e gentis para os outros. Enquanto isso, aprenderei a conhecer-Te cada vez melhor.

Confio minhas obras a Ti, Senhor, e Tu tornas meus pensamentos agradáveis à Tua vontade, para que meus planos sejam estabelecidos e bem-sucedidos. Tu diriges os meus passos e os certificas. Entendo e compreendo com firmeza qual é a vontade do Senhor, pois não sou insensato, imprudente ou tolo. Permaneço firme e consumado no crescimento espiritual, convencido e totalmente seguro em tudo o que Tu desejas.

Pai, Tu me destinaste e me designaste para conhecer progressivamente a Tua vontade – isto é, para perceber, reconhecer com mais força e clareza e me tornar melhor e mais intimamente familiarizado com a Tua vontade. Obrigado, Pai, pelo Espírito Santo que habita permanentemente em mim e que me guia a toda a verdade – toda a verdade completa – e fala tudo o que Ele ouve do Pai e anuncia e declara para mim as coisas vindouras. Eu tenho a mente de Cristo e mantenho os pensamentos, sentimentos e propósitos de Seu coração.

Portanto, Pai, entrei nesse abençoado repouso me apoiando, crendo e confiando em Ti, em nome de Jesus. Aleluia! Amém.

Referências Bíblicas

Apocalipse 4.11 • Colossenses 4.12 • Efésios 1.5
Atos 22.14 • Colossenses 1.9-10 • 1 Coríntios 2.16
Provérbios 16.3,9 • Hebreus 4.10 • Efésios 5.16

8

Para Andar na Palavra

Pai, em nome de Jesus, eu me comprometo a andar na Palavra. Tua Palavra vivendo em mim produz Tua vida neste mundo. Reconheço que a Tua Palavra é a própria integridade – firme, segura, eterna – e eu confio minha vida às suas provisões.

Tu enviaste a Tua Palavra ao meu coração. Deixo que ela habite em mim ricamente em toda a sabedoria. Medito nela dia e noite para que eu possa agir diligentemente segundo ela. A Semente Incorruptível, a Palavra Viva, a Palavra da Verdade habita em meu espírito. Essa Semente está crescendo poderosamente em mim agora, produzindo Tua natureza, Tua vida. É meu conselho, meu escudo, meu broquel, minha arma poderosa na batalha. A Palavra é lâmpada para os meus pés e luz para o meu caminho. Ela clareia meu caminho diante de mim. Não tropeço, pois meus passos são ordenados na Palavra.

O Espírito Santo me conduz e guia a toda a verdade. Ele me dá entendimento, discernimento e compreensão para que eu seja preservado das ciladas do maligno.

Eu me deleito em Ti e na Tua Palavra. Por causa disso, Tu colocaste Teus desejos dentro do meu coração. Entrego meu caminho a Ti, e o mais Tu fazes. Estou confiante de que estás operando em mim agora, tanto o querer quanto o efetuar, segundo a Tua boa vontade.

Eu exalto a Tua Palavra, tenho-a em alta estima e dou a ela o primeiro lugar. Faço meus planos de acordo com a Tua Palavra. Faço da Palavra a autoridade final para resolver todas as questões que me confrontam. Eu escolho concordar com a Palavra de Deus e discordar de quaisquer pensamentos, condições ou circunstâncias contrárias à Tua Palavra. Digo com ousadia e confiança que meu coração está firmado e estabelecido no fundamento sólido – a Palavra viva de Deus! Amém.

Referências Bíblicas
Hebreus 4.12 • 1 Pedro 3.12 • Colossenses 3.16 • Colossenses 4.2 • Josué 1.8 • Efésios 6.10 • 1 Pedro 1.23 • Lucas 18.1 • Salmo 91.4 • Tiago 5.16 • Salmo 119.105 • Salmo 37.4-5 • Salmo 37.23 • Filipenses 2.13

~ 9 ~
Para Andar em Amor

Pai, em nome de Jesus, eu Te agradeço porque o amor de Deus foi derramado em meu coração pelo Espírito Santo, que me foi dado. Eu guardo e valorizo a Tua Palavra. O amor de Ti e por Ti, Pai, foi aperfeiçoado e completo em mim, e o amor perfeito lança fora todo medo.

Pai, sou Teu filho, nascido do amor. Teu amor que é derramado em meu coração é *grande* e incrivelmente paciente. Espírito Santo, lembra-me de ser gentil e consistentemente amável com todos. Pai, eu me submeto ao Teu amor, que se recusa a ter inveja quando a bênção chega a outra pessoa. Escolho não me gabar de minhas conquistas nem me ensoberbecer. Agradeço porque o amor não trata com vergonha e desrespeito, nem busca egoisticamente seus interesses. Escolho andar no amor de Deus, que não se irrita facilmente ou rapidamente suspeita do mal. Eu celebro com alegria a honestidade e não me regozijo com o que é errado. O amor é um abrigo seguro, e nunca deixarei de crer no melhor para os outros, mesmo quando estiver tentado. O amor nunca considera o fracasso uma derrota, pois ele nunca desiste.

Pai, não tenho controle sobre a perseguição daqueles que não gostam de mim ou do que dizem sobre mim, mas posso escolher minha reação. Escolho deixar de lado a mágoa e o desapontamento e proponho *abençoar* e *orar* por aqueles que são cruéis em suas atitudes para comigo. Eu os abençoo e não os amaldiçoo. Portanto, meu amor abunda cada vez mais em ciência e em todo conhecimento. Eu aprovo as coisas que são excelentes. Sou sincero e sem escândalo algum até o dia de Cristo. Estou cheio dos frutos de justiça.

Onde quer que eu vá, comprometo-me a plantar sementes de amor. Agradeço, Pai, por preparares os corações com antecedência para receber este amor. Sei que essas sementes produzirão Teu amor nos corações onde forem semeadas.

Pai, obrigado porque, enquanto fluo em Teu amor e sabedoria, as pessoas estão sendo abençoadas por minha vida e ministério. Tu me fazes encontrar graça, compaixão e bondade com os outros (nomeie-os).

Estou profundamente arraigado no amor e seguramente fundado em amor, sabendo que Tu estás do meu lado e que nada é capaz de me separar do Teu amor, Pai, que está em Cristo Jesus, meu Senhor. Agradeço, Pai, no precioso nome de Jesus. Amém.

Referências Bíblicas
Romanos 5.5 • Filipenses 1.9-11 • 1 João 2.5 • João 13.34
1 João 4.18 • 1 Coríntios 3.6 • 1 Coríntios 13.4-8 • Daniel 1.9
Romanos 12.14 • Efésios 3.17 • Mateus 5.44 • Romanos 8.31,39

∽ 10 ∽
Para Andar em Perdão

Pai, em nome de Jesus, assumo um novo compromisso Contigo para viver em paz e harmonia, não apenas com os outros irmãos e irmãs do Corpo de Cristo, mas também com meus amigos, colegas, vizinhos e familiares.

Pai, eu me arrependo de guardar sentimentos ruins em relação aos outros. Eu me comprometo com o arrependimento piedoso e me liberto da amargura, ressentimento, inveja, contenda e crueldade de qualquer forma. Pai, peço perdão pelo pecado de _____. Pela fé, eu o aceito, tendo certeza de que estou purificado de toda iniquidade por meio de Jesus Cristo. Peço que perdoes e libertes todos os que me ofenderam e me feriram. Eu os perdoo e os liberto. Lida com eles em Tua misericórdia e bondade.

A partir deste momento, pretendo andar em amor, buscar a paz, viver em harmonia e me comportar com os outros de uma maneira que seja agradável a Ti. Eu sei que sou justo perante Ti, e Teus ouvidos estão atentos às minhas orações.

Eu escolho perdoar para não ser vencido pelo adversário, Satanás, pois conheço seus ardis.

Está escrito em Tua Palavra que o amor de Deus foi derramado em meu coração pelo Espírito Santo, que me foi dado. Acredito que o amor flui para a vida de todos que conheço, para que possamos ser cheios e abundantes nos frutos de justiça, que trazem glória e honra a Ti, Senhor, em nome de Jesus. Que assim seja! Amém.

Referências Bíblicas
Romanos 12.16-18 • Marcos 11.25 • Romanos 12.10
Efésios 4.32 • Filipenses 2.2 • 1 Pedro 3.8,11-12
Efésios 4.31 • Colossenses 1.10 • Efésios 4.27 • Romanos 5.5
João 1.9 • Filipenses 1.9,11 • 2 Coríntios 2.10-12

~ 11 ~
Para Receber o Espírito Santo

Meu Pai celestial, sou Teu filho, pois creio em meu coração que Jesus ressuscitou dos mortos e O confesso como meu Senhor.

Jesus, o amor que tenho por Ti me capacita a obedecer aos Teus mandamentos. Obrigado por enviares o Espírito Santo da Verdade, que estará em mim e nunca me deixará.

Pai Celestial, peço-Te a plenitude do Espírito Santo. Se pais imperfeitos sabem como cuidar de seus filhos com amor e dar-lhes o que eles precisam, quanto mais Tu me darás a plenitude do Espírito Santo.

Aceito a promessa do Espírito Santo e receberei poder. Desejo ser Teu mensageiro para minha cidade e nação – até mesmo para os lugares mais remotos da terra!

Agradeço por me encheres com o Espírito Santo e me dares a capacidade de falar em outras línguas, conforme o Espírito Santo me concede que eu fale.

Aqui, em Tua presença, há abundâncias de alegrias e à Tua destra há delícias perpetuamente. Tudo isto é em nome de Jesus! Louvado seja o Senhor e Amém!

Referências Bíblicas
Romanos 10.9-10 • João 14.15 • Lucas 11.12-14 • Atos 1.8 • Atos 2.4

~ 12 ~
Para Andar em Santificação

Pai, obrigado por me santificares por meio da verdade; a Tua Palavra é a verdade. Jesus, Te consagraste por mim, portanto, eu serei consagrado pela verdade em minha missão. Em nome de Jesus, eu me arrependo e me afasto dos meus maus caminhos. Eu me lavo, me purifico. Cesso de fazer o mal e estou aprendendo a fazer o bem.

Pai, Tu habitas em mim e caminhas comigo. Portanto, deixo de lado a corrupção e as parcerias, deixo tudo, de uma vez por todas. Tu és meu Pai, e não me unirei a quem quer me contaminar, porque Tu me queres todo para Ti. Purifico-me de tudo o que contamina o corpo e o espírito, aperfeiçoando a santidade por reverência a Deus.

Pai, eu confesso meus pecados. Tu és fiel e justo para perdoar meus pecados e me purificar de toda iniquidade. Jesus me foi feito sabedoria, justiça, santificação e redenção.

Submeto-me a Ti, Senhor – espírito, alma e corpo. Despojo-me do velho e não renovado homem e me visto da nova natureza, mudando tudo o que precisa ser mudado em minha vida. O desejo do meu coração é ser um vaso para honra, santificado, idôneo para o Teu uso e preparado para toda boa obra.

Agradeço, Senhor, porque como o bem desta terra, porque me deste um coração disposto e obediente. Amém.

Referências Bíblicas
João 17.17,19 • Isaías 1.16-17 • 2 Coríntios 6.17 (MSG)
2 Coríntios 7.1 • 1 João 1.9 • 1 Coríntios 1.30
Efésios 4.22-24 • 2 Timóteo 2.21 • Isaías 1.19

~ 13 ~
Para Produzir Frutos

Senhor Jesus, Tu me escolheste e me designaste para ir e dar fruto – fruto que permaneça. Então o Pai me dará tudo o que eu pedir em Teu nome. Pai, Tu és o Agricultor. Tu limpas toda vara que dá fruto, para que dê ainda mais frutos.

O apóstolo Paulo disse para estarmos cheios do fruto de justiça e que desejava que o fruto abundasse em nossa conta. Portanto, eu me comprometo a produzir o fruto do Espírito: amor, alegria, paz, longanimidade, benignidade, bondade, fé, mansidão e temperança. Renuncio e me afasto do fruto da carne, porque pertenço a Jesus Cristo e crucifiquei a carne com suas afeições e concupiscências.

Uma semente não pode dar frutos a menos que primeiro caia na terra e morra. Confesso que estou crucificado com Cristo. No entanto, eu vivo; ainda não eu, mas Cristo vive em mim. E a vida que agora vivo na carne, vivo-a pela fé no Filho de Deus, o qual me amou e Se entregou por mim.

Pai, agradeço porque sou uma boa terra, porque ouço a Tua Palavra e a compreendo, e porque a Palavra dá frutos em minha vida – às vezes cem vezes, às vezes sessenta, às vezes trinta. Sou como uma árvore plantada junto a ribeiros de águas, que dá seu fruto no tempo certo. Minha folha não cairá e tudo o que eu fizer prosperará.

Pai, em nome de Jesus, agradeço por me encheres com o conhecimento da Tua vontade, em toda a sabedoria e entendimento espiritual, para que eu possa andar digno diante de Ti, Senhor, frutificando em toda boa obra e crescendo no Teu conhecimento. Amém.

Referências Bíblicas
João 15.16 • Gálatas 2.20 • Filipenses 1.11 • Mateus 13.23
Filipenses 4.17 • Salmo 1.3 • Gálatas 5.22-24 • Colossenses 1.9-10
João 12.24

~ 14 ~
Para Ajudar os Outros

Pai, tratarei os outros como gostaria de ser tratado. Procurarei viver uma vida de amor como se a vida dependesse disso – porque de fato depende. Proponho amar e ajudar os outros como sendo meu objetivo, minha grande missão na vida.

Em nome de Jesus, não me atentarei apenas para o que é meu, mas também para o que é dos outros. Esquecerei de mim mesmo e darei uma mão amiga. Sou forte no Senhor e na força do Seu poder. Terei como prática agradar (fazer feliz) meus vizinhos (chefes, colegas de trabalho, professores, pais, filhos, irmãos e irmãs, etc.), para o seu bem e para o seu verdadeiro bem-estar, para educá-los, ou seja, para fortalecê-los e edificá-los de todas as maneiras – espiritual, social e materialmente.

Desejo imitar meu Pai celestial e, como filho da luz, andarei em amor e sabedoria. Ajuda-me a encorajar, admoestar e exortar os outros e edificá-los.

Pai, em nome de Jesus, eu amo meus inimigos (bem como meus sócios, membros da igreja, vizinhos, aqueles que têm autoridade sobre mim) e sou gentil e faço o bem – fazendo favores para que alguém se beneficie deles. Eu empresto sem esperar nada em troca.

Obrigado, Pai, por gravares Tuas leis em meu coração e registrá-las em minha mente – em meus pensamentos e entendimento mais íntimos. De acordo com a Tua Palavra, como eu gostaria e desejo que os homens fizessem comigo, faço exatamente o mesmo com eles, em nome de Jesus. Amém.

Referências Bíblicas
Lucas 6.31 • 1 Tessalonicenses 5.11 • 1 Coríntios 14.1 (MSG)
Lucas 6.35-36 • Filipenses 2.4 • Efésios 5.1-2 • Efésios 6.10
Hebreus 10.16 • Romanos 15.2 • Lucas 6.31

~ 15 ~
Para Cuidar Com o Que Você Fala

Pai, hoje eu me comprometo Contigo, em nome de Jesus. Cuidarei de minha linguagem e observarei a maneira de falar. Abandonarei obscenidades, insultos inúteis e palavras sem sentido que trazem desgraça e são desnecessárias. Deixarei de lado as palavras feias, odiosas e amargas. Em vez disso, deixarei que minhas palavras se tornem belos presentes que encorajam os outros, falando palavras de graça para ajudá-los. Deixarei que a adoração preencha meu coração e transborde em minhas palavras.

Em nome de Jesus, submeto-me à sabedoria divina para aprender a controlar minha língua. Estou determinado a não deixar que o inferno ponha fogo na minha língua. Dedico minha boca para falar coisas excelentes e justas. Minha boca pronunciará a verdade. Proponho guardar minha boca e minha língua para me proteger da calamidade, pois a língua tem o poder da vida e da morte.

Pai, Tuas palavras são prioridade máxima para mim. Elas são espírito e vida. Permito que a Palavra habite em mim ricamente em toda a sabedoria. A habilidade de Deus é liberada dentro de mim pelas palavras da minha boca e pela Palavra de Deus. Eu falo Tuas palavras pela minha boca. Elas estão vivas em mim. Tu estás vivo e operando em mim. Então, posso dizer com ousadia que minhas palavras são palavras de fé, palavras de poder, palavras de amor e palavras de vida. Elas produzem coisas boas em minha vida e na vida de outras pessoas porque escolho Tuas palavras para meus lábios e Tua vontade para minha vida, em nome de Jesus. Amém.

Referências Bíblicas
Efésios 5.4 • Efésios 4.27-32 • Provérbios 21.23
2 Timóteo 2.16 • Provérbios 18.21 • Efésios 4.27 • Tiago 3.6
Tiago 1.6 • Provérbios 8.6-7 • João 6.63 • 2 Coríntios 5.21
Colossenses 3.16 • Provérbios 4.23 • Filemon 6

~ 16 ~
Para Viver Livre de Preocupações

Pai, eu Te agradeço porque fui tirado do poder das trevas e transportado para o Reino de Teu querido Filho. Escolho viver livre de preocupações em nome de Jesus, pois a lei do Espírito de vida, em Cristo Jesus, me *livrou* da lei do pecado e da morte.

Eu me humilho debaixo da Tua potente mão para que, a seu tempo, Tu possas me exaltar. Lanço todas as minhas preocupações – todas as minhas ansiedades, todos os meus receios, todas as minhas inquietações (nomeie-as) – de uma vez por todas em Ti. Tu cuidas de mim com carinho e cuidas de mim com atenção. Tu me sustentas. Tu nunca permitirás que os consistentemente justos sejam abalados – levados a escorregar, cair ou falhar!

Pai, eu me deleito em Ti, e Tu aperfeiçoas o que me concerne.

Destruo argumentos, conselhos e toda altivez que se levanta contra o conhecimento de Ti, e levo cativo todo pensamento à obediência de Cristo. Tiro todo o peso que me atrasa, especialmente o pecado que tão facilmente me faz tropeçar. E corro com paciência a carreira que Deus me propôs. Faço isso mantendo meus olhos em Jesus, o Autor e Consumador da minha fé.

Agradeço-Te, Pai, porque és capaz de guardar aquilo que Te confiei. Fixo minha mente nas coisas que são verdadeiras, honestas, justas, puras, amáveis, de boa fama, virtuosas e dignas de louvor. Não deixarei que meu coração se perturbe. Eu permaneço em Tua Palavra, e Tua Palavra permanece em mim. Portanto, Pai, *não* me esqueço de que tipo de pessoa sou. Eu atento bem na lei perfeita da liberdade e persevero nela, *não* sendo um ouvinte esquecido, mas um *fazedor da obra* e, portanto, bem-aventurado em meu feito!

Obrigado, pai. *Sou livre de preocupações.* Ando naquela paz que excede todo o entendimento, em nome de Jesus! Amém.

Referências Bíblicas
Colossenses 1.13 • Hebreus 12.1-2 • Romanos 8.2 • 2 Timóteo 1.12
1 Pedro 5.6-7 • Filipenses 4.8 • Salmo 55.22 • João 14.1
Salmo 138.8 • Tiago 1.22-25 • 2 Coríntios 10.5 • Filipenses 4.6

ORAÇÕES
ao Pai

~ 17 ~
Adoração:
"Santificado Seja o Teu nome"

Pai Nosso, que habita nos reinos celestiais, que a glória do Teu nome seja o centro de nossas vidas. Venha Teu reino, e faz com que todos os Teus propósitos sejam cumpridos na terra, assim como são cumpridos no céu. Santificado seja Teu nome!

Bendize, ó minha alma, ao Senhor, e tudo o que há em mim bendiga o Teu santo nome. Eu Te adoro e dou a conhecer a Ti minha adoração e amor neste dia.

Bendigo Teu nome, *Eloim*, o Criador do céu e da terra, que existia no princípio. Tu me criaste, e me coroaste com glória e honra. Tu és o Deus do poder e da força. Santificado seja Teu nome!

Bendigo Teu nome, *El-Shaddai*, o Deus Todo-Poderoso das bênçãos. Tu és o Peito que nutre e supre. Tu és todo-generoso e todo-suficiente. Tu és o Destruidor de Inimigos. Tu és Deus Todo-Poderoso! Santificado seja Teu nome!

Bendigo Teu nome, *Adonai*, meu Senhor e meu Mestre. Tu és Jeová – Aquele que é Completamente Autoexistente, sempre presente, revelado em Jesus, que é o mesmo ontem, hoje e para sempre. Santificado seja Teu nome!

Bendigo Teu nome, *Jeová-Jiré*, Aquele que vê minhas necessidades e as supre. Santificado seja Teu nome!

Bendigo Teu nome, *Jeová-Rafá*, meu Curador e Aquele que torna doces as experiências amargas. Tu enviaste Tua Palavra e me curaste. Perdoaste todas as minhas iniquidades e curaste todas as minhas enfermidades. Santificado seja Teu nome!

Bendigo Teu nome, *Jeová-M'Kaddesh*, o Senhor meu Santificador. Tu me separaste para Ti mesmo. Santificado seja Teu nome!

Jeová-Nissi, Tu és minha Vitória, minha Bandeira e meu Estandarte. Tua bandeira sobre mim é o amor. Quando o inimigo vem como uma corrente de águas, Tu levantas uma bandeira contra ele. Santificado seja Teu nome!

Jeová-Shalom, eu bendigo Teu nome. Tu és minha paz – a paz que transcende todo o entendimento, que guarda e protege meu coração e minha mente em Cristo Jesus. Santificado seja Teu nome!

Eu Te bendigo, Te bendigo, *Jeová-Tsidkenu*, minha Justiça. Obrigado por Te tornares pecado por mim para que eu pudesse me tornar a justiça de Deus em Cristo Jesus. Santificado seja Teu nome!

Jeová-Rohi, Tu és meu Pastor e nada de bom ou benéfico me faltará. Santificado seja Teu nome!

Aleluia a *Jeová-Samá*, Aquele que nunca me deixará ou me abandonará. Tu estás sempre lá. Sinto-me consolado e encorajado e digo com confiança e ousadia que o Senhor é meu Ajudador; não serei tomado de alarme – não terei medo, nem pavor, nem ficarei apavorado. O que o homem pode fazer comigo? Santificado seja Teu nome!

Eu Te louvo e adoro, *El-Elyon*, o Deus Altíssimo. Tu és a Primeira Causa de tudo, o Possuidor dos céus e da terra. Tu és o Deus eterno, o grande Deus, o Deus vivo, o Deus misericordioso, o Deus fiel, o Deus poderoso. Tu és Verdade, Justiça, Retidão e Perfeição. Tu és *El-Elyon* – o Soberano Supremo dos céus e da terra. Santificado seja Teu nome!

Pai, exaltaste acima de tudo o Teu nome e a Tua palavra, e engrandeceste a Tua palavra acima de todo o Teu nome. O Verbo Se fez carne e habitou entre nós, e Seu nome é Jesus. Santificado seja Teu nome!

Em nome de Jesus, eu Te louvo e adoro, meu Pai, Filho e Espírito Santo – o Grande Três em Um!

Referências Bíblicas

Mateus 6.9 • Cântico dos Cânticos 2.4 • Salmo 103.1
Isaías 59.19 • Gênesis 1.1-2 • Juízes 6.24 • Salmo 8.5
Filipenses 4.7 • Gênesis 49.24-25 • Jeremias 23.5-6
Gênesis 15.1-2,8 • 2 Coríntios 5.21 • Hebreus 13.8 • Salmo 23.1
Gênesis 22.14 • Salmo 34.10 • Salmo 147.3 • Hebreus 13.5
Êxodo 15.23-26 • Hebreus 13.6 • Salmo 107.20
Gênesis 14.19,22 • Salmo 103.3 • Salmo 91.1 • Levítico 20.7-8
Salmo 138.2 • Êxodo 17.15 • João 1.14

~ 18 ~
Intervenção Divina: "Venha Teu Reino"

Pai, em nome de Jesus, eu oro de acordo com Mateus 6.10. "Venha Teu Reino". Obrigado por me resgatares completamente da potestade tirânica das trevas e me transportares para o reino de Teu Filho amado. Em Jesus todos os meus pecados foram cancelados, e eu tenho a revelação da redenção através do próprio sangue Dele.

Teu reino não vem com sinais e maravilhas. Ele já está aqui. Teu reino está dentro de nós, e estamos assentados juntamente com Jesus Cristo nos lugares celestiais, Nele.

Querido Pai, que habita nos reinos celestiais, que a glória do Teu nome seja o centro de nossas vidas. Venha Teu reino, e faz com que todos os Teus propósitos sejam cumpridos na terra, assim como são cumpridos no céu.

Pai, estamos ansiosos pelo dia em que Jesus, que ascendeu ao céu, voltará da mesma forma.

Isso é exatamente quem eu sou – um filho de Deus. E isso é apenas o começo. Quem pode dizer como será o fim? O que sei é que, quando Cristo finalmente Se manifestar, eu O verei – e, então, serei como Ele. Aguardo ansiosamente a Sua vinda e estou preparado, tendo como modelo a pureza gloriosa da vida de Jesus.

A maravilhosa graça de Deus se manifestou pessoalmente, trazendo salvação para todos. Essa mesma graça me ensina como viver cada dia enquanto dou as costas à impiedade e às concupiscências mundanas, e me capacita para viver uma vida piedosa, íntegra e sóbria neste presente momento. Pois continuo aguardando o bem-aventurado cumprimento de nossa esperança no esplendor da glória do meu grande Deus e Salvador, Jesus, o Ungido.

Porque o mesmo Senhor descerá do céu com alarido, e com voz de arcanjo, e com a trombeta de Deus, e os que morreram em Cristo ressuscitarão primeiro. Depois nós, os que ficarmos vivos, seremos arrebatados juntamente com eles nas nuvens, ao encontro do Senhor nos ares, e assim estaremos para sempre com o Senhor.

Obrigado, Pai, porque o Senhor virá à terra e todos os santos e anjos com Ele; e o Senhor será Rei sobre toda a terra; naquele dia, um só será o Senhor e um só será Seu nome. O governo estará sobre Seus ombros.

Pai, obrigado por nos unirmos às grandes vozes no céu dizendo: "Os reinos do mundo se tornaram de nosso Senhor e do Seu Cristo; e Ele reinará para todo o sempre".

Tua é, Senhor, a magnificência, o poder, a honra, a vitória e a majestade, porque Teu é tudo quanto há nos céus e na terra; Teu é, Senhor, o reino, e Tu Te exaltaste sobre todos por chefe. Venha Teu Reino. Aleluia! Amém.

Referências Bíblicas
Colossenses 1.13-14 • Lucas 17.21 • Mateus 6.10-11 • Atos 1.11
1 João 3.2-3 (MSG) • Isaías 9.6 • Tito 2.11-13
Apocalipse 11.15 • 1 Tessalonicenses 4.16-17 • 1 Crônicas 29.11
Zacarias 14.5,9

∼ 19 ∼
Submissão:
"Seja Feita Tua Vontade"

Pai, em nome de Jesus, oro para que a vontade de Deus seja feita em minha vida, assim como no céu. Eu sou feitura Tua, criado em Cristo Jesus, para que eu possa fazer as boas obras que Tu planejaste para mim há muito tempo.

Ensina-me a fazer a Tua vontade, porque Tu és o meu Deus. Deixe Seu bom Espírito me conduzir à terra da retidão. Jesus, Tu Te entregaste para expiar meus pecados e para me salvar e santificar, a fim de resgatar e me livrar do presente século mau, segundo a vontade, propósito e plano de nosso Deus e Pai.

Em nome de Jesus, não estou conformado com este mundo, mas estou transformado pela renovação do meu entendimento, para que eu possa experimentar qual é a boa, agradável e perfeita vontade de Deus. Espírito Santo, agradeço por me ensinares a apreciar e dar dignidade ao meu corpo, não abusando dele.

Pai, agradeço por teres me escolhido – na verdade, me escolhido como Teu – em Cristo antes da fundação do mundo; para que eu seja santo (consagrado e separado para Ti) e íntegro diante de Ti, irrepreensível diante de Ti em amor, tendo-me predestinado para filhos de adoção por Jesus Cristo para Ti mesmo, segundo o beneplácito da Tua vontade.

Seja feita a Tua vontade em minha vida, tanto na terra, como no céu. Amém e que assim seja!

REFERÊNCIAS BÍBLICAS
Mateus 6.9-10 • Romanos 12.2 • Efésios 2.10
1 Tessalonicenses 4.4-5 (MSG) • Salmo 143.10 • Efésios 1.4
Gálatas 1.4 • Efésios 1.5

~ 20 ~
Provisão: "O Pão Nosso de Cada Dia Nos Dá Hoje"

Em nome de Jesus, confesso com o salmista Davi que não vi o justo desamparado, nem Tua descendência mendigando o pão.

Pai, agradeço pela comida, pelas roupas e pelo abrigo. Em nome de Jesus, estou aprendendo a parar de ficar inquieto (ansioso e preocupado) com minha vida, com o que vou comer e com o que vou beber, ou com meu corpo, com o que vou vestir. Minha vida é mais do que o mantimento, e meu corpo é mais do que o vestuário.

Não comerei o pão da ociosidade (fofoca, descontentamento e autopiedade). És Tu, Pai, quem generosamente suprirás — encherás ao máximo — todas as minhas necessidades de acordo com as Tuas riquezas na glória em Cristo Jesus.

Em nome de Jesus, não viverei só de pão, mas de toda palavra que sai da boca de Deus. Achando-se Tuas palavras, logo as comi, e Tua palavra foi para mim alegria e regozijo do meu coração.

E o Verbo se fez humano e fez morada entre nós. Jesus, Tu és o Pão da Vida que me dá vida, o Pão Vivo.

Obrigado, Pai, em nome de Jesus, pelo pão espiritual – o maná do céu. Amém.

REFERÊNCIAS BÍBLICAS
Mateus 6.9-11 • Mateus 4.4 • Salmo 37.25 • Jeremias 15.16
Mateus 6.25 • João 1.14 • Provérbios 31.27
João 6.48-51 • Filipenses 4.19

∽ 21 ∽
Perdão:
"Perdoa Nossas Dívidas"

Pai, perdoa-nos os erros que cometemos enquanto nós mesmos damos o perdão para aqueles que nos ofenderam. Tu me perdoaste misericordiosamente e, por causa de Teu amor e perdão, escolho perdoar misericordiosamente os outros nas profundezas do amor de Cristo.

Por causa do Teu grande amor, peço-Te a graça de tomar a decisão de perdoar. Pai, eu escolho perdoar a traição até mesmo de meus amigos íntimos – aqueles com quem eu adorava em união.

Como seguidor de Jesus, escolho amar meu inimigo e bendizer aquele que me amaldiçoa. Espírito Santo, mostra-me algo maravilhoso que eu possa fazer por aquele que me odeia. Em vez de reagir, escolho responder àqueles que me perseguem orando por eles.

Pai, não apenas orarei por _____, mas me proponho a tratá-lo bem (fazer o bem e agir nobremente para com ele). Serei misericordioso, compassivo, terno, receptivo e piedoso para com _____, assim como Tu és, Pai.

Meu desejo é ser Teu imitador, e tudo posso em Cristo Jesus, que me fortalece.

Pai, agradeço porque tenho grande paz nesta situação, pois amo a Tua lei e me recuso a ofender _____.

Jesus, sou bem-aventurado – feliz [com a vida – tenho alegria e satisfação na graça e salvação de Deus, independentemente das condições externas] e sou invejado – porque eu não me ofendo em Ti e me recuso a ser ofendido, ou ressentido, ou aborrecido, ou repelido, ou feito tropeçar, aconteça o que acontecer.

E agora, Pai, entrego esta obra a Ti – confio-a e entrego-a inteiramente a Ti; e creio que farás com que meus pensamentos estejam de acordo com a Tua vontade, e assim meus planos serão estabelecidos e bem-sucedidos. Em nome de Jesus, amém.

Referências Bíblicas

Mateus 6.12 • Efésios 4.32 • Efésios 5.1
Salmo 55.20-23 • Mateus 5.44 • Mateus 6.14-15
Filipenses 4.13 • Salmo 119.165 • Lucas 6.27
Lucas 7.23 • Mateus 5.44 • Provérbios 16.3
Lucas 6.28

~ 22 ~
Orientação e Libertação: "Não Nos Deixes Cair em Tentação"

Pai, não veio sobre mim tentação, senão humana. Obrigado por Tua fidelidade. Estou certo de que não permitirás que eu seja tentado acima do que posso; antes, com a tentação, darás também o escape, para que eu a possa suportar.

Tu não me deste o espírito de temor, mas de fortaleza, de amor e de moderação. Escolho contemplar a Ti, unir minha vida com a Tua, e a alegria virá. Quando eu clamo a Ti, meu Senhor, Tu me ouves e trazes o Teu milagre de libertação quando eu mais preciso.

Eu escolho ter grande alegria quando passo por várias tentações, sabendo disso: que a provação da minha fé produz a paciência.

Não direi quando for tentado: "Sou tentado por Deus", porque Deus não pode ser tentado pelo que é mau, e Ele mesmo não tenta ninguém.

Agradeço, Jesus, por Te entregares pelos meus pecados, para me livrar deste presente mundo mau, segundo a vontade de Deus, nosso Pai – a quem seja a glória para todo o sempre.

Pai, em nome de Jesus, e segundo o poder que está operando em mim, permanecerei acordado, darei rigorosa atenção, serei cauteloso, vigiarei e orarei para não entrar em tentação. Em nome de Jesus, amém.

Referências Bíblicas
1 Coríntios 10.13 • Salmo 34.5-6 • 2 Timóteo 1.7
Gálatas 1.4-5 • Tiago 1.2-3 • Efésios 3.20 • Tiago 1.13
Mateus 26.41

～ 23 ～
Louvor: "Porque Teu é o Reino, o Poder e a Glória"

Vinde, engrandecei o Senhor; juntos exaltemos o Seu nome.
Deus Pai, Teu caminho é perfeito! A Palavra do Senhor é testada e provada, e Tu és um escudo para todos aqueles que se refugiam e confiam em Ti.

Eu oro para que minhas palavras faladas e pensamentos não ditos sejam agradáveis a Ti, Senhor, minha Rocha e meu Redentor.

Tua Palavra me reavivou e me deu vida.

Para sempre, ó Senhor, a Tua Palavra permanece no céu.

A Tua Palavra é lâmpada para os meus pés e luz para o meu caminho.

Tua palavra é a verdade desde o princípio, e cada um dos Teus juízos dura para sempre.

Pai, louvarei o Teu nome pela Tua benignidade e pela Tua verdade e fidelidade. Tu exaltaste acima de tudo o Teu nome e a Tua palavra.

Pai, que minha oração seja como o sacrifício da tarde que queima como incenso perfumado, subindo como minha oferta a Ti enquanto levanto minhas mãos em adoração. Pai, dá-me graça para guardar meus lábios de falar o que é errado.

Trago uma oferta de louvor e ação de graças para honrar e glorificar a Ti, pois a Tua Palavra diz que o verdadeiro louvor é um sacrifício digno que realmente honra a Ti. Estou transbordando com o Teu louvor por tudo o que fizeste, e Teu esplendor me emociona o dia todo.

Tuas ternas misericórdias significam mais para mim do que a própria vida. Como Te amo e Te louvo, meu Pai. Diariamente Te adorarei fervorosamente e com todo o meu coração. Meus braços levantarão para Ti como bandeiras de louvor.

Teus mandamentos são meus conselheiros; Tua Palavra é minha luz e deleite. Em nome de Jesus, eu oro, amém.

Referências Bíblicas

Salmo 34.3 • Salmo 138.2 • Salmo 18.30 • Salmo 141.2-3
Salmo 19.14 • Salmo 50.23 • Salmo 119.50
Salmo 71.8 • Salmo 119.89 • Salmo 63.3-4 • Salmo 119.105
Salmo 119.24 • Salmo 119.160

ORAÇÕES
pelas Necessidades e Preocupações Pessoais

~ 24 ~
Submetendo Tudo a Deus

Pai, reconheço que Tu és a Autoridade Suprema – um Deus de ordem. Tu instituíste outras estruturas de autoridade que apoiarão relacionamentos saudáveis e manterão a harmonia. Entrego minha vontade a Ti, para que eu possa encontrar proteção e habitar em Teu abrigo, Altíssimo.

Pai, obrigado pelos pastores e líderes da igreja – aqueles que se submetem a Ti e são exemplos para a congregação. Submeto-me aos anciãos da igreja (os ministros e guias espirituais da igreja), dando-lhes o devido respeito e cedendo aos seus conselhos.

Senhor, Tu sabes como tenho sido rebelde. Peço Teu perdão por manipular as circunstâncias e as pessoas – por tentar manipular a Ti para conseguir o que quero. Que a Tua vontade seja feita em minha vida, assim como no céu.

Pai, quando sinto que minha vida está fora de controle, uno minha mente à mente de Cristo e minhas emoções ao controle do Espírito Santo. Desligo minha mente de padrões de pensamentos obsessivos que tentam me confundir.

Pai, entendo que a obediência é muito melhor do que o sacrifício. Tu estás muito mais interessado que eu Te ouça do que em minhas ofertas materiais para Ti. Pai, já fui cego, mas agora posso ver que minha rebelião era tão ruim quanto o pecado de bruxaria, e a teimosia era tão ruim quanto adorar ídolos. Eu me arrependo desses pecados e peço que me purifiques de toda iniquidade.

Pai, Tu mereces honestidade de coração – sim, absoluta sinceridade e franqueza. Obrigado por esta sabedoria. Purifica-me com hissopo, e ficarei puro; lava-me, e ficarei mais alvo do que a neve. Tu me tiraste da potestade das trevas e me transportaste para o reino do Filho do Teu amor, em quem tenho a redenção, o perdão dos pecados.

Senhor, eu quero seguir-Te. Estou deixando de lado meus próprios desejos e conveniências. Eu abandono meus desejos que não estão em Teus planos para mim. Mesmo em meio ao meu medo, eu me rendo e confio meu futuro a Ti. Escolho tomar minha cruz e seguir-Te [apegar-me firmemente a Ti, conformando-se totalmente ao Teu exemplo na vida e, se necessário, também na morte]. Desejo perder minha vida inferior por amor de Ti para que eu possa encontrar a vida superior.

Pai, Tu me deste Jesus para ser meu Exemplo. Ele voltou para Ti, Pai, e enviou o Espírito Santo para ser meu Ajudador e Guia. Neste mundo há tentações, provações e tribulações. Mas Jesus venceu o mundo, e eu tenho bom ânimo – estou confiante e destemido!

Jesus é o meu Senhor. Escolho me tornar Seu servo, mas Ele me chama de amigo e irmão.

Senhor, ajuda-me a passar pelo processo de submeter-me inteiramente a Ti. Troco a rebelião e a teimosia por um coração disposto e obediente. Quando me recuso a ouvir, unge meus ouvidos para ouvir; quando estou cego por meus próprios desejos, abra meus olhos para ver.

Eu pertenço a Jesus Cristo, o Ungido, que quebra e destrói todo jugo de escravidão. Em Seu nome e em obediência à Sua vontade, Pai, eu me submeto ao controle e direção do Espírito Santo que Tu enviaste para viver em mim. Sou Teu filho. Inteiramente a Ti eu me entrego. Sou um vencedor pelo sangue do Cordeiro e pela palavra do meu testemunho! Em nome de Jesus eu oro, amém.

Referências Bíblicas

1 Coríntios 14.33 • Salmo 51.6-7 • 1 Timóteo 2.2
Colossenses 1.13-14 • Salmo 91.1 • Mateus 10.38-39
1 Pedro 5.5 • João 16.33 • Mateus 6.10 • João 15.15
Tiago 4.7 • Apocalipse 12.11 • 1 Samuel 15.22-23

~ 25 ~
Recebendo Perdão

Pai, Tua Palavra garante que se eu pedir perdão, Tu és fiel para me perdoar e me purificar de toda iniquidade. Em nome de Jesus, eu escolho também me perdoar. Confesso Jesus como meu Senhor e creio em meu coração que Tu O ressuscitaste dentre os mortos, e eu estou salvo.

Pai, eu me considero abençoado, quão feliz sou – tenho um novo começo, minhas páginas estão em branco. Eu me considero feliz, afortunado, alguém a ser invejado. Tu, Pai, não estás retendo nada contra mim, e não estás me privando de nada.

Pai, antes de confessar meus pecados, guardei tudo dentro de mim; minha desonestidade devastou minha vida interior, fazendo com que minha vida se enchesse de frustração, angústia irreprimível e miséria. Não julgo que o haja alcançado; mas uma coisa faço: esqueço-me das coisas que ficaram para trás e avanço para as que estão adiante de mim. Prossigo para o alvo, para onde Deus nos chama – para Jesus. Estou correndo e não vou voltar atrás.

Diante desse sentimento de culpa e indignidade, recebo meu perdão, e a pressão se foi – minha culpa foi dissolvida, meu pecado desapareceu. Sou abençoado porque perdoaste minhas transgressões – cobriste meus pecados. Sou abençoado, pois Tu nunca imputarás meus pecados a mim.

Obrigado, Pai, por me escolheres para ser Teu, por me unires a Jesus Cristo antes da fundação do mundo! Por causa do Teu grande amor, Tu me ordenaste para que eu fosse visto como santo aos Teus olhos com uma inocência imaculada.

Senhor, eu aceito o Teu Filho, Jesus; acredito em Seu nome e Ele me deu o direito de me tornar filho Dele. Eu Te reconheço, Senhor, como meu Pai. Agradeço por me perdoares e me absolveres de toda culpa. Eu sou um vencedor pelo sangue do Cordeiro e pela palavra do meu testemunho. Em nome de Jesus, amém.

Referências Bíblicas
1 João 1.9 • Salmo 32.1-6 • Romanos 10.9-10 • Romanos 4.7-8
Filipenses 3.13 • Filipenses 3.14 (MSG) • Marcos 11.23
Efésios 1.4 • Mateus 21.22 • João 1.12
Marcos 9.24 • Apocalipse 12.11 • Salmo 32.1

~ 26 ~
Andando em Humildade

Pai, sujeito-me aos outros, revestindo-me de humildade, porque Deus resiste aos soberbos, mas concede graça aos humildes. Renuncio ao orgulho e à arrogância e escolho humilhar-me debaixo da Tua potente mão, para que, a seu tempo, me exaltes.

Em nome de Jesus, lanço todas as minhas preocupações – todas as minhas ansiedades, todos os meus receios, todas as minhas inquietações, de uma vez por todas) em Ti. Tu cuidas de mim com carinho e Te preocupas comigo com atenção. Espero uma vida de vitórias e obras impressionantes porque minhas ações são feitas em nome de um espírito humildemente submetido à Tua verdade e justiça.

Pai, em nome de Jesus, recuso-me a ser sábio aos meus próprios olhos, mas escolho temer-Te e apartar-me do mal. Isto será remédio para meu corpo e medula para meus ossos.

Pai, eu me humilho e me submeto à Tua Palavra que fala (expõe, examina, analisa e julga) os próprios pensamentos e propósitos do meu coração. Eu testo minhas próprias ações para ter uma autoestima adequada, sem me comparar com ninguém. A segurança da Tua orientação me permitirá carregar minha própria carga com força e confiança.

Escuto atentamente e ouço o que está sendo dito para mim. Faço atento meu ouvido à sabedoria e inclino meu coração ao entendimento e à percepção. Humildade e temor a Ti trazem riqueza, honra e vida.

Pai, guardo a Tua Palavra em meu coração para não pecar contra Ti. Como um de Teu povo escolhido, santo e amado, revisto-me de misericórdia, de benignidade, humildade, mansidão, longanimidade. Eu tenho paciência com os outros e perdoo quaisquer queixas que eu possa ter contra alguém. Perdoo como Tu me perdoaste. E sobre todas essas virtudes eu coloco o amor, que é o vínculo da perfeição. Deixo a paz de Cristo dominar meu coração e sou grato por Tua graça e pelo poder do Espírito Santo.

Pai, seja feita a Tua vontade em minha vida, tanto na terra, como no céu. Em nome de Jesus, amém.

Referências Bíblicas
1 Pedro 5.5-7 • Provérbios 22.4 • Provérbios 3.7-8
Salmo 119.11 • Hebreus 4.12 • Colossenses 3.12-15
Gálatas 6.4-5 • Mateus 6.10 • Provérbios 2.2

~ 27 ~
Dando Graças a Deus

Deus o viu quando você estava no ventre de sua mãe (veja Salmos 139.13-16). Ele conhecia sua mãe e seu pai e as circunstâncias da casa onde você cresceria. Ele conhecia as escolas que você frequentaria e o bairro em que moraria.

Deus lhe deu a capacidade de sobreviver e caminhou com você nos bons e maus momentos. Ele lhe deu técnicas de sobrevivência e anjos da guarda para guardá-lo e protegê-lo (veja Salmos 91.11). Ele elegeu você antes da fundação do mundo para ser santo e irrepreensível diante Dele em amor (ver Efésios 1.4).

Ele chorou com você quando você chorou. Riu com você quando você riu. Ficou triste quando você foi incompreendido e tratado injustamente. Ele observou e esperou, ansioso pelo dia em que você receberia Jesus como seu Salvador. A todos quantos O receberam, Ele deu o poder, o direito e a autoridade para se tornarem filhos de Deus (ver João 1.12). Ele anseia por sua comunhão, desejando que você O conheça cada vez mais intimamente.

Suas técnicas de sobrevivência provavelmente eram diferentes das minhas. Quaisquer que tenham sido, e qualquer que tenha sido sua vida até este ponto, a paz de Deus pode transformar os arrependimentos e as feridas do passado em ações de graças e louvor. Você pode experimentar a integridade fazendo esta oração com sinceridade.

I. Oração Diária de Ação de Graças

Pai, eu venho a Ti em nome de Jesus. Com a ajuda do Espírito Santo e pela Tua graça, uno-me ao exército celestial dando brados de alegria para Ti e servindo-Te com júbilo! Venho diante de Tua presença com cânticos!

Senhor, eu sei (percebo, reconheço e entendo com aprovação) que Tu és Deus! Foi Tu quem nos fizeste, e não nós mesmos, e Teu somos; somos Teu povo e ovelhas do Teu pasto.

Pai, entro em Tuas portas com ação de graças e apresento uma oferta de gratidão. Entro em Teus átrios com louvor! Sou grato e tenho prazer em dizer isso. Bendigo e louvo afetuosamente o Teu nome! Pois Tu és bom, e Tua misericórdia e benignidade são eternas. A Tua fidelidade e a Tua verdade estendem-se de geração em geração. Bom e agradável é dar graças a Ti, Altíssimo.

Senhor, pelo Teu Espírito Santo, aperfeiçoa o fruto dos meus lábios. Ajuda-me a extrair ações de graças de meus recursos mais íntimos; alcança os lugares mais íntimos do meu coração para que eu possa oferecer expressivas ações de graças a Ti, Pai.

Agradeço por meus pais que me deram a vida. Sou grato pelas vitórias e conquistas que vivenciei, apesar de minhas feridas – os ferimentos e os insultos que me cercaram quando eu era criança. Tu os usaste para o bem, embora Satanás os tenha planejado para minha destruição. Pai, recuso-me a ser um crítico cheio de preconceito em relação a meus pais, ex-professores e conselheiros. Perdoa-me por culpá-los por meus erros e falhas. Julgá-los não me beneficiou. Hoje, escolho abandonar meus julgamentos e deixar de lado minhas queixas em relação aos outros. Escolho me render ao amor que não guarda nenhum registro de injustiça.

Agradeço por Tua graça, que está me ensinando a confiar em mim e nos outros. Agradeço pela vida – vida em toda a sua abundância. Tu me deste o desejo de orar, e sou grato pelo quarto de oração onde nos encontramos. Agradeço por Tua palavra. A vida é emocionante e sou grato por estar vivo para um momento como este.

Agradeço pelos relacionamentos passados e presentes. Aprendo tanto com os que se opõem a mim quanto com os que são a meu favor. Tu me ensinaste a reconhecer e compreender meus pontos fortes e fracos. Tu me deste discernimento e compreensão espiritual. Entro em Teus portões com ação de graças em meu coração. Tu és meu Pai e eu sou Teu filho, amado por Ti incondicionalmente. Regozijo-me em Ti, Senhor, e dou-Te graças sempre que reflito sobre a Tua santidade. Sou um vencedor pelo sangue do Cordeiro e pela palavra do meu testemunho. Em nome de Jesus, amém.

REFERÊNCIAS BÍBLICAS
Salmo 100.1-5 • Mateus 7.1-5 • Filipenses 2.13
Salmo 92.1 • Ester 4.14 • Salmo 138.8 • Salmo 100.4
Hebreus 13.15 • Filipenses 3.1 • Gênesis 50.20
Salmo 30.4 • João 10.10 • Apocalipse 12.11

II. Oração de Ação de Graças por Alimentos Consumidos Durante Uma Viagem

Pai, peço sabedoria para pedir o que é saudável e nutritivo para o meu corpo.

Em nome de Jesus, resisto à concupiscência da carne e à concupiscência dos olhos enquanto examino o menu. Quando estiver em dúvida sobre o que devo pedir, farei uma pausa e pedirei sabedoria, que Tu darás liberalmente, sem repreensão.

Se eu inadvertidamente comer ou beber qualquer coisa mortífera, isso não me prejudicará, pois o Espírito da vida me liberta da lei do pecado e da morte.

Pai, tudo que criaste é bom. Não devemos rejeitar nada, mas receber tudo com gratidão. Tudo se torna aceitável pela Palavra de Deus e pela oração.

Recebo este alimento com ação de graças e comerei a quantidade que for suficiente para mim. Em nome de Jesus, amém.

Referências Bíblicas
Tiago 1.5 • Romanos 8.2 • 1 João 2.16 • 1 Timóteo 4.4-5
Marcos 16.18 • Salmo 136.1,25

～ 28 ～
Comprometendo-se com um Jejum

I. Começando um Jejum

Introdução

Existem diferentes tipos de jejuns: um jejum total de alimentos e líquidos por um curto intervalo; um jejum líquido, permitindo apenas água; um jejum de sucos, permitindo água e quantidades determinadas de sucos nas refeições; e um jejum de carnes, permitindo apenas frutas e vegetais.

É importante compreender os efeitos do jejum no espírito, na alma e no corpo. Antes de se comprometer com um jejum, encorajo você a estudar a Palavra de Deus e a ler livros que fornecem importantes informações nutricionais e de saúde. A compreensão ajudará a evitar danos e lesões – tanto física quanto espiritualmente.

Não ostente seu jejum, mas converse com sua família e amigos próximos, se necessário, para que eles saibam o que você está fazendo.

(Nota pessoal: Durante os períodos de jejum, continuo a preparar as refeições em casa para minha família).

Oração

Pai, eu consagro este jejum a Ti e proponho em meu coração e em minha mente obter entendimento nestes assuntos pelos quais estou preocupado. (Escreva suas preocupações e mantenha-as diante de seus olhos. Não perca de vista o motivo de seu jejum).

Eu me humilho diante de Ti, Deus Altíssimo. Em conformidade com Daniel 10.1-3, não comerei _____ pelo período de _____.

Obedeço às palavras de Jesus para que, quando jejuo, não seja óbvio. Em vez disso, lavo meu rosto, me arrumo e reconheço que meu Pai no lugar secreto é quem está me observando.

Busco em Ti minha recompensa, Pai. Estou certo de que me ouves quando oro de acordo com a Tua vontade e sei que terei os pedidos que desejo de Ti. Eu me deleito em Ti e Tu fazes com que meus desejos sejam agradáveis à Tua vontade.

Pai, eu me submeto ao jejum que Tu escolheste – que solte as ligaduras da impiedade, que desfaça as ataduras do jugo, que deixe livres os quebrantados e despedace todo o jugo. Divido minha comida com os famintos e recolho em casa o pobre desterrado. Quando eu vir o nu, eu o cobrirei e não me esconderei da minha própria carne e sangue. Então minha luz romperá como a alva, e minha cura apressadamente brotará; então a minha justiça irá adiante de mim, e a Tua glória, Senhor, será a minha retaguarda.

Pai, obrigado por me purificares – espírito, alma e corpo. Todos os meus caminhos parecem inocentes para mim, mas meus motivos são avaliados por Ti, meu Senhor e meu Mestre. Eu entrego este jejum a Ti, e meus planos serão bem-sucedidos. Obrigado, Pai, porque mesmo que eu faça planos, no final das contas és Tu quem dirige meus passos.

Para sempre, ó Senhor, a Tua Palavra permanece no céu. Tua fidelidade se estende de geração em geração, como a terra que criaste; ela se mantém por Teu decreto, pois todas as coisas obedecem aos Teus planos. Em nome de Jesus, amém.

Referências Bíblicas
Mateus 6.17-18 • 1 Tessalonicenses 5.23 • 1 João 5.14-15
Provérbios 16.2-3 • Salmo 37.4 • Provérbios 16.1
Provérbios 16.3 • Isaías 58.6-8 • Salmo 119.89-91

II. Terminando um Jejum

Introdução

É melhor quebrar o jejum comendo frutas, caldos ou uma salada leve, adicionando gradualmente outros alimentos dia após dia, dependendo da duração do jejum.

Oração

Pai, em nome de Jesus, Tu és minha Luz e a minha Salvação; de quem terei medo? Tu és a Força da minha vida; de quem me recearei?

Pai, Tu me deste os desejos do meu coração. Tu ouviste e respondeste minhas orações. A Ti seja a glória! Grandes coisas tens feito!

Descanso em Ti, aguardando a manifestação de tudo o que requeri e pedi a Ti.

Agradeço por me dares Tua força para enfrentar cada dia cheio de vitalidade espiritual. Hoje, eu quebro este jejum como Tu instruíste. Agradeço a Ti por este alimento porque é consagrado pela Tua Palavra e oração. Em nome de Jesus, amém.

Referências Bíblicas
Salmo 27.1 • Salmo 92.14 • Salmo 37.4
1 Timóteo 4.4-5 • Salmo 34.4

~ 29 ~
Pleiteando o Sangue de Jesus

I. Oração da Manhã[1]

Pai, venho em nome de Jesus para pleitear o sangue de Jesus em minha vida, em todas as propriedades que me pertencem e em tudo sobre o qual Tu me fizeste administrador.

Rogo o sangue de Jesus nos portais da minha mente, do meu corpo (templo do Espírito Santo), das minhas emoções e da minha vontade. Creio que estou protegido pelo sangue do Cordeiro, que me dá acesso ao Santo dos Santos.

Pleiteio o sangue sobre meus filhos, sobre meus netos e seus filhos, e sobre todos aqueles que Tu me deste nesta vida.

Senhor, Tu disseste que a alma da carne está no sangue. Agradeço por este sangue que me limpou do pecado e selou a Nova Aliança da qual sou participante. Em nome de Jesus, amém.

Referências Bíblicas
Êxodo 12.7,13 • Levítico 17.11 • 1 Coríntios 6.19 • 1 João 1.7
Hebreus 9.6-14 • Hebreus 13.20

I. Oração da Noite[2]

Pai, ao me deitar para dormir, pleiteio o sangue de Jesus sobre minha vida – dentro de mim, ao meu redor, e entre mim e todo o mal e o autor do mal. Em nome de Jesus, amém.

---

1 Baseado em uma oração escrita por Joyce Meyer em *A Palavra, o Nome e o Sangue* (Tulsa: Harrison House, 1995).

2 Baseado em uma oração escrita pela Sra. C. Nuzum, conforme registrada por Billye Brim em *O Sangue e a Glória* (Tulsa: Harrison House, 1995).

~ 30 ~
Lidando com o Dia da Angústia ou Calamidade

Introdução

Durante um período de angústia ou calamidade, às vezes é difícil lembrar das promessas de Deus. As pressões do momento podem parecer esmagadoras. Nessas ocasiões, muitas vezes é útil ler, meditar e orar todo o capítulo do Salmo 91.

Pode ser que durante um período estressante você ache toda essa oração muito longa. Em caso afirmativo, use as escrituras incluídas na seguinte oração. Você pode se pegar orando um parágrafo ou lendo em voz alta para si mesmo ou para sua família e amigos.

Também encorajo você a meditar nesta oração durante os bons momentos. Em todos os momentos, lembre-se de que a fé vem pelo ouvir, e o ouvir pela Palavra de Deus (ver Romanos 10.17).

Às vezes, outros criam os problemas que você está enfrentando. Nesse caso, lembre-se de que você não é responsável pelo que eles fizeram; você é responsável apenas por suas reações. Deus lhe deu um espírito de fortaleza, amor e de moderação (ver 2Tm 1.7). Você tem o poder de escolher perdoar e alinhar seus pensamentos com o perdão de Deus.

> *"Não vingueis a vós mesmos, amados, mas dai lugar à ira, porque está escrito: Minha é a vingança; Eu recompensarei, diz o Senhor" (Romanos 12.19).*

Oração

Pai, venho a Ti em nome de Jesus, reconhecendo-Te como meu Refúgio e Fortaleza. Tu és um refúgio e uma fortaleza nestes tempos de angústia, de custos altos, miséria e desespero.

No dia da angústia, Tu me esconderás em Teu abrigo; no esconderijo da Tua habitação me esconderás; Tu me colocarás no alto de uma rocha. E agora minha cabeça será exaltada sobre os meus inimigos que estão ao redor de mim; no Teu tabernáculo oferecerei sacrifícios de júbilo. Cantarei, sim, cantarei louvores a Ti, Senhor. Ouve, ó Senhor, quando clamo em voz alta; tem também piedade de mim e responda-me!

Na autoridade da Tua Palavra, declaro que fui feito justiça de Deus em Cristo Jesus. Quando eu clamar por socorro, Tu, Senhor, ouves-me e livras-me de todas as minhas angústias e dificuldades. Tu estás perto de mim, pois estou com o coração quebrantado, e Tu salvas aqueles que estão contritos de espírito pelo pecado e são humildes e completamente penitentes. Senhor, muitos são os males que me afligem, mas Tu me livras de todos eles.

Obrigado por seres misericordioso e gracioso comigo, ó Deus, porque minha alma se refugia e encontra abrigo e confiança em Ti; sim, à sombra das Tuas asas me abrigo e estou confiante até que passem as calamidades e as tempestades destrutivas. Tu executas por mim e me recompensas. Propões Teus propósitos para mim e certamente os cumpre!

Deus, Tu és um lugar tão seguro e poderoso para encontrar refúgio! És um socorro bem presente na angústia – *mais do que suficiente* e sempre disponível sempre que eu precisar de Ti. Portanto, nunca temerei, ainda que toda estrutura de apoio desmorone. Não temerei, ainda que a terra se mude e ainda que os montes se transportem para o meio dos mares. Pois o rugido furioso de ventos tempestuosos e ondas quebrando não podem corroer nossa fé em Ti.

Senhor, como Paulo, implorei a Ti que me livres desta angústia. Escolho crer que Tua graça me basta e que Teu poder se aperfeiçoa na minha fraqueza. Portanto, celebro minhas fraquezas, pois quando estou fraco eu sinto mais profundamente o grande poder de Cristo vivendo em mim. Então, não sou derrotado por minha fraqueza, mas sinto prazer nelas! Pois quando sinto minha fraqueza e suporto maus--tratos – quando estou cercado de aflições por todos os lados e enfrento perseguições por causa de meu amor por Cristo – fico ainda mais forte. Pois minha fraqueza se torna um portal para o poder de Deus.

Senhor, Tu me deste a Tua paz. Pela Tua graça, meu coração não se turbará, nem se atemorizará. Com a ajuda do Espírito Santo, não me abalarei e nem me perturbarei. Recuso-me a ficar com medo, intimidado, covarde e conturbado.

Pela fé, respondo a essas aflições e calamidades: estou cheio de alegria agora! Eu exulto e me glorio em minhas tribulações e me regozijo com meus sofrimentos, sabendo que a pressão, a aflição e as dificuldades produzem uma resistência paciente e inabalável. E a perseverança (fortaleza) desenvolve maturidade de caráter (fé aprovada e integridade provada). E esse tipo de caráter produz o hábito da esperança alegre e confiante da salvação eterna. Tal esperança nunca me decepciona, ilude ou envergonha, pois Teu amor foi derramado em meu coração por meio do Espírito Santo, que me foi dado. Em nome de Jesus, amém.

Referências Bíblicas
Salmo 9.9 • Salmo 57.1-2 • Salmo 27.5-7
Salmo 46.1 • 2 Coríntios 5.21 • 2 Coríntios 12.8-10
João 14.27 • Salmo 34.17-20 • Romanos 5.3-5

~ 31 ~
Quebrando a Maldição do Abuso

Introdução

"Cristo nos resgatou da maldição da lei, fazendo-Se maldição por nós, porque está escrito: Maldito todo aquele que for pendurado no madeiro" (Gálatas 3.13).

Em um domingo de manhã, depois de eu ter dado uma aula intitulada "Cura para os Feridos Emocionalmente", um jovem quis falar comigo. Escutei atentamente quando ele me disse que havia acabado de sair da prisão e agora estava em liberdade condicional por ter abusado fisicamente de sua família. Sua esposa havia pedido o divórcio e ele estava morando sozinho. Não foi fácil para ele confessar seu pecado para mim, e fiquei impressionado com sua atitude humilde.

Ele disse: "Estou feliz que esta mensagem está sendo dada na igreja e que os que sofreram abusos podem receber o ministério. Existe algum lugar onde o agressor possa ir para receber ajuda espiritual?"

Ele compartilhou comigo que estava participando de um grupo de apoio para agressores. Ele desejava se comprometer com uma igreja onde pudesse receber perdão e aceitação. Sabia que qualquer mudança duradoura teria que ser de dentro para fora pelo Espírito. Orei com ele, mas demorou um pouco para que eu pudesse escrever uma oração para o agressor.

Ao ler, estudar e buscar o Senhor, descobri que o agressor geralmente é uma pessoa que foi abusada. Frequentemente, o problema é uma maldição geracional que está na família do agressor há muito tempo. Muitas vezes, o agressor declara que nunca tratará sua esposa e filhos como foi tratado, mas, apesar de sua determinação, ele se vê reagindo da mesma maneira violenta.

Infelizmente, quando nos concentramos no "nunca", atraímos isso para nós mesmos. Conheço um homem adulto que jurou quando era muito jovem que não importava o que seu pai alcoólatra tivesse feito, ele faria o oposto, e ele fez. Seu pai era extrovertido, mas ele sempre foi reservado e mantinha essas barreiras erguidas mesmo com sua esposa e filhos. O poder do perdão não pode ser exagerado. Nesse caso, o agressor se liberta. Seus olhos cegos são abertos e ele caminha para a luz da integridade. Ele é livre para escolher abandonar os julgamentos das outras pessoas e andar na plenitude da vida. A maldição geracional foi revertida!

Se você é um agressor, eu lhe encorajo a fazer esta oração por si mesmo até que ela se torne realidade em sua vida.

Se você conhece alguém que seja um agressor, ore esta oração como uma oração de intercessão na terceira pessoa.

Oração

Eu aceito e confesso que Jesus é meu Senhor, e peço que a Tua vontade seja feita em minha vida.

Pai, Tu me resgataste do domínio das trevas e me trouxeste para o Reino do Filho do Teu amor. Antes eu era escuridão, mas agora sou luz em Ti; Eu ando como um filho da luz. O abuso é exposto e reprovado pela luz – ele se torna visível e claro, e onde tudo é visível e claro, há luz.

Ajuda-me a crescer na graça (favor imerecido, força espiritual) e no reconhecimento, conhecimento e compreensão de meu Senhor e Salvador, Jesus Cristo, para que eu possa experimentar Teu amor e confiar em Ti para ser um Pai para mim.

A história da minha família terrena está repleta de comportamento abusivo, muito ódio, conflito e raiva. A lembrança dolorosa do abuso passado (verbal, emocional, físico e/ou sexual) me tornou hostil e abusivo para com os outros.

Desejo ser um praticante da Palavra e não apenas um ouvinte. Não importa para onde eu vá, não consigo fazer o que é certo. Eu quero, mas não posso. Quando quero fazer o bem, não faço; e quando tento não errar, erro assim mesmo. Parece que o pecado ainda me tem em suas garras malignas. Essa dor me fez ferir a mim mesmo e aos outros. Em minha mente, quero ser Teu servo voluntário, mas, em vez disso, ainda me encontro escravizado pelo pecado.

Confesso meu pecado de abuso, ressentimento e hostilidade para com os outros e peço que me perdoes. Tu és fiel e justo para perdoar meu pecado e me purificar de toda iniquidade. Estou cansado de reviver o passado em minha vida presente, perpetuando a maldição geracional de raiva e abuso.

Jesus foi feito maldição por mim; portanto, Senhor, revisto-me com toda a Tua armadura para que eu possa resistir com sucesso a todas as estratégias e artimanhas do diabo. Agradeço porque o poder maligno do abuso foi quebrado, destruído e abatido em minha vida. Eu me submeto a Ti e resisto ao diabo. A necessidade de ferir os outros não controla mais a mim ou minha família. Em nome de Jesus, amém.

REFERÊNCIAS BÍBLICAS
Romanos 10.9 • Romanos 7.18-25 • Mateus 6.10
1 João 1.9 • Colossenses 1.13 • Gálatas 3.13 • Efésios 5.8,13
Efésios 6.11-12 • 2 Pedro 3.18 • 2 Coríntios 10.5

~ 32 ~
Curando-se do Abuso

Introdução

Esta oração pode ser aplicada a qualquer forma de abuso – físico, mental, emocional ou sexual. Escrevi-a depois de ler o livro de T.D. Jakes, *Mulher, Estás Livre*[3]. Ao orá-la, eu pessoalmente experimentei a vitória e a liberdade – não sou mais uma vítima, mas uma vencedora.

Oração

Senhor, Tu és o meu Sumo Sacerdote, e peço-Te que me livres desta "enfermidade". O abuso que sofri me declarou culpado e condenado. Eu estava preso em uma prisão emocional, aleijado e não conseguia me erguer de forma alguma. Tu me chamaste para Ti mesmo, e eu vim.

A unção que está sobre Ti está presente para unir e curar os quebrantamentos e feridas emocionais do passado. Tu és a Verdade que me liberta.

Agradeço, Senhor, por me guiares através dos passos para a plenitude emocional. Tu começaste uma boa obra em mim, e a aperfeiçoará até o dia de Cristo Jesus.

Pai, desejo viver segundo o Espírito da vida em Cristo Jesus. Este Espírito de vida em Cristo, como um vento forte, limpou totalmente o ar, libertando-me de uma vida predestinada de tirania brutal nas mãos do abuso.

---

3   (Shippensburg, PA: Destiny Image, 2006).

Agradeço pela Palavra viva, que é toda eficaz, cheia de energia. Sou grato porque Tua Palavra interpreta e revela as verdadeiras interpretações e revelações de meus verdadeiros pensamentos e dos motivos secretos de meu coração. Com um espírito sensível, absorvo a Tua Palavra, que foi implantada em minha natureza, pois a Palavra da Vida tem poder para transformar continuamente minha alma (minha mente, vontade e emoções). Revela todas as mágoas não reconhecidas e questões não resolvidas que impediram meu crescimento espiritual e integridade emocional.

Pai, obrigado por expor as experiências dolorosas da minha infância, quando meus olhos estavam cegos e eu acreditava nas mentiras de Satanás. Tu me amas incondicionalmente e abriste meus olhos. Essas experiências não me identificam e não sou mais uma vítima. Quando eu era criança, falava de coisas de criança, pois via as coisas como uma criança e raciocinava como uma criança. Mas chegou o dia em que amadureci e deixei de lado meus modos infantis.

Agora conheço em parte, mas então conhecerei como também sou conhecido. Até então, há três coisas que permanecem: fé, esperança e amor – Mas o maior deles é o amor.

Porque agora estou livre, esqueço-me das coisas que ficaram para trás e avanço para as que estão adiante de mim. Prossigo para chegar ao fim da corrida e receber o prêmio celestial para o qual Deus – por meio de Cristo Jesus – está nos chamando. Prossigo olhando para o alvo, para onde Deus nos chama. Estou correndo, e não vou voltar atrás.

Louvado sejas, Pai! Sou uma nova criatura em Cristo Jesus. As coisas velhas já passaram; e eis que tudo se fez novo. Declaro e determino que, doravante, andarei em novidade de vida.

Perdoe-me, Pai, por auto aversão e autocondenação. Eu sou Teu filho. Tu enviaste Jesus para que eu pudesse ter vida, e vida em abundância. Agradeço pelo sangue de Jesus que me cura.

É meu desejo jogar toda imundícia e superfluidade da malícia no lixo. Com singela humildade, deixo meu Jardineiro, Tu, Senhor, ajardinar-me com a Palavra, fazendo de minha vida um jardim que salva.

Pai, por Tua graça, eu perdoo meus agressores/abusadores e peço que os leve ao arrependimento. Em nome de Jesus, eu oro. Amém.

REFERÊNCIAS BÍBLICAS

Lucas 13.11-12 • Romanos 6.4 • João 14.6 • 1 João 3.1-2 • João 8.32
João 10.10 • Filipenses 1.6 • 1 João 1.7 • Romanos 8.2 (MSG)
Tiago 1.21 (MSG) • Filipenses 3.13-14 (MSG) • Mateus 5.44
2 Coríntios 5.17 • 2 Pedro 3.9

∼ 33 ∼
Abandonando o Passado

Pai, reconheço minha impotência em salvar a mim mesmo e me glorio no que Cristo Jesus fez por mim. Eu abandono – ponho de lado todas as fontes passadas de minha confiança – considerando-as menos do que nada, para que eu possa experimentar Jesus e me tornar um com Ele.

Senhor, aceitei Teu Filho e Ele me deu autoridade (poder, privilégio e direito) para me tornar Teu filho.

Revelo meu passado e coloco na devida perspectiva as coisas que ficaram para trás. Estou crucificado com Cristo e vivo não mais eu, mas Cristo vive em mim. A vida que vivo na carne, vivo-a pela fé no Filho de Deus, o qual me amou e Se entregou por mim. Eu confio em Ti, Senhor, de todo o meu coração e não me estribo em meu próprio entendimento. Em todos os meus caminhos eu Te reconheço, e Tu endireitarás minhas veredas.

Eu quero conhecer Cristo, e à virtude de Sua ressurreição e à comunhão de Suas aflições, ser feito conforme Sua morte, para ver se, de alguma maneira, posso chegar à ressurreição dentre os mortos. Portanto, custe o que custar, serei aquele que vive em novidade de vida daqueles ressuscitados dentre os mortos.

Pai, eu fui feito à Tua imagem. Não aprendi tudo o que deveria, mas interiormente estou sendo transformado pelo Espírito Santo por meio de uma reforma total de como penso. Isso me capacita a discernir a vontade de Deus enquanto vivo uma vida linda, satisfatória e perfeita aos Teus olhos.

Estou deixando minha antiga vida para trás, colocando tudo em risco. Estou correndo em direção ao único alvo que importa – cruzar a linha, ganhar o prêmio e ouvir o chamado de Deus para a vida ressurreta encontrada exclusivamente em Jesus. Em Seu nome eu oro, amém.

Referências Bíblicas
Filipenses 3.7-9 • Provérbios 3.5-6 • João 1.12
Filipenses 3.10-11 • Salmo 32.5 • Romanos 6.4
Filipenses 3.13 • Filipenses 3.12-14 • Gálatas 2.20
Romanos 12.2

∽ 34 ∽
Força para Superar Preocupações e Fardos

Por que você está deprimida, minha alma? Por que chora de melancolia? Olharei para Deus, e logo louvarei outra vez. Tu pões um sorriso no meu rosto. Tu és o meu Deus.

Pai, Tu resistes aos soberbos e arrogantes, mas dás graça continuamente aos humildes. Eu me submeto, portanto, a Ti, Deus. Em nome de Jesus, eu resisto ao diabo e ele fugirá de mim. Resisto às preocupações do mundo, que tentam me pressionar diariamente. Se o Senhor não edificar a casa, em vão trabalham os que a edificam.

Jesus, venho a Ti porque estou cansado e carrego um fardo pesado, mas Tu me fazes descansar – Tu aliviarás, suavizarás e revigorarás minha alma. Tu és meu Oásis.

Tomo sobre mim o Teu jugo e aprendo de Ti; pois Tu és gentil, humilde e fácil de agradar. Encontro refrigério e descanso em Ti. Pois Teu fardo é leve e tudo o que exiges de mim será agradável e fácil de suportar.

Lanço meu fardo sobre Ti, Senhor, liberando o peso dele. Tu me susterás. Agradeço por nunca permitires que eu, o consistentemente justo, seja abalado, escorregue, caia ou falhe.

Em nome de Jesus, eu resisto ao diabo. Estou firme em minha fé contra seu ataque – enraizado, estabelecido, forte, imóvel e determinado. E agora, querido Pai, entro em Teu descanso. Repouso de minhas próprias obras confiando em Ti, pois Tua Palavra diz que quem entrar em Teu descanso repousará de suas próprias obras, como Tu repousaste das Tuas.

Pai, agradeço-Te porque a Tua presença vai comigo e me dás descanso. Meu coração está fixo em Ti – quieto e confiante. Tu me deixaste um presente – paz de espírito e de coração. E a paz que Tu dás é um presente que o mundo não pode dar. Portanto, não ficarei perturbado ou com medo, desanimado ou abalado, pois sei que meu Deus agirá por mim. Então terei motivos de sobra para Te louvar novamente. Sim, viver diante de Teu rosto é minha graça salvadora! Em nome de Jesus, amém.

REFERÊNCIAS BÍBLICAS
Salmo 42.11 (MSG) • Hebreus 4.10-11 • Tiago 4.6-7
Êxodo 33.14 • Salmo 127.1 • Salmo 37.7 • Mateus 11.28-30
João 14.27 • Salmo 55.22 • Salmo 42.11 • 1 Pedro 5.9

~ 35 ~
Renovando a Mente

Pai, em nome de Jesus, eu Te agradeço porque prospero e tenho saúde, assim como minha alma prospera. Eu tenho a mente de Cristo, o Messias, e tenho os pensamentos, sentimentos e propósitos de Seu coração. Eu confio em Ti, Senhor, de todo o meu coração; não me estribo em meu próprio entendimento, mas em todos os meus caminhos eu Te reconheço e Tu endireitarás as minhas veredas.

Hoje eu me submeto à Tua Palavra, que expõe, examina, analisa e julga os próprios pensamentos e propósitos do meu coração. Pois as armas da minha milícia não são carnais, mas poderosas em Ti para destruir fortalezas – intimidação, medos, dúvidas, incredulidade e fracasso. Refuto argumentos, teorias, raciocínios e toda soberba e altivez que se levanta contra o verdadeiro conhecimento de Deus; e levo cativo todo pensamento e propósito à obediência de Cristo, o Messias, o Ungido.

Hoje serei transformado pela renovação da minha mente, para que possa provar qual é a boa, agradável e perfeita vontade de Deus. A Tua Palavra, Senhor, não se apartará da minha boca; mas meditarei nela dia e noite, para que eu tenha cuidado de fazer conforme tudo quanto nela está escrito – porque, então, farei prosperar meu caminho e prudentemente me conduzirei.

Meus pensamentos são os pensamentos dos diligentes, que tendem à abundância. Portanto, não estou ansioso por coisa alguma, antes, faço minhas petições em tudo conhecidas diante de Deus pela oração e súplicas[4] com ação de graças. E a paz de Deus, que excede todo o entendimento, guardará o meu coração e os meus sentimentos em Cristo Jesus.

Hoje fixo minha mente em tudo o que é *verdadeiro*, tudo o que é *digno de reverência, honroso* e *decente*, tudo o que é *justo*, tudo o que é *puro*, tudo o que é *amável* e *de boa fama*, tudo o que é *bom, cativante* e *gracioso*. Se houver alguma *virtude* e *excelência*, se houver algo *digno de louvor*, pensarei, analisarei e levarei em consideração essas coisas.

Hoje eu confio minhas obras a Ti, Senhor. Eu as entrego e confio totalmente a Ti. Tu farás com que meus pensamentos se tornem agradáveis à Tua vontade, e assim meus planos serão estabelecidos e bem-sucedidos. Em nome de Jesus eu oro, amém.

REFERÊNCIAS BÍBLICAS

3 João 2 • Romanos 12.2 • 1 Coríntios 2.16 • Josué 1.8
Provérbios 3.5-6 • Provérbios 21.5 • Hebreus 4.12
Filipenses 4.6-8 • 2 Coríntios 10.4 • Provérbios 16.3
2 Coríntios 10.5

---

4   Eu lhe encorajo a manter um diário de oração, anotando suas petições (pedidos definidos) em forma de oração.

~ 36 ~

Vencendo os Pensamentos

Em nome de Jesus, tomo autoridade sobre meus pensamentos. Embora eu ande (viva) na carne, não estou militando segundo a carne e usando meras armas humanas. Pois as armas da minha milícia não são carnais, mas são poderosas diante de Deus para derrubar e destruir fortalezas. Refuto argumentos, teorias, raciocínios e toda soberba e altivez que se levanta contra o verdadeiro conhecimento de Deus; e levo cativo todo pensamento e propósito à obediência de Cristo, o Messias, o Ungido.

Com minha alma bendirei ao Senhor com cada pensamento e propósito na vida. Minha mente não vagará para fora da presença de Deus. Minha vida glorificará o Pai – *espírito, alma e corpo*. Não levo em conta o mal feito a mim – não presto atenção a um mal sofrido. Ele não ocupa lugar em meus pensamentos. Estou sempre pronto para acreditar no melhor de cada pessoa. Cinjo os lombos do meu entendimento e fixo minha mente e a mantenho nas coisas de cima – nas coisas celestiais – não nas coisas que estão na terra.

Tudo o que é verdadeiro, tudo o que é digno de reverência e honrado e decoroso, tudo o que é justo, tudo o que é puro, tudo o que é amável e de boa fama, tudo o que é bom, cativante e gracioso, se existe alguma virtude e excelência, se existe algo digno de louvor, pensarei, analisarei e levarei em consideração essas coisas – me concentrarei nelas.

Eu tenho a mente de Cristo, o Messias, e tenho os pensamentos, sentimentos e propósitos de Seu coração. Em nome de Jesus, praticarei o que aprendi, recebi, ouvi e vi em Cristo e modelarei minha maneira de viver de acordo com isso, e o Deus da paz – do bem-estar sereno e imperturbável – será comigo. Em nome de Jesus, amém.

REFERÊNCIAS BÍBLICAS
2 Coríntios 10.3-5 • Colossenses 3.2 • Salmo 103.1 • Filipenses 4.8
1 Coríntios 6.20 • 1 Coríntios 2.16 • 1 Coríntios 13.5,7
Filipenses 4.9

~ 37 ~
Destruindo Conselhos

Pai, embora eu viva no mundo, não luto como o mundo. As armas com as quais luto não são as armas do mundo. Pelo contrário, elas têm poder divino para demolir fortalezas. Destruo conselhos e toda altivez que se levanta contra o conhecimento de Ti, e levo, como prisioneiros de guerra, todo pensamento e insisto para que se curve em obediência ao Ungido.

Em nome de Jesus, peço-te, Pai, que abençoes aqueles que me usaram maliciosamente. Sempre que sentir medo, confiarei em Ti. Quando me sentir miserável, darei ações de graças; e quando sentir que a vida é injusta, lembrarei que Tu és mais do que suficiente.

Quando eu me sentir constrangido, ajuda-me a lembrar que não preciso mais ter medo; eu não serei envergonhado. Estou livre do medo da desgraça; não serei humilhado. Eu renuncio à vergonha da minha mocidade.

Está tudo bem com a minha alma, pois Tu me redimiste. Tu me chamaste pelo meu nome.

Confio em Tua vontade para minha vida neste momento. Estou sendo transformado pela renovação da minha mente. Sou capaz de testar e confirmar por mim mesmo qual é a Tua vontade – Tua boa, aceitável e perfeita vontade.

Tu tens boas coisas reservadas para o meu futuro. Todas as minhas necessidades serão atendidas de acordo com Tuas riquezas em glória. Deixarei de me preocupar com minha família e pedirei que Tu os protejas e cuides deles.

Tu és amor, e o amor perfeito lança fora o medo. Em nome de Jesus, amém.

REFERÊNCIAS BÍBLICAS
2 Coríntios 10.3-5 • Romanos 12.2 • Lucas 6.28
Jeremias 29.11 • Isaías 54.4 • Filipenses 4.19 • Isaías 43.1
1 Pedro 5.7 • Romanos 12.2 • 1 João 4.8,18

~ 38 ~
Cura para Emoções Feridas

Pai, em nome de Jesus, venho a Ti com um sentimento de vergonha e mágoa emocional. Confesso minhas transgressões a Ti, revelando continuamente o passado até que tudo seja contado. Tu és fiel e justo para me perdoar e me purificar de toda iniquidade. Tu és o lugar em que me escondo, Tu me preservas da angústia; Tu me cinges de alegres cantos de livramento. Eu escolhi a vida. Segundo a Tua Palavra, Tu me viste enquanto eu estava sendo formado no ventre de minha mãe; e na autoridade da Tua Palavra, fui maravilhosamente criado.

Agora sou obra Tua, recriado em Cristo Jesus.

Pai, Tu me livraste do espírito de temor e não serei envergonhado. Tampouco ficarei confuso e deprimido. Tu me deste ornamento em lugar de cinzas, óleo de alegria em lugar de tristeza, e vestes de louvor em lugar de espírito angustiado, a fim de que se chamem carvalhos de justiça, plantados pelo Senhor, para que Ele seja glorificado. Eu falo por meio de salmos, hinos e cânticos espirituais, oferecendo louvores com a minha voz e entoando melodias de todo o meu coração ao Senhor. Assim como Davi fez em 1 Samuel 30.6, eu me esforço no Senhor.

Eu creio em Deus, que ressuscitou Jesus dentre os mortos. Jesus foi traído e morto por causa dos meus erros e ressuscitou para garantir minha absolvição, dispensando-me de toda culpa diante de Deus. Pai, Tu ungiste Jesus e O enviaste para curar meu coração quebrantado e me libertar da vergonha da minha mocidade e das imperfeições dos meus cuidadores. Em nome de Jesus, escolho perdoar todos aqueles que me prejudicaram de alguma forma. Tu não me deixarás sem ajuda enquanto concluo o processo de perdão. Eu me consolo, sou encorajado e digo com confiança: "O Senhor é meu Ajudador; não temerei o que me possa fazer o homem".

Meu espírito é a vela do Senhor que perscruta todas as partes mais íntimas do meu ser, e o Espírito Santo me conduz a toda a verdade. Quando a realidade expõe a vergonha e a dor emocional, lembro que os sofrimentos desta vida presente não valem a pena quando comparados com a glória que está prestes a ser revelada a mim, em mim e por mim, e que será conferida a mim!

Jesus usou uma coroa de espinhos, pois o castigo que me traz a paz estava sobre Ele, e pelas pisaduras que O feriram, fui sarado e curado. Como Teu filho, Pai, tenho uma alegre e confiante esperança de salvação eterna. Tal esperança nunca me decepcionará, iludirá ou envergonhará, pois Teu amor foi derramado em meu coração por meio do Espírito Santo, que me foi dado. Em Seu nome eu oro, amém.

Referências Bíblicas
Salmo 32.5-7 • Romanos 4.24-25 • 1 João 1.9
Isaías 61.1 • Deuteronômio 30.19 • Marcos 11.25 • Salmo 139
Hebreus 13.5-6 • Efésios 2.10 • Provérbios 20.27 • 2 Timóteo 1.7
João 16.13 • Isaías 54.4 • Romanos 8.18 • Isaías 61.3
Isaías 53.5 • Efésios 5.19 • Romanos 5.3-5

~ 39 ~
Vitória Sobre a Depressão

Pai, Tu és meu Rochedo, meu Alto Refúgio e minha Fortaleza em tempos de angústia. Eu me apoio em Ti e confio em Ti inteiramente, pois não me abandonaste. Sei que posso contar com a Tua ajuda, aconteça o que acontecer. Coloco minha esperança em Ti. Eu Te louvo – meu Salvador e meu Deus!

Senhor, Tu levantas os que estão abatidos. Portanto, sou forte e meu coração tem bom ânimo. Com justiça serei confirmado – me posicionarei em conformidade com Tua vontade e ordem. Estou longe até mesmo do pensamento de opressão ou destruição, pois não temo. Estou longe do espanto, pois ele não chegará a mim.

Pai, Tu tens pensamentos e planos para o meu bem-estar e paz. *Minha mente está firme em Ti*, pois não me permito mais ficar agitado, perturbado, intimidado, acovardado e inquieto.

Em nome de Jesus, desligo minha mente de padrões de pensamento errados. Derrubo fortalezas que protegiam percepções ruins sobre mim mesmo. Eu me submeto a Ti, Pai, e resisto ao medo, ao desânimo, à autopiedade e à depressão. Não darei lugar ao diabo guardando ressentimento e me apegando à raiva. Eu me cerco de cânticos e clamores de libertação da depressão e continuarei a ser um vencedor pela palavra do meu testemunho e pelo sangue do Cordeiro.

Pai, agradeço a Ti por teres me dado um espírito de fortaleza, de amor e de moderação. Tenho disciplina e autocontrole. Tenho a mente de Cristo e mantenho os pensamentos, sentimentos e propósitos de Seu coração. Tenho uma atitude mental e espiritual renovada, pois sou constantemente renovado no espírito da minha mente com a Tua Palavra, Pai.

Portanto, eu me fortaleço, levanto, abro e faço veredas firmes e direitas para meus pés – caminhos seguros, retos e felizes que vão na direção certa. Ergo-me da depressão e prostração em que as circunstâncias me mantiveram. Eu me levanto para uma nova vida; eu brilho e estou radiante com a glória do Senhor.

Agradeço, Pai, em nome de Jesus, porque estou liberto de toda má obra. Eu Te louvo porque a alegria do Senhor é minha força e fortaleza! Aleluia! Amém.

Referências Bíblicas

Salmo 9.9-10 • Efésios 4.27 • Salmo 42.5,11 • Lucas 4.18-19
Salmo 146.8 • 2 Timóteo 1.7 • Salmo 31.22-24
1 Coríntios 2.16 • Isaías 35.3-4 • Filipenses 2.5 • Isaías 54.14 v
Efésios 4.23-24 • Isaías 50.10 • Hebreus 12.12-13
Jeremias 29.11-13 • Isaías 60.1 • Isaías 26.3
Gálatas 1.4 • João 14.27 • Neemias 8.10 • Tiago 4.7

~ 40 ~
Vitória Sobre o Orgulho

Pai, a tua Palavra diz que odeias o olhar orgulhoso, que resistes aos soberbos, mas dás graça aos humildes. Eu me submeto, portanto, a Ti. Em nome de Jesus, resisto ao diabo e ele fugirá de mim. Renuncio a toda manifestação de orgulho em minha vida como pecado; eu me arrependo e me afasto dele.

Como um ato de fé, revisto-me de humildade e recebo a Tua graça. Eu me humilho debaixo da Tua potente mão, Senhor, para que Tu me exaltes a seu tempo. Recuso-me a exaltar a mim mesmo. Não penso em mim mesmo mais do que deveria. Eu me esvazio da autopromoção e não crio uma imagem falsa da minha importância. Honestamente avalio meu valor usando Tua fé como padrão de medida, então vejo meu verdadeiro valor com uma autoestima apropriada.

Provérbios 11.2 diz: "Vinda a soberba, virá também a afronta, mas com os humildes está a sabedoria". Pai, eu me proponho a resistir ao orgulho quando ele vier. Meu desejo é ser contado entre os humildes, então assumo a atitude de um servo.

Pai, obrigado por habitares com alguém que é contrito e abatido de espírito. Tu vivificas o espírito dos abatidos e vivificas o coração dos contritos. Obrigado porque o galardão da humildade e o temor reverente e adorador do Senhor são riquezas, honra e vida. Em nome de Jesus eu oro, amém.

REFERÊNCIAS BÍBLICAS
Provérbios 6.16-17 • Provérbios 11.2 • Tiago 4.6-7 • Mateus 23.11
Provérbios 21.4 • Isaías 57.15 • 1 Pedro 5.5-6 • Provérbios 22.4
Romanos 12.3

~ 41 ~
Vitória em um Estilo de Vida Saudável

Pai, sou Teu filho e Jesus é o Senhor do meu espírito, alma e corpo. Eu Te louvo, porque de um modo terrível e tão maravilhoso fui formado; maravilhosas são Tuas obras, e minha alma o sabe muito bem.

Senhor, agradeço por declarares Teus planos para mim – planos de paz, e não de mal, para me dar um futuro e uma esperança. Escolho alinhar minha mente aos Teus planos para ter um estilo de vida saudável. Tu me deste uma graça superabundante que já está operando poderosamente em mim, liberando dentro de mim todas as formas de sabedoria e prudência. Portanto, considero meus passos.

Ensina-me conhecimento e bom senso. Escolho abandonar toda forma de mal, engano, hipocrisia e sentimentos de inveja e calúnia. Anseio pelo leite espiritual puro da Tua Palavra, pois esse "leite" me fará crescer até a maturidade, totalmente nutrido e forte para a vida – especialmente agora que vivenciei a Tua bondade e experimentei a Tua gentileza.

Tuas palavras são espírito e vida. Ouço atentamente tudo o que me ensinas e presto atenção a tudo o que tens a dizer. Diariamente, preencho meus pensamentos com Tuas palavras até que elas penetrem profundamente em meu espírito. Tuas palavras transmitem vida verdadeira e saúde radiante ao âmago do meu ser. Guardo meu coração porque dele procede tudo o que eu sou. Espírito Santo, com a Tua ajuda darei atenção ao bem-estar do meu ser mais íntimo, pois de lá flui a fonte da vida.

Meu corpo é para o Senhor. Então aqui está o que eu quero fazer com a Tua ajuda, Deus Pai. Escolho entregar a vida cotidiana – dormir, comer, trabalhar, passear – a Deus como se fosse uma oferta. Receber o que Tu fizeste por mim é o melhor que posso fazer por Ele.

Cristo, o Messias, será engrandecido e receberá glória e louvor neste meu corpo e será nitidamente exaltado em minha pessoa. Obrigado, Pai, em nome de Jesus! Aleluia! Amém.

Referências Bíblicas
Salmo 139.14 • Efésios 1.8 • Salmo 119.66 • Jeremias 29.11
Romanos 12.1 (MSG) • Provérbios 14.15 • Filipenses 1.20
Provérbios 4.20-23 • 1 Pedro 2.1-3

～ 42 ～
Vitória Sobre o Medo

Pai, em qualquer tempo que eu temer, hei de confiar em Ti. Sim, confiarei em Tuas promessas. E porque confio em Ti, o que um mero homem pode fazer comigo?

Tu não me deste o espírito de temor, mas de fortaleza, de amor e de moderação. Portanto, não me envergonho do testemunho de meu Senhor. Não recebi um espírito de escravidão para outra vez estar em temor, mas recebi um espírito de adoção de filhos, pelo qual clamo: "Aba! Pai!"

Jesus, Tu me livraste, que, por medo da morte, tinha vivido toda a minha vida sujeito à escravidão. Aceito o presente que Tu me deste – paz de espírito e coração! E a paz que Tu dás não é frágil como a paz que o mundo dá. Afasto pensamentos aflitos e escolho não temer. Eu creio em Ti.

Senhor, Tu és a minha Luz e a minha Salvação; Tu me proteges do perigo – de quem terei medo? As gangues me perseguem prontas para me comer vivo, Mas aqueles brigões tolos vão parar no chão. Quando cercado, fico calmo feito um bebê. Mesmo quando todo mal vier sobre mim, mantenho-me tranquilo. Meu coração não conhece o medo porque confio em Ti!

Agradeço, Espírito Santo, por trazeres essas coisas à minha lembrança quando sou tentado a ter medo. Eu confiarei em meu Deus. Em nome de Jesus, eu oro. Amém.

REFERÊNCIAS BÍBLICAS
Salmo 56.3-5 • Hebreus 2.15 • 2 Timóteo 1.7-8
João 14.1,17• Romanos 8.15 • Salmo 27.1-3 (MSG)

~ 43 ~
Superando um Sentimento de Abandono

Introdução

"Porque, quando meu pai e minha mãe me desampararem, o Senhor me acolherá" (Salmo 27.10).

Esta oração foi motivada por uma carta que recebi de alguém que está encarcerado. Segundo sua carta, ele cresceu em uma família de lutadores e se sentiu abandonado por sua família e supostos amigos. Sua atitude briguenta o controlava e, eventualmente, seu temperamento agressivo o levou a quase matar alguém.

Na prisão, ele foi ridicularizado e assediado por presidiários que o encorajaram a lutar. Sua esposa se divorciou dele e novamente ele foi deixado sozinho. Pensamentos de que "ninguém gosta de mim" continuamente o atormentavam, mas ele desejava saber como mudar seu pensamento.

Um membro da corporação Trabalhadores da Colheita apresentou-o a Jesus e a meu livro *Orações que Prevalecem*, Volume 1. Ele ainda tinha dificuldade em controlar seu temperamento, mesmo com aqueles que poderiam ter sido seus amigos. Sua carta estava repleta da dor da solidão e do abandono. O que se segue é uma versão revisada e ampliada da oração original que escrevi, encorajando-o a orar por si mesmo.

Oração

Pai, confessei Jesus como meu Senhor e creio em meu coração que O ressuscitaste dentre os mortos. Peço o poder do Espírito Santo para superar o ressentimento que sinto por aqueles que abusaram de mim e me abandonaram.

Agora eu sou Teu filho. Quando outras pessoas me abandonam e eu não me sinto amado, agradeço que nunca, jamais, me abandonas ou me rejeitas.

Jesus deu Sua vida por mim e me chamou de Seu amigo. Ele vive em meu coração e estou a caminho do céu. Estes são motivos de sobra para agradecer. Então, quando me sinto sozinho ou desanimado, posso pensar em coisas que são puras, santas e boas, mesmo quando estou longe de todos.

Pai Celestial, peço que me fortaleças e me ajudes enquanto eu estiver na presença dos perigos que me cercam. Tu designaste anjos que irão me acompanhar, defender e preservar em todos os meus caminhos de obediência e serviço. Não estou sozinho. Tua Palavra diz que não há nada que possa me separar do amor de Cristo – nem dor, nem angústia, nem perseguição. Controlarei todas as circunstâncias ou provações por meio do amor de Jesus.

Tu Te preocupas com o menor detalhe que me preocupa e és minha ajuda. Peço que me dês amigos que me admoestem e encorajem. Ensina-me a confiar nos outros e a ser um amigo mais próximo do que um irmão. Ajuda-me a andar no Teu amor e a mostrar-me amigável. Em nome de Jesus, amém.

Referências Bíblicas
Romanos 10.9-10 • Salmo 91.11 • Hebreus 13.5
Romanos 8.35,39 • João 15.13-15 • Salmo 138.8
1 Tessalonicenses 5.18 • Salmo 46.1 • Filipenses 4.8
Provérbios 18.24 • Isaías 41.10 • Salmo 27.10

~ 44 ~
Superando o Desânimo

Introdução

"Então tornou Moisés ao Senhor e disse: Senhor! Por que fizeste mal a este povo? Por que me enviaste? Pois desde que me apresentei a Faraó para falar em Teu nome, ele maltratou este povo; e Tu, de nenhum modo, livraste Teu povo" (Êxodo 5.22-23).

Aqui nesta passagem, encontramos Moisés desanimado e reclamando com Deus. A maioria de nós já fez o mesmo. É importante que nos aproximemos de Deus com integridade e em atitude de humildade, mas porque tememos fazer uma confissão negativa, às vezes cruzamos a linha da honestidade para a linha da negação e da ilusão.

Sejamos honestos. Deus já sabe o que estamos sentindo. Ele pode lidar com nossa raiva, reclamações e decepções. Ele nos entende. Ele está ciente de nossas fragilidades humanas (ver Salmos 103.14) e pode Se compadecer das nossas fraquezas (ver Hebreus 4.15).

Se a sua "aflição" é um fracasso comercial, um abandono, uma depressão, um distúrbio mental, um desequilíbrio químico, uma opressão, um problema no casamento, um filho que está em uma terra estranha de drogas e álcool, desastre financeiro ou qualquer outra coisa, a seguinte a oração é para você.

Às vezes, quando você está em meio ao desânimo, é difícil lembrar que conhece algum versículo bíblico. Aconselho você a ler esta oração em voz alta até reconhecer a realidade da Palavra de Deus em seu espírito, alma e corpo. Lembre-se, Deus vela sobre Sua Palavra para cumpri-la (ver Jeremias 1.12). Ele aperfeiçoará o que lhe concerne (ver Salmos 138.8).

ORAÇÃO

Pai, sozinho, sou impotente para mudar minha situação e circunstâncias, e esgotei todas as minhas possibilidades. Mas não estou sozinho, pois Tu disseste: "Não temas, porque estou contigo. Não te assombres, porque sou teu Deus. Eu te fortaleço, te ajudo e te sustento com a destra da Minha justiça" (Isaías 41.10). Obrigado, querido Pai, porque Contigo todas as coisas são possíveis.

Eu tenho um grande Sumo Sacerdote que penetrou nos céus: Jesus, Teu Filho. E me apego firmemente à fé que professo. Meu Sumo Sacerdote é capaz de Se compadecer das minhas fraquezas. Ele foi tentado de todas as maneiras, assim como eu, mas sem pecado. Chego, pois, com confiança ao trono da graça, para que eu possa alcançar misericórdia e achar graça, a fim de ser ajudado em tempo oportuno.

Diante do desânimo, da decepção e da raiva, escolho crer que a Tua palavra para Moisés é a Tua palavra para mim. Tu és poderoso para libertar. Por causa da Tua mão poderosa, expulsarás as forças que se levantaram contra mim. Tu és o Senhor, Javé, o Cumpridor de Promessas, o Todo-Poderoso. Tu apareceste a Abraão, a Isaque e a Jacó e estabeleceste a Tua aliança com eles.

Pai, creio que Tu ouviste meus gemidos, meus gritos. Viverei para ver Tuas promessas de libertação cumpridas em minha vida. Não Te esqueceste sequer de uma palavra de Tua promessa; Tu és um Guardião da Aliança.

És Tu quem me tirarás do jugo da escravidão e me libertarás de ser um escravo de _____. Tu me resgataste com um braço estendido e com grandes juízos. Tu me tomaste como Teu, e és meu Deus. És um Pai para mim. Tu me livraste do passado que me mantinha em cativeiro e me transportaste para o Reino de amor, paz, alegria e retidão. Não vou mais aceitar a dor do passado. Onde abunda o pecado, a graça superabunda.

Pai, o que Tu prometeste, eu possuirei, em nome de Jesus. Estou disposto a arriscar, correr o risco, para voltar ao bom combate da fé. É com resistência paciente e persistência constante e ativa que corro a carreira que me é proposta. Eu repreendo o espírito de medo, pois estou confirmado com justiça. Opressão e destruição não chegarão perto de mim. Eis que elas podem se reunir e provocar contendas, mas não vem de Ti, Pai. Eu sou mais que um vencedor por meio de Ti e de Teu amor por mim. Em nome de Jesus eu oro, amém.

Referências Bíblicas

Esta oração é baseada em Êxodo 5.22 – 6.11 e inclui outros versículos onde aplicável.

Marcos 9.24 • Deuteronômio 26.8 • Lucas 18.27 • Colossenses 1.13
1 Pedro 5.6 • Romanos 5.20 • Hebreus 4.14-16 • 1 Timóteo 6.12
Êxodo 6.3-4 • Hebreus 12.1 • Gênesis 49.22-26
Isaías 54.14-16 • 1 Reis 8.56 • Romanos 8.37

~ 45 ~
Superando a Intimidação

Pai, venho a Ti em nome de Jesus, confessando que a intimidação me fez tropeçar. Peço Teu perdão por pensar em mim mesmo como inferior, pois fui criado à Tua imagem e sou Tua obra. Jesus disse que o Reino de Deus está em mim. Portanto, o poder que ressuscitou Jesus dentre os mortos habita em mim e me faz enfrentar a vida com esperança e força divina.

O Senhor é minha Luz e minha Salvação; de quem terei medo? O Senhor é a Força da minha vida; de quem me recearei? Senhor, Tu disseste que nunca me deixarias ou me abandonarias. Portanto, posso dizer sem qualquer dúvida ou medo que Tu és meu Ajudador e não tenho medo de nada que um mero homem possa fazer comigo. Maior é Aquele que está em mim do que aquele que está no mundo. Se Deus é por mim, quem será contra mim? Estou livre do medo do homem e da opinião pública.

Pai, Tu não me deste um espírito de timidez – de covardia, de medo covarde, submisso e bajulador – mas me deste um espírito de fortaleza, de amor, de moderação, de disciplina e de autocontrole. Posso todas as coisas em Cristo, que me fortalece. No poderoso nome de Jesus, amém.

Referências Bíblicas

1 João 1.9 • Efésios 2.10 • Lucas 17.21 • Efésios 1.19-20
Colossenses 1.29 • Salmo 27.1 • Hebreus 13.5 • 1 João 4.4
Romanos 3.31 • Provérbios 29.25 • Josué 1.5
Filipenses 4.13 • 2 Timóteo 1.7

～ 46 ～
Superando uma Sensação de Desespero

Pai, como Teu filho, chego com confiança ao Teu trono de graça para alcançar misericórdia e achar graça, a fim de ser ajudado neste momento de necessidade.

Pai, sei que Teus ouvidos estão abertos às minhas orações, então ouve minha oração e me responde. Estou exausto por minhas preocupações e esmagado pela opressão. Estou tomado de temor e tremor. Ó, se eu tivesse asas como de pomba! Eu voaria para longe e estaria em descanso. Sim, fugiria para longe e pernoitaria no deserto. Eu me apressaria a escapar da fúria do vento e da tempestade.

Estou clamando a Ti, meu Deus, para me resgatar. Tu redimes minha vida em paz da batalha da desesperança que está contra mim. Eu lanço meu fardo sobre Ti, Senhor, liberando o peso dele. Tu me sustentas. Nunca permitirás que os consistentemente justos sejam abalados – levados a escorregar, cair ou falhar.

O desespero está à espreita para me engolir ou me pisotear o dia todo. Em qualquer tempo que eu temer, hei de confiar e colocar a minha confiança em Ti. Pela Tua ajuda, Deus, louvarei a Tua Palavra. Eu me apoio em Ti e confio em Ti inteiramente; não temerei.

Tu conheces todas as minhas noites sem dormir. Cada lágrima e mágoa é respondida com Tua promessa. Agradeço a Ti de todo o meu coração. Tu me tiraste da beira do abismo, afastaste meus pés do despenhadeiro da morte. Agora ando com Deus na luz que ilumina os campos da vida.

O que seria de mim, se não cresse que veria os bens do Senhor na terra dos viventes! Eu aguardo e espero por Ti; Sou corajoso e tenho bom ânimo, e deixo que meu coração se fortaleça. Sim, eu aguardo, desejo e espero por Ti.

Pai, entrego a Ti todas as minhas inquietações e preocupações, pois Tu estás sempre pensando em mim e observando tudo o que me concerne. Sou equilibrado e cuidadoso – vigilante, atento aos ataques de Satanás, meu grande inimigo. Pela Tua graça resisto, confiando em Ti, sabendo que as mesmas aflições ocorrem entre outros cristãos no mundo. Tu, Deus, és cheio de bondade e, em Cristo, e me darás a Tua glória eterna.

Em nome de Jesus, sou vencedor pelo sangue do Cordeiro e pela palavra do meu testemunho. Amém.

Referências Bíblicas
Hebreus 4.16 • Salmo 56.5,8 • Salmo 55.1-5 • Salmo 56.13 (MSG)
Salmo 27.13-14 • Salmo 55.6-8 • 1 Pedro 5.7-9
Salmo 55.16,18,22 • Apocalipse 12.11 • Salmo 56.2-4

~ 47 ~
Superando um Sentimento de Rejeição

Introdução

A rejeição parece criar uma crise de identidade. A rejeição por aqueles no Corpo de Cristo é especialmente cruel. Acontece com mais frequência do que deveria. Quando lançado em uma crise de identidade, você tem a oportunidade de apagar velhas gravações que estão tocando em sua mente há muito tempo e substituir esses pensamentos autodestrutivos por pensamentos de Deus. Uma de suas armas mais poderosas é perdoar aqueles que o feriram. Perdoar os outros é uma escolha, não um sentimento.

Seu Pai celestial lhe viu e aprovou mesmo quando você estava no ventre de sua mãe (veja Salmos 139.13-16). Ele deu a você ferramentas de sobrevivência que o levariam ao lugar em que você está hoje. Ele é um Pai que espera que você retorne para a verdade – a verdade que o libertará (ver João 8.32).

Não permita que um sentimento impeça suas orações. Sempre que você estiver orando, se descobrir que está guardando esse sentimento e se ressentindo de alguém, escolha perdoar e ser liberto (veja Marcos 11.25).

A rejeição futura pode doer, mas será apenas por um tempo (veja 1 Pedro 1.6). A Palavra de Deus é o seu escudo contra todos os dardos inflamados do diabo (ver Efésios 6.16-17).

Para obter vitória sobre seu sentimento de rejeição, faça a seguinte oração com fé e alegria[5].

Oração

Senhor, Teu Filho, Jesus, é meu Sumo Sacerdote. Ele entende e Se compadece de minhas fraquezas e esta dor excruciante de rejeição. Em Seu nome, eu chego ao Teu trono de graça com confiança, para que eu possa alcançar misericórdia e achar graça, a fim de ser ajudado em meu tempo de necessidade. Peço que perdoes os meus pecados, e aceito a Tua misericórdia. Espero que Tua graça curadora dissipe a agonia da rejeição que sofri por causa das falsas acusações e ações humilhantes de outra pessoa.

Pai, Jesus foi desprezado e rejeitado – um Homem de Dores, familiarizado com a mais amarga dor. A dor de _____ se voltando contra mim e me tratando como um marginal me consumiu, assim como minha rejeição consumiu Teu Filho, que livremente deu Sua vida por mim.

Perdoa-me por virar as costas para Jesus e olhar para o outro lado – Ele foi desprezado e eu não me importei. No entanto, foi minha dor que Ele suportou, minhas tristezas que O oprimiram. Ele foi ferido e

---

[5] Para obter mais apoio, encorajo-lhe a ler o Salmo 27 e o livro de Efésios na íntegra.

moído pelos meus pecados. Ele foi espancado para que eu tivesse paz. Foi açoitado, e com Suas pisaduras eu fui sarado.

Diante da rejeição, declararei: "O Senhor é minha Luz e minha Salvação – de quem terei medo? O Senhor é o refúgio e a fortaleza da minha vida – de quem me recearei?" (Sl 27.1).

Eu sei o certo do errado e aprecio Tuas leis em meu coração. Não terei medo do escárnio das pessoas ou de suas calúnias. A conversa caluniosa é temporal e desaparece. Sua Palavra nunca passará.

Pai, eu escolho olhar para as coisas que são eternas – Tua justiça e misericórdia durarão para sempre, e Tua salvação, de geração em geração. Teus olhos estão sobre mim, pois tenho direito de estar Contigo, e Teus ouvidos estão atentos à minha oração. Falaste comigo e perguntaste: "Ora, quem lhe fará mal, se fores imitador do bem?"

Em nome de Jesus, não darei uma segunda chance à oposição. Em condições favoráveis ou desfavoráveis, manterei o coração atento, em adoração a Cristo, meu Mestre. Estarei pronto para falar e explicar a qualquer um que perguntar por que adotei esse estilo de vida, sempre com a maior gentileza. Terei uma consciência tranquila na presença de Deus, de modo que, quando as pessoas jogarem lama em mim, não consigam sujar-me. Meus inimigos vão acabar percebendo que eles é que precisam de um banho. É melhor sofrer por fazer o bem, se é isso que Deus quer, que ser punido por fazer o mal. Afinal, foi isso que Cristo definitivamente fez (veja 1 Pedro 3.15-18 – MSG).

Há uma alegria maravilhosa pela frente, embora as coisas tenham sido difíceis por um tempo aqui embaixo. Essas provações são apenas para testar minha fé, para ver se ela é forte e pura. Ela está sendo testada como o fogo prova o ouro e o purifica – e minha fé é muito mais preciosa para Ti, Senhor, do que o mero ouro. Então, se minha fé permanecer forte depois de ser provada no cadinho de provações violentas, ela me trará muito louvor, glória e honra no dia da volta de Jesus.

Apesar da rejeição que experimentei, declaro que tudo o que dizes sobre mim em Tua palavra é verdade:

- Sou abençoado com todas as bênçãos espirituais nos lugares celestiais em Cristo (Ef 1.3).

- Fui eleito por Ti, meu Pai (Ef 1.4).
- Sou santo e irrepreensível (Ef 1.4).
- Sou Teu filho, segundo o beneplácito da Tua vontade (Ef 1.5).
- Sou aceito no Amado (Ef 1.6).
- Fui redimido pelo sangue de Jesus (Ef 1.7).
- Sou uma pessoa de sabedoria e prudência (Ef 1.8).
- Sou um herdeiro (Ef 1.11).
- Tenho um espírito de sabedoria e de revelação no conhecimento de Cristo (Ef 1.17).
- Sou salvo pela Tua graça (Ef 2.5).
- Estou assentado nos lugares celestiais em Cristo Jesus (Ef 2.6).
- Sou feitura Tua (Ef 2.10).
- Estou perto de Ti pelo sangue de Cristo (Ef 2.13).
- Sou uma nova criação (2Co 5.17).
- Sou da Tua família (Ef 2.19).
- Sou um cidadão do céu (Ef 2.19).
- Sou participante de Suas promessas em Cristo (2Pe 1.4).
- Sou corroborado com poder pelo Teu Espírito (Ef 3.16).
- Eu permito que Cristo habite em meu coração pela fé (Ef 3.17).
- Estou enraizado e fundado em amor (Ef 3.17).
- Sigo a verdade em amor (Ef 4.15).
- Estou renovado no espírito do meu entendimento (Ef 4.23).
- Eu sou Seu seguidor (Ef 5.1).
- Eu ando em amor (Ef 5.2).
- Sou luz em Ti (Ef 5.8).
- Eu ando prudentemente (Ef 5.15).
- Estou cheio do Espírito (Ef 5.18).
- Sou mais que vencedor (Rm 8.37).
- Sou um vencedor (Ap 12.11).
- Sou a justiça de Deus em Cristo Jesus (1Co 1.30).
- Estou curado (1Pe 2.24).

- Sou livre (Jo 8.36).
- Eu sou sal (Mt 5.13).
- Estou justificado (1Co 6.11).
- Estou santificado (1Co 6.11).
- Eu sou vitorioso (1Jo 5.4).

Tudo o que dizes sobre mim é verdade, Senhor. Em Teu nome eu oro, amém.

Referências Bíblicas
Hebreus 4.14-16 • Isaías 51.7-8 • Isaías 53.3-5
1 Pedro 3.12-18 (MSG) • 2 Coríntios 4.18 • 1 Pedro 1.6-7

～ 48 ～
Superando a Preocupação

Pai, aparto-me do mal e faço o bem. Eu procuro, indago e anseio pela paz. Eu a procuro e sigo! Quando meus caminhos agradam a Ti, Senhor, Tu fazes até meus inimigos ficarem em paz comigo.

Senhor, Tu me deste a Tua paz. Tua própria paz me legaste. Não é a paz que o mundo dá. Não deixarei que meu coração se perturbe, nem o deixarei se atemorizar. Recuso-me a ficar agitado e perturbado; e não me permitirei ficar com medo, intimidado, acovardado e inquieto.

Em vez de me preocupar, orarei. Deixarei que as súplicas e os louvores transformem as minhas preocupações em orações, deixando que Tu, Pai, conheças as minhas preocupações, sem esquecer de Te agradecer pelas respostas. Tua paz manterá meus pensamentos e meu coração tranquilos e em descanso enquanto confio em Cristo Jesus, meu Senhor. É maravilhoso quando Cristo retira a preocupação no centro da minha vida.

Agradeço por me guardares e me manteres em perfeita e constante paz. Tu manterás em perfeita paz todos os que confiam em Ti, todos cujos pensamentos estão fixos em Ti! Então, eu me comprometo Contigo, me apoio em Ti e espero com confiança em Ti.

Eu deixo a paz (a harmonia da alma que vem) de Cristo governar (agir como juiz continuamente) em meu coração, decidindo e resolvendo com finalidade todas as questões que surgem em minha mente. Sou grato (agradecido), louvando a Ti sempre. Em nome de Jesus, amém.

REFERÊNCIAS BÍBLICAS
Filipenses 4.6-7 • Colossenses 3.15
Provérbios 16.7 • Salmo 34.14 • João 14.27
Isaías 26.3

∽ 49 ∽
Superando a Hipersensibilidade

INTRODUÇÃO

"Um novo mandamento vos dou: Amai uns aos outros como Eu vos amei; como Eu vos amei, amai também uns aos outros. Nisto todos conhecerão que sois Meus discípulos: se tiverdes amor uns aos outros" (João 13.34-35)

A lei real do amor é o neutralizador da hipersensibilidade. Primeira Coríntios 13.5 revela que o amor "não se ensoberbece" (arrogante e cheio de orgulho); não trata com indecência" (sem educação) e não age de forma imprópria. O amor (o amor de Deus em nós) "não busca seus interesses", pois não é egoísta; "não se irrita; não suspeita mal" [não presta atenção a um mal sofrido].

A pessoa hipersensível geralmente experimentou profunda mágoa por rejeição e precisa de muita aprovação dos outros. Este indivíduo é excessivamente sensível a comentários que podem ou não ter a intenção de magoar. Às vezes, ele ou ela é ofendido simplesmente por uma expressão facial. É difícil para uma pessoa dessa natureza confiar nos outros, aceitar críticas ou conselhos construtivos, e essa fraqueza impede relacionamentos positivos. Quando apresentações ou sugestões são rejeitadas, essa ação é tomada como um ataque pessoal.

A hipersensibilidade é um inimigo que pode ser superado através da guerra espiritual. Ao combater o bom combate, temos armas dadas por Deus para derrubar nosso adversário. Essas armas incluem, entre outras coisas, a unção que está sobre Jesus para cuidar e curar os quebrantados de coração (ver Lucas 4.18), a Espada do Espírito, que é a Palavra de Deus (ver Efésios 6.17), o escudo da fé (ver Efésios 6.16), e a ajuda do Espírito Santo (ver João 14.16), que pode vir por meio de um conselheiro cristão, ministro ou amigo.

Tiago nos instruiu: "Confessai vossas culpas uns aos outros (seus deslizes, seus passos em falso, suas ofensas, seus pecados) e orai [também] uns pelos outros, para que sareis [a um tom espiritual da mente e coração]. A oração (sincera e contínua) feita por um justo pode muito em seus efeitos [é dinâmica em seu funcionamento]" (Tiago 5.16). Somos vencedores pelo sangue do Cordeiro e pela palavra do nosso testemunho (veja Ap 12.11)!

Oração

Pai, perdoa-me por minhas tentativas de ferir e dominar os outros. Percebo que liberei minha raiva de forma inadequada. Confesso isso como pecado e recebo Teu perdão, sabendo que Tu és fiel e justo para perdoar meus pecados e me purificar de toda iniquidade. Perdoo aqueles que me ofenderam e peço a cura de minha raiva e mágoas não resolvidas.

Percebo que sou responsável por meu próprio comportamento e sou responsável perante Ti por meus pensamentos, palavras e ações.

Agradeço pelo Espírito Santo que me conduz à realidade – a verdade que me liberta. Tu enviaste Tua Palavra e me curaste e me livraste de todas as minhas destruições.

Pai, estou fortalecido por meio da minha união Contigo. Extraio minha força de Ti – aquela força que Teu poder ilimitado fornece. Tua força me torna firme e confiável, me dá a capacidade de perseverança e tolerância e me permite resistir à hipersensibilidade, irritabilidade e suscetibilidade.

Desejo ser equilibrado (temperado, sóbrio), vigilante e cauteloso o tempo todo, pois reconheço aquele inimigo – o diabo – que anda por aí como um leão rugindo, buscando a quem possa agarrar e devorar. Em nome de Jesus, eu resisto a ele, firme na fé contra seu ataque – enraizado, estabelecido, forte, imóvel e determinado.

Estou habitando no esconderijo do Altíssimo e descansarei à sombra do Onipotente, cujo poder nenhum inimigo pode resistir.

Proponho andar em amor para com meus familiares, meus parceiros e meus vizinhos com a ajuda do Espírito Santo. Aquele a quem o Filho libertou é verdadeiramente livre.

Dou graças a Ti, Senhor, porque sempre me fazes triunfar em Cristo Jesus. Eu sou um vencedor pelo sangue do Cordeiro e pela palavra do meu testemunho. Em nome de Jesus, amém.

Referências Bíblicas

1 João 1.9 • Efésios 6.10 • Marcos 11.24-25 • 1 Pedro 5.8-9
Mateus 12.36 • Salmo 91.1 • João 16.13 • João 8.36
João 8.32 • 2 Coríntios 2.14 • Salmo 107.20 • Apocalipse 12.11

~ 50 ~
Superando a Síndrome da Fadiga Crônica

Introdução

Nem toda fadiga se enquadra na categoria de Síndrome da Fadiga Crônica. A maioria das pessoas, em um momento ou outro, tem sentimentos de apatia e perda de energia – momentos em que vão para a cama cansados e acordam cansados.

Existem casos de fadiga que duram semanas, meses ou até anos. A profissão médica não determinou as causas da Síndrome da Fadiga Crônica e não conhece sua cura. Na maioria das pessoas, ela simplesmente segue seu curso[6]. Onde não há solução, Jesus é o Caminho, a Verdade e a Vida. Deus enviou Sua Palavra para curá-lo e livrá-lo de todas as suas destruições (veja Salmos 107.20).

De acordo com aqueles que compartilharam sua experiência com essa síndrome, eles apresentam sintomas semelhantes aos da gripe – sentem dores e febre baixa. Uma pessoa que sofre com isso e por quem oramos é considerada incapaz e não pode trabalhar regularmente.

Você e eu somos seres trinos criados – espírito, alma e corpo (ver 1 Tessalonicenses 5.23). O apóstolo João escreveu: "Amado, desejo que te vá bem em todas as coisas e que tenhas saúde, assim como bem vai tua alma" (3 João 2).

A Palavra de Deus é remédio para a nossa carne (veja Prov. 4.20-22). Se algum tipo de medicamento deve trazer alívio e cura, é necessário seguir a dosagem prescrita. Isso também é verdade com a medicina "espiritual". É imperativo tomar diariamente doses da Palavra de Deus através da leitura, da meditação e da escuta de fitas de cura. O espírito, a alma e o corpo estão interrelacionados; é a Palavra de Deus que põe todo o ser em harmonia.

Deus nos criou e nos conhece por dentro e por fora. Ele enviou Sua Palavra para nos curar e nos livrar de todas as nossas destruições (ver Salmos 107.20). A oração nos prepara para agir. Jesus disse que se orarmos em segredo, nosso Pai celestial nos recompensará abertamente (veja Mateus 6.6). A oração inclui louvor, adoração e petição.

A oração nos prepara para a mudança – ela nos equipa para a ação. Isso nos coloca em sintonia e harmonia com o Espírito de Deus que paira sobre a face dos rios de águas vivas, habitando dentro de nós (ver Gênesis 1.2; João 7.38). Ele está esperando que falemos, que nos movamos – que coloquemos em prática nossa fé. O ministério do Espírito Santo é revelado nos nomes atribuídos a Ele – Consolador, Conselheiro, Auxiliador, Advogado, Intercessor, Fortalecedor, Aquele

---

6 Editores da Revista *Prevenção, Sintomas, Suas Causas e Curas* (Emmaus, PA: Rodale Press, 1994), 179.181.

que está em Prontidão (ver João 16.7). Ele está conosco e em nós (veja João 14.17).

ORAÇÃO

Pai, em nome de Jesus, eu venho diante do Teu trono de graça para alcançar misericórdia e achar graça, a fim de ser ajudado em tempos de necessidade. Que as bênçãos (adoração, louvor e tributo) sejam para Ti, o Deus e Pai de meu Senhor Jesus Cristo, o Messias, pois Tu me abençoaste em Cristo com todas as bênçãos espirituais (dadas pelo Espírito Santo) no reino celestial!

Pai, a Síndrome da Fadiga Crônica é uma maldição, não uma bênção. Jesus Se tornou uma maldição e, ao mesmo tempo, dissolveu a maldição. E agora, por causa disso, o ar está limpo e posso ver que a bênção de Abraão está presente e disponível para mim. Sou capaz de receber Tua vida, Teu Espírito, exatamente como Abraão o recebeu.

Cristo, o Messias, comprou minha liberdade com Seu próprio sangue, e a lei do Espírito da vida que está em Cristo Jesus, a lei do meu novo ser, livrou-me da lei do pecado e da morte.

Jesus Cristo vive em mim. Teu Espírito que ressuscitou Jesus dentre os mortos habita em mim. Tu, Pai, estás restaurando à vida meu corpo mortal (de curta duração, perecível) através do Teu Espírito que habita em mim.

Tu, Soberano Senhor, me ensinaste o que dizer para que eu possa fortalecer os cansados. Todas as manhãs, Tu me deixas ansioso para ouvir o que tens a me ensinar.

Tudo posso em Cristo, que me fortalece. Estou pronto para qualquer coisa e sou qualificado para fazer qualquer coisa por meio Daquele que infunde força interior em mim. Sou autossuficiente na suficiência de Cristo.

Tu és minha Luz e minha Salvação – a quem temerei? Tu és o Refúgio e Fortaleza da minha vida – de quem me recearei? Tu, Senhor, és meu escudo, minha glória e o que exalta a minha cabeça. Com a minha voz eu clamo a Ti, e Tu me ouves e me respondes do Teu Santo Monte. Deito-me e durmo, acordo novamente e Tu me sustentas.

Pai, tomo toda a Tua armadura; e, havendo feito tudo, permaneço firme, sabendo que Tu estás zelando sobre a Tua Palavra para cumpri-la. Tua Palavra não voltará a Ti vazia – sem produzir qualquer efeito ou inútil. Antes, fará o que Te apraz e prosperará naquilo para o qual a enviaste.

Senhor Jesus, levaste nossos pecados em Teu corpo sobre o madeiro, para que pudéssemos morrer para o pecado e viver para a justiça. Pelas Tuas pisaduras, fui sarado.

Portanto, tiro o espírito de tristeza e troco-o por um manto de louvor. Agradeço pela energia sobre-humana que Tu tão poderosamente acendes e operas dentro de mim. Em nome de Jesus, eu oro, amém.

Referências Bíblicas
Hebreus 4.16 • Salmo 27.1 • Efésios 1.3
Salmo 3.3-5 • Gálatas 3.13-14 • Efésios 6.11,13
Atos 20.28 • Jeremias 1.12 • Romanos 8.2,10-11
Isaías 55.11 • 1 Pedro 2.24 • Isaías 61.3
Isaías 50.4 • Colossenses 1.29 • Filipenses 4.13

~ 51 ~
Perdão e Cura

Pai, em nome de Jesus, venho diante de Ti pedindo que me cures. Está escrito que a oração da fé salvará o doente, e o Senhor o levantará. E se eu tiver cometido pecados, serei perdoado. Abandono toda implacabilidade, ressentimento, raiva e sentimentos ruins em relação a qualquer pessoa.

Meu corpo é o templo do Espírito Santo e desejo ter boa saúde. Busco a verdade que me libertará – tanto espiritual quanto fisicamente (bons hábitos alimentares, medicamentos, se necessário, e descanso e exercícios apropriados). Tu me compraste por um preço, e desejo glorificá-Lo em meu espírito e meu corpo – ambos pertencem a Ti.

Obrigado, Pai, por enviares Tua Palavra para me curar e me livrar de todas as minhas destruições. Jesus, Tu és o Verbo que Se fez carne e habitou entre nós. Tu tomaste sobre Ti minhas enfermidades (dores) e levaste minhas dores (doenças). Fostes ferido pelas minhas transgressões; foste moído pelas minhas iniquidades; sobre Ti estava o castigo que me traz a paz, e pelas Tuas pisaduras fui sarado.

Preencherei meus pensamentos com Tuas palavras até que elas penetrem profundamente em meu espírito. Então, ao guardar Tuas palavras, elas darão vida verdadeira e saúde para todo o meu ser.

Porque o Teu Espírito que ressuscitou Jesus dentre os mortos habita em mim, Aquele que ressuscitou Cristo dentre os mortos também vivificará meu corpo mortal por meio do Teu Espírito, que habita em mim.

Obrigado, Pai, porque eu prosperarei e terei saúde, assim como minha alma prospera. Amém.

REFERÊNCIAS BÍBLICAS
Tiago 5.15 • Provérbios 4.21-22 • 1 Coríntios 6.19-20
Salmo 103.3-5 • Salmo 107.20 • Romanos 8.11 • João 1.14
3 João 2 • Isaías 53.4-5

~ 52 ~

Segurança

Pai, em nome de Jesus, eu Te agradeço por velares sobre Tua Palavra para cumpri-la. Agradeço a Ti porque habito no esconderijo do Altíssimo e porque descanso à sombra do Onipotente, cujo poder nenhum inimigo pode resistir.

Pai, Tu és meu Refúgio e minha Fortaleza. Nenhum mal me acontecerá – nenhum acidente me atingirá – nem nenhuma praga ou calamidade chegará perto de minha casa. Tu dás a Teus anjos uma responsabilidade especial sobre mim para me acompanhar, defender e preservar em todos os meus caminhos. Eles se acampam ao meu redor.

Pai, Tu és minha Confiança, firme e forte. Evitas que meu pé caia em uma armadilha ou perigo oculto. Pai, Tu me dás segurança e me alivias – *Jesus é minha segurança*!

Viajando – Enquanto sigo, digo: "Deixe-me passar para a outra banda", e recebo o que peço. Eu sigo meu caminho, seguro e confiante, pois meu coração e minha mente estão firmemente fixos e firmes em Ti, e estou em perfeita paz.

Dormindo – Pai, canto de alegria em minha cama porque Tu me sustentas. Em paz me deito e durmo, pois só Tu, Senhor, me fazes habitar em segurança. Eu me deito e não tenho medo. Meu sono é doce, pois Tu me dás bênçãos durante o sono. Agradeço, Pai, em nome de Jesus, amém.

REFERÊNCIAS BÍBLICAS
Jeremias 1.12 • Provérbios 3.23 • Salmo 91.1-2
Salmo 112.7 • Salmo 91.10 • Isaías 26.3 • Salmo 91.11
Salmo 149.5 • Salmo 34.7 • Salmo 3.5 • Provérbios 3.26
Salmo 4.8 • Isaías 49.25 • Provérbios 3.24 • Marcos 4.35 • Salmo 127.2

～ 53 ～
Sono Tranquilo

Pai, agradeço pelo sono tranquilo e por Teus anjos que acampam ao nosso redor e temem a Ti. Tu nos livras e nos manténs seguros. Os anjos são excelentes em força, cumprem a Tua palavra e atendem à voz da Tua Palavra. Tu dás a Teus anjos a responsabilidade sobre mim, para que me guardem em todos os meus caminhos.

Levo cativo cada pensamento, cada conselho e cada sonho à obediência de Jesus Cristo. Pai, agradeço porque, mesmo enquanto durmo, meu coração me aconselha e me revela Teu propósito e plano. Obrigado pelo doce sono, pois Tu prometeste Teu amado doce sono. Portanto, meu coração está alegre e meu espírito se regozija. Meu corpo e minha alma descansam e habitam com confiança em segurança. Em nome de Jesus, amém.

> REFERÊNCIAS BÍBLICAS
> Provérbios 3.24 • Salmo 91.11 • Salmo 34.7 • 2 Coríntios 10.5
> Salmo 103.20

~ 54 ~
Conhecendo a Vontade de Deus

Pai, em nome de Jesus, eu Te agradeço por me instruíres no caminho em que devo seguir, pois todos os que são guiados pelo Espírito de Deus são filhos de Deus.

Obrigado por Tua orientação em relação à Tua vontade, Teu plano e Teu propósito para minha vida. Ouço a voz do Bom Pastor, pois Te conheço e Te sigo. Guia-me pelas veredas da justiça, por amor do Teu nome.

Em nome de Jesus, não imitarei os ideais e opiniões da cultura ao meu redor, mas serei transformado interiormente pelo Espírito Santo, através de uma reforma total de como eu penso. Isso me capacitará a discernir Tua vontade enquanto vivo uma vida bela, satisfatória e perfeita aos Teus olhos.

Obrigado, Pai, porque a Tua Palavra é uma lâmpada para os meus pés e uma luz para o meu caminho. Meu caminho está brilhando mais e mais até ser dia perfeito. Enquanto Te sigo, Senhor, acredito que meu caminho está se tornando mais claro a cada dia.

Obrigado, Pai, porque Jesus Se tornou sabedoria para mim. A confusão não faz parte da minha vida. Não estou confuso sobre a Tua vontade para minha vida. Confio em Ti e não me estribo no meu próprio entendimento. Como Te reconheço em todos os meus caminhos, Tu estás endireitando minhas veredas. Acredito que, ao confiar totalmente em Ti, Tu me mostrarás o caminho da vida. Em nome de Jesus, amém.

REFERÊNCIAS BÍBLICAS
Romanos 8.14 • Salmo 32.8 • Romanos 12.2 • 1 Coríntios 1.30
João 10.3-4 • 1 Coríntios 14.33 • Salmo 23.3 • Provérbios 3.5-6
Provérbios 4.18 • Salmo 16.11 • Efésios 5.19

~ 55 ~
Sabedoria Divina nas Questões da Vida

Pai, Tu disseste que se alguém tem falta de sabedoria para guiá-lo em uma decisão ou circunstância, peça-o a Ti, nosso Deus benevolente, que dá a todos liberalmente e não lança em rosto, e isso lhe será dado. Portanto, peço com fé, nada vacilando, para ser cheio do conhecimento de Tua vontade em toda a sabedoria e inteligência espiritual. Hoje me faço atento à sabedoria e inclino meu coração ao entendimento, para que possa receber o que me foi dado gratuitamente.

Em nome de Jesus, recebo habilidade, sabedoria e instrução piedosa. Eu distingo e compreendo as palavras de entendimento e discernimento. Recebo instruções sobre como lidar com sabedoria e a disciplina da consideração sábia, retidão, justiça e integridade. Prudência, conhecimento, discrição e discernimento são dados a mim. Eu cresço em conhecimento. Como uma pessoa entendida, adquiro habilidade e obtenho sábios conselhos, para que eu possa conduzir meu curso corretamente.

A sabedoria me guardará, defenderá e protegerá; eu a amo e ela me protege. Prezo muito a sabedoria e a exalto; ela me honrará porque eu a aceito. Ela dará à minha cabeça um diadema de graça; uma coroa de beleza e glória ela me entregará. Aumento de dias há em sua mão direita, e em sua mão esquerda, riquezas e honra.

Jesus foi feito para mim sabedoria, e Nele estão todos os tesouros da sabedoria divina, de completa compreensão dos caminhos e propósitos de Deus; e todos os tesouros do conhecimento espiritual e da ciência estão armazenados e escondidos. Deus escondeu a sã e piedosa sabedoria e a guardou para mim, pois sou a justiça de Deus em Cristo Jesus.

Portanto, andarei pelas veredas da retidão. Quando eu andar, meus passos não se embaraçarão – meu caminho será claro e aberto; e quando eu correr, não tropeçarei. Agarro-me à instrução e não a solto; eu a guardo, pois ela é minha vida. Deixo meus olhos sempre voltados para a frente, e minhas pálpebras olham diretamente diante de mim. Pondero a vereda dos meus pés e todos os meus caminhos são bem ordenados!

Pai, em nome de Jesus, vejo prudentemente como ando! Eu tenho a mente de Cristo. E vivo com propósito, dignidade e precisão, não como tolo e néscio, mas como uma pessoa sábia, sensata e inteligente, desfrutando ao máximo meu tempo – aproveitando todas as oportunidades. Em nome de Jesus, amém.

REFERÊNCIAS BÍBLICAS

Tiago 1.5-6 • 1 Coríntios 1.30 • Colossenses 1.9 • Colossenses 2.3
Provérbios 2.2 • Provérbios 2.7 • Provérbios 1.2-5
2 Coríntios 5.21 • Provérbios 4.6,8-9 • Provérbios 4.11-13,25-26
Provérbios 3.16 • Efésios 5.15-16 • 1 Coríntios 2.16

~ 56 ~
Recebendo um Coração Perspicaz

Pai, agradeço por criares dentro de mim um coração sábio e perspicaz, para que eu possa distinguir entre o certo e o errado. Oro para que meu amor cresça cada vez mais em conhecimento e profundidade de entendimento, para que eu possa discernir o que é melhor e ser sincero e sem escândalo algum até o dia de Cristo, cheio do fruto de justiça, que são, por Jesus Cristo, para Tua glória e louvor.

Pai, eu confio em Ti de todo o meu coração e não me estribo no meu próprio entendimento; em todos os meus caminhos eu Te reconheço, e Tu endireitarás as minhas veredas. Pelos Teus mandamentos, alcanço entendimento; portanto, eu odeio todo falso caminho. A Tua Palavra é lâmpada para os meus pés e luz para os meus caminhos.

José, em Gênesis 41.39-41, foi descrito como um homem sábio e entendido, que foi encarregado de toda a terra do Egito. Como foste com José, assim serás comigo. Tu me farás achar graça em meu local de trabalho, em casa ou onde quer que eu esteja.

Faço uma petição especial, pedindo que eu seja enchido com o pleno (profundo e claro) conhecimento da Tua vontade em toda a sabedoria espiritual e na compreensão e discernimento das coisas espirituais. Oro para que eu possa andar (viver e me comportar) digno de Ti, Senhor, agradando a Ti plenamente e desejando agradar-Te em todas as coisas. Oro para que eu esteja constantemente me enchendo do conhecimento da Tua vontade, em toda a sabedoria e inteligência espiritual.

Porque Jesus Se tornou sabedoria para mim, ouço e acrescento ao meu aprendizado; eu discirno e obtenho orientação, compreendendo a Tua vontade. Em nome de Jesus, eu oro, amém.

Referências Bíblicas
1 Reis 3.9 • Provérbios 3.1-4 • Filipenses 1.9-11
Colossenses 1.9-10 • Provérbios 3.5 • 1 Coríntios 1.30
Salmo 119.104-105 • Provérbios 1.5 • Gênesis 41.39-41
Efésios 5.17 • Josué 1.5

~ 57 ~
Desenvolvendo Amizades Saudáveis

Pai, ajuda-me a fazer novos amigos – amigos que me encorajarão. Que eu encontre nessas amizades o companheirismo e a amizade que o Senhor ordenou para mim. Sei que Tu és minha fonte de amor, comunhão e amizade. Teu amor e amizade são expressos por meio de meu relacionamento Contigo e os membros do Corpo de Cristo.

Assim como o ferro afia o ferro, os amigos afiam a mente um do outro. À medida que aprendemos um com o outro, podemos encontrar um propósito digno em nosso relacionamento. Mantenha-me bem equilibrado em minhas amizades para que eu sempre agrade a Ti, em vez de agradar a outras pessoas.

Peço por conexões divinas – boas amizades ordenadas por Ti. Agradeço pela coragem e graça de abrir mão de amizades prejudiciais. Pela fé, peço e recebo discernimento para desenvolver relacionamentos saudáveis. A Tua Palavra diz que é melhor dois do que um, porque se um cair, haverá quem o levante.

Pai, Tu conheces o coração das pessoas, então não serei enganado por aparências externas. Más amizades corrompem os bons hábitos. Agradeço pelos amigos de qualidade que me ajudam a construir um caráter mais forte e me aproximam de Ti. Ajuda-me a ser amigo dos outros e a amar meus amigos em todos os momentos. Rirei com os que riem, alegrar-me-ei com os que se alegram e chorarei com os que choram. Ensina-me o que preciso saber para ser um amigo de qualidade.

Desenvolve em mim uma personalidade divertida e um bom senso de humor. Ajuda-me a relaxar perto das pessoas e a ser eu mesmo – a pessoa que Tu me criaste para ser. Instrui meu coração e molda meu caráter, para que eu seja fiel e confiável nas amizades que Tu estás enviando para minha vida. Pai, Teu Filho, Jesus, é meu melhor Amigo. Ele é um Amigo mais chegado do que um irmão. Ele definiu o padrão quando disse em João 15.13. "Ninguém tem maior amor do que este: de dar alguém sua vida pelos seus amigos".

Obrigado, Senhor, porque posso confiar a mim mesmo e a minha necessidade de amigos aos Teus cuidados. Eu me submeto à liderança do Espírito Santo. Em nome de Jesus. Amém.

Referências Bíblicas

Provérbios 13.20 • 1 Coríntios 15.33 • Efésios 5.30
Provérbios 27.17 • Tiago 1.17 • Filipenses 2.2-3
Provérbios 17.17 • Provérbios 13.20 • Romanos 12.15 • Salmo 84.11
Provérbios 18.24 • Eclesiastes 4.9-10 • Salmo 37.4-5

~ 58 ~
Ousadia

Pai, em nome de Jesus, tenho bom ânimo. Eu oro para que Tu me concedas que, com toda *ousadia*, eu fale a Tua Palavra. Oro para que a liberdade de expressão me seja dada para que eu possa abrir minha boca para proclamar *com ousadia* o mistério das boas novas do Evangelho – para que eu possa declará-lo *com ousadia*, como devo fazer.

Pai, creio que recebo essa *ousadia* agora em nome de Jesus. Portanto, tenho *ousadia* para entrar no Santo dos Santos pelo sangue de Jesus. Por causa de minha fé Nele, ouso ter a *ousadia* (coragem e confiança) do livre acesso – um acesso sem reservas a Ti, com liberdade e sem medo. Posso chegar sem medo, com confiança e *ousadia*, ao Teu trono de graça e alcançar misericórdia e achar graça, a fim de ser ajudado, no devido tempo, em todas as minhas necessidades. Eu sou *ousado* para orar. Venho ao trono de Deus com minhas petições e por outros que não sabem como ascender ao trono.

Serei *ousado* em relação a Satanás, demônios, espíritos malignos, doenças, enfermidades e pobreza, pois Jesus é o Cabeça de todo governo e autoridade – de todo principado e poder angelical. Desarmando aqueles que estavam alinhados contra nós, Jesus fez deles uma exposição *ousada* e um exemplo público, triunfando sobre eles. Tenho a *ousadia* de declarar que Satanás é um inimigo derrotado. Que Deus Se levante e Seus inimigos sejam dispersos.

Sinto-me consolado e encorajado e digo com confiança e ousadia: "O Senhor é meu Ajudador; não temerei o que me possa fazer o homem". Atrevo-me a proclamar a Palavra para o céu, para o inferno e para a terra. Sou *ousado* como um leão, pois fui feito justiça de Deus em Cristo Jesus. Eu sou completo Nele! Louvado seja o nome de Jesus! Amém.

REFERÊNCIAS BÍBLICAS
Salmo 27.14 • Hebreus 4.16 • Atos 4.29 • Colossenses 2.10,15
Efésios 6.19-20 • Salmo 68.1 • Marcos 11.23-24
Hebreus 13.6 • Hebreus 10.19
Provérbios 28.1 • Efésios 3.12 • 2 Coríntios 5.21

~ 59 ~
Sendo Preparado para o Sucesso

Pai, obrigado porque a chegada das Tuas palavras traz luz. Obrigado porque Tua Palavra, que Tu falas (e que eu falo), é viva e cheia de poder – tornando-a ativa, operativa, energizante e eficaz. Agradeço, Pai, por teres me dado um espírito de fortaleza e amor, de moderação, disciplina e autocontrole. Tenho Teu poder, habilidade e suficiência, pois Tu me capacitaste (tornando-me apto, digno e suficiente) como ministro e dispensador de um novo testamento de salvação, por meio de Cristo.

Em nome de Jesus, eu saio do reino do fracasso para a arena do sucesso, dando graças a Ti, Pai, porque Tu me capacitaste e me tornaste idôneo de participar da herança dos santos – o povo santo de Deus na Luz.

Pai, Tu me livraste e me atraíste para Ti mesmo, fora da potestade das trevas (fracasso, dúvida e medo) e me transportaste para o Reino do Filho do Teu amor, em quem temos grande êxito e ausência de medos, paixões agitadas e conflitos morais. Regozijo-me em Jesus, que veio para que eu tenha vida, e a tenha com abundância.

Hoje sou uma nova criação, pois estou unido com Cristo, o Messias. A velha condição moral e espiritual passou. Eis que tudo se fez novo! Esqueço-me das coisas que ficaram para trás e avanço para as coisas que estão adiante de mim. Estou crucificado com Cristo, e vivo não mais eu, mas Cristo vive em mim. E a vida que eu agora vivo na carne, vivo-a pela fé no Filho de Deus, que me amou e Se entregou por mim.

Hoje eu atendo a Palavra de Deus. Concordo e me submeto às Tuas palavras, Pai. As Tuas palavras não se desviarão da minha vista;

eu as guardarei em meu coração. Pois elas são vida e sucesso para mim, cura e saúde para toda a minha carne. Eu preservo e guardo meu coração com toda vigilância e sobre tudo o que se deve guardar, porque dele procedem as fontes da vida.

Hoje não permitirei que a misericórdia, a bondade e a verdade me abandonem. Eu as ato ao meu pescoço; escrevo-as na tábua do meu coração. Portanto, acharei graça, bom entendimento e alta estima aos olhos ou juízo de Deus e dos homens.

Hoje meu prazer e desejo estão na lei do Senhor, e em Sua lei costumo meditar (refletir e estudar) de dia e de noite. Portanto, sou como uma árvore firmemente plantada e cuidada por ribeiros de água, pronta para produzir meu fruto no tempo certo. Minha folha também não murchará nem cairá, e tudo que eu fizer prosperará e chegará à maturidade.

Agora, pois, graças a Deus, que sempre me faz triunfar em Cristo! Em Seu nome eu oro, amém.

Referências Bíblicas
Salmo 119.130 • Filipenses 3.13 • Hebreus 4.12 • Gálatas 2.20
2 Timóteo 1.7 • Provérbios 4.20-23 • 2 Coríntios 3.5-6
Provérbios 3.3-4 • Colossenses 1.12-13 • Salmo 1.2-3
2 Coríntios 5.17 • 2 Coríntios 2.14 • João 10.10

∽ 60 ∽
Oração Para o Sucesso de um Negócio

Pai, a Tua Palavra diz que sou participante da herança e dos tesouros do céu. Tu me livraste da potestade das trevas e me transportaste para o Reino do Teu querido Filho. Tua Palavra é uma lâmpada que ilumina por onde passo, e não volta a Ti vazia, mas sempre cumpre o que foi enviada para fazer. Sou um coerdeiro com Jesus e, como Teu filho/filha, aceito que a comunicação da minha fé seja eficaz no conhecimento de toda boa obra que há em mim em Cristo Jesus.

Pai, entrego minhas obras (os planos e cuidados dos meus negócios) a Ti, confio-as totalmente a Ti. Porque Tu estás efetivamente operando em mim, fazes com que meus pensamentos se tornem de acordo com Tua vontade para que meus planos de negócios sejam estabelecidos e tenham sucesso. Em nome de Jesus, submeto-me a todo tipo de sabedoria, discernimento prático e prudência que o Senhor tem derramado sobre mim, de acordo com as riquezas e generosidade de Tua graciosa graça.

Pai, obedeço à Tua Palavra vivendo honestamente com minhas próprias mãos para poder dar aos necessitados. Em Tua força e de acordo com Tua graça, sustento a mim e a minha família. Obrigado, Pai, por fazeres toda graça, todo favor e bênção terrena virem a mim em abundância, para que, tendo sempre, em tudo, todo o suprimento, eu abunde em toda boa obra.

Pai, obrigado pelos espíritos ministradores que designaste para sair e atrair consumidores. Jesus disse: "Vós sois a luz do mundo". Em Seu nome, minha luz brilhará diante de todos os homens, para que vejam minhas boas obras glorificando a Ti, meu Pai celestial.

Agradeço pela graça de permanecer diligente na busca de conhecimento e habilidade em áreas nas quais sou inexperiente. Peço a Ti sabedoria e capacidade de compreender a retidão, a justiça e o tratamento justo em todas as áreas e relacionamentos. Afirmo que sou fiel e comprometido com a Tua Palavra. Minha vida e negócios são baseados em seus princípios.

Pai, obrigado pelo sucesso do meu negócio! Em Teu nome, amém.

Referências Bíblicas
Romanos 8.17 • 1 Timóteo 5.8 • Colossenses 1.12 • Salmo 119.105
2 Coríntios 9.8 • Hebreus 1.14 • Filemon 1.6
Mateus 5.14,16 • Provérbios 16.3 • Provérbios 22.29
Filipenses 2.13 • Provérbios 2.9 • Efésios 1.7-8 • Provérbios 4.20-22
Efésios 4.28

~ 61 ~
Definindo Prioridades Adequadas

Pai, muitas vezes permito que a urgência dite minha agenda, e estou pedindo a Ti que me ajudes a estabelecer prioridades em meu trabalho. Confesso minha fraqueza[7] de procrastinação e falta de organização. Meu desejo é viver com propósito, dignidade e precisão como uma pessoa sábia, sensata e inteligente.

Tu me deste uma semana de sete dias – seis dias para trabalhar e o sétimo dia para descansar. Desejo aproveitar ao máximo o tempo, aproveitando cada oportunidade. Ajuda-me a planejar meu dia e a manter o foco em minhas tarefas.

Em nome de Jesus, uso as ferramentas poderosas de Deus para esmagar filosofias pervertidas, derrubar barreiras levantadas contra a verdade de Deus, encaixar todo pensamento livre, toda emoção e todo impulso à estrutura de vida moldada por Cristo. Minhas ferramentas estão preparadas para limpar o terreno e edificar vidas pela obediência, rumo à maturidade.

Pai, Tu estás no comando do meu trabalho e dos meus planos. Eu faço meus planos, mas és Tu quem possibilita que sejam realizados. Ajuda-me a organizar meus esforços, agendar minhas atividades e orçar meu tempo.

Jesus, Tu queres que eu descanse. Agrada a Ti quando não estou preocupado em receber, para que eu possa responder à dádiva de Deus. Eu Te conheço, Deus Pai, e como Tu trabalhas. Imerjo minha vida na realidade de Deus, na iniciativa de Deus e nas provisões de Deus.

Pela graça que me foi dada, não vou me preocupar em perder, e minhas preocupações humanas diárias serão atendidas. Proponho em meu coração buscar (objetivar e lutar por) antes de tudo o Teu Reino, Senhor, e a Tua justiça – a Tua maneira de fazer e ser correto. E então todas essas coisas me serão acrescentadas.

---

7   Se você não conhece seus pontos fortes e fracos, peça ao Espírito Santo que os revele a você. O Senhor nos fala: *"A Minha graça te basta, porque o Meu poder se aperfeiçoa na fraqueza"* (2 Coríntios 12:9).

Pai, Tua Palavra é minha bússola e me ajuda a ver minha vida como completa em Cristo. Lanço todos as minhas preocupações, ansiedades e inquietações sobre Ti, para que eu possa ser bem equilibrado, temperado, sóbrio de espírito, vigilante e cauteloso em todos os momentos.

Faço atentos meus ouvidos à palavra de sabedoria e inclino meu coração a uma vida de entendimento. Faço do discernimento minha prioridade.

Pai, Tu enviaste Jesus para que eu pudesse ter vida, e tê-la com abundância. Ajuda-me a lembrar que meus relacionamentos Contigo e com os outros são mais importantes do que qualquer outra coisa. Amém.

Referências Bíblicas
Efésios 5.15-16 • Gênesis 2.2 • 2 Coríntios 10.5-6 (MSG)
Provérbios 16.3,9 (MSG) • Mateus 11.29 • Colossenses 2.10
1 Pedro 5.7-8 • Provérbios 2.3 • João 10.10

~ 62 ~
Mantendo Boas Relações

Pai, em nome de Jesus, não deterei dos seus donos o bem (seus legítimos proprietários), quando tiver em minhas mãos o poder de fazê-lo. Pagarei a todos os homens o que lhes é devido. Pagarei impostos a quem os impostos são devidos, receita a quem a receita é devida, respeito a quem o respeito é devido e honra a quem a honra é devida.

Não desanimarei e cansarei de fazer o bem e agir nobre e corretamente, pois, no devido tempo, ceifarei, se não houver desfalecido. Então, conforme a ocasião e a oportunidade se abrirem para mim, farei o bem moral a todas as pessoas, não apenas sendo útil ou proveitoso para elas, mas também fazendo o que é para seu bem e vantagem espiritual. Estou atento para ser uma bênção, especialmente aos domésticos da fé – aqueles que pertencem à família de Deus comigo, os crentes.

Não contenderei com um homem sem motivo, quando ele não me fez mal. Se possível, no que depender de mim, proponho viver em paz com todos. Amém.

REFERÊNCIAS BÍBLICAS
Provérbios 3.27 • Provérbios 3.30 • Romanos 13.7
Romanos 12.18 • Gálatas 6.9-10

∼ 63 ∼
Superando a Escravidão Religiosa

INTRODUÇÃO

Na maioria das vezes, quando somos crianças, acreditamos que toda família é igual à nossa. Ficamos surpresos ao descobrir que isso não é verdade. Às vezes, os adultos que cresceram em ambientes religiosos rígidos não estão preparados para o mundo exterior. Eles não se encaixam no mundo estranho onde as pessoas são diferentes e aproveitam a vida em um nível que eles nunca souberam que existia. Eles se deparam com escolhas desconfortáveis quando suas crenças são questionadas e, até mesmo, ridicularizadas. Algumas pessoas podem optar por se tornar mais dogmáticas sobre suas crenças religiosas e tentar convencer os "pecadores" de que precisam ser como elas; outros se encontram em busca da verdade. Outros permanecem no ambiente religioso e até encontram liberdade para trazer mudanças. Somos todos únicos e cada um de nós tem sua própria jornada para a luz do querido Filho de Deus.

Não podemos mudar os outros, então muitas vezes tentamos nos encaixar e nos perdemos. Sabemos que não queremos voltar ao que éramos, mas para onde vamos a partir daqui?

Em um dia glorioso, clamamos a Deus por ajuda, e a luz surge. A Bíblia que tentamos ler por obrigação e dever começa a fazer sentido, e embarcamos em uma aventura com Deus, mesmo que essas ideias religiosas tentem nos controlar. Então descobrimos que podemos orar a Palavra e nos submeter ao ministério constante de transformação pelo Espírito Santo (ver Romanos 12.1-2).

A oração nos prepara para a mudança. Mudança produz mudança, que muitas vezes é desconfortável. Se passarmos pelo desconforto, Deus trabalhará conosco, tirando-nos de nossos mecanismos de defesa autodesenvolvidos para um lugar de vitória. Ele cura nosso quebrantamento. Ele abre nossos olhos cegos e escolhemos nos submeter ao Príncipe de nossa salvação. Continuamos a tornar esta nova vida plenamente manifesta enquanto vivemos no santo temor de Deus (ver Filipenses 2.12).

Adultos que cresceram em lares religiosos, julgadores e críticos, onde nunca tiveram permissão para se expressar, às vezes carregam muita mágoa e raiva em seus relacionamentos. Frequentemente, eles não tinham permissão para terem seus próprios sentimentos sem serem condenados; eles não eram autorizados a explorar quaisquer ideias diferentes de seus pais ou cuidadores. Havia um olho observando cada movimento deles. Qualquer punição que recebiam era justificada. Seus pais eram incapazes de errar.

Filhos adultos de ambientes religiosamente rígidos eram levados a acreditar que qualquer deslize, erro de julgamento ou equívoco era um pecado que os levaria direto para o inferno; a doutrina religiosa dos pais era o único caminho para o céu e desviar-se dela levaria à destruição. O perdão só poderia ser obtido depois de muita tristeza, penitência e castigo. A morte antes da conclusão do arrependimento levaria a uma eternidade no inferno.

Pessoas criadas em ambientes familiares tão opressivos nunca tiveram permissão para se encontrar ou viajar em suas próprias jornadas espirituais individuais que leva à verdade de Jesus Cristo. O chefe da casa, geralmente o pai, era considerado Deus encarnado. A resolução de conflitos nunca foi ensinada ou praticada. O que quer que o chefe da família dissesse era lei – e a desobediência à sua lei não era discutida, mas a criança era espancada. A esposa era subserviente e não tinha permissão para questionar os ditames do marido.

Quando esses adultos se casam, muitas vezes sentem que finalmente encontraram um palanque para se expressar. Eles escaparam de um lugar de medo permanente, condenação constante e crítica contínua. Não tendo habilidades de comunicação, eles geralmente têm dificuldade em se expressar adequadamente. Quando alguém discorda deles, eles tendem a reagir como foram ensinados.

Só que agora o cônjuge ou amigo não se submete a palavras dogmáticas e manipuladoras. A frustração se desenvolve. O filho adulto procura se fazer entender, resultando em mais frustração. A raiva é alimentada e o indivíduo continua escravizado à ideia de que nunca deveria ter nascido. A pessoa se retira para um canto silencioso, recusando-se a falar, ou usa as palavras para construir muros de defesa – excluindo os outros. Ele ou ela reside em isolamento emocional, tentando se livrar de mais mágoas e críticas.

Existe uma maneira de escapar. Deus enviou Sua Palavra para nos curar e nos livrar de todas as nossas destruições (ver Salmos 107.20). Deus não nos deu o espírito de temor, mas de fortaleza, de amor e de moderação. Podemos escolher ouvir, aprender, crescer e realizar com a ajuda do Espírito Santo – nosso Mestre, nosso Guia e nosso Intercessor. A unção está sobre Jesus para tratar e curar nossas feridas emocionais (veja Lucas 4.18). Sua unção destrói todo jugo de escravidão (ver Isaías 10.27), libertando os cativos.

Oração

Pai, agradeço por abrires meus olhos cegos e me dares visão para que eu possa ver e saber quem é Jesus! Quando eu O aceitei e tomei posse do Seu nome, Tu me deste autoridade para me tornar Teu filho. Sou Teu filho e sei que, se orar a Ti em segredo, Tu me recompensarás abertamente.

Pai, desejo de todo o coração andar em amor, conforme definido em 1 Coríntios 13, mas estou sempre sabotando meus próprios esforços e falhando em meus relacionamentos. Eu sei que sem fé é impossível agradar a Ti. Eu Te adoro porque fui crucificado com Cristo. Não sou mais eu quem vive, mas Cristo vive em mim. A vida que agora vivo na carne, vivo-a pela fé no Filho de Deus, que me amou e Se entregou por mim.

Pai, expõe os padrões de pensamento religiosos feitos pelo homem, que são contrários à Tua Palavra. Descubra-me – traga tudo para a luz.

Quando algo é exposto e condenado pela luz, torna-se visível e claro; e onde tudo é visível e claro, há luz.

Cura as feridas e mágoas do passado que controlaram meu comportamento e minha fala. Ensina-me a guardar meu coração com toda a diligência, pois dele procedem as fontes da vida. Ensina-me a falar a verdade com amor em minha casa, em minha igreja, com meus amigos e em todos os meus relacionamentos. Além disso, ajude-me a perceber que os outros têm o direito de se expressar. Ajuda-me a dar espaço às suas ideias e opiniões, mesmo quando são diferentes das minhas.

As palavras são poderosas. O poder da vida e da morte está na língua, e Tu disseste que eu comeria do fruto dela.

Pai, percebo que as palavras podem ser construtivas ou destrutivas. Uma simples palavra de minha boca pode parecer nada, mas é capaz de construir ou destruir quase tudo! Basta uma faísca para incendiar uma floresta inteira. Uma palavra descuidada ou indevida pode fazer o mesmo. Com nossas palavras, podemos arruinar o mundo, criar confusões sem fim, jogar lama na reputação dos outros e encher o mundo inteiro de fumaça, uma fumaça que vem das profundezas do inferno. Não é de assustar?

Pai, perdoa-me por falar palavrões. Reagi com mágoas passadas e raiva não resolvida. Às vezes sou dogmático, gabando-me até de ser sábio; às vezes, sem saber, distorci a verdade para parecer sábio; às vezes tentei parecer melhor do que os outros ou levar a melhor sobre os outros; minhas palavras contribuíram para que as coisas desmoronassem. Minha raiva humana é mal direcionada e opera injustiça.

Pai, perdoa-me. Não posso mudar a mim mesmo, mas estou disposto a mudar e andar na sabedoria que vem do alto.

Pai, eu me submeto àquela sabedoria do alto que começa com uma vida santa e é vista no relacionamento com o próximo. É cheia de gentileza, bom senso, misericórdia e é pra lá de abençoada. Não muda como o tempo instável e não tem duas caras. Usa-me como Teu instrumento para desenvolver uma comunidade saudável, sólida, bem-sucedida e que Tu aprovas. Desfrutarei de seus resultados somente se trabalhar duro para fortalecer os relacionamentos, tratando todos com dignidade e honra.

Com a ajuda do Espírito Santo e pela Tua graça, não deixarei que saia da minha boca nenhuma palavra torpe, mas apenas o que for útil para edificar os outros de acordo com suas necessidades, para que dê graça aos que a ouvem.

Meu coração ferve com palavras boas; falo do que tenho feito no tocante ao Rei; minha língua é a pena de um destro escritor. Misericórdia e bondade excluem todo ódio e egoísmo, e a verdade exclui toda hipocrisia ou falsidade deliberada; e ato-as ao pescoço, escrevo-as na tábua do meu coração.

Falo coisas excelentes e esplêndidas; meus lábios se abrirão para a equidade. Minha boca proferirá a verdade, e meus lábios abominam a impiedade. Em justiça estão todas as palavras da minha boca (corretas e justas perante Ti, Senhor); não há nelas nenhuma coisa tortuosa nem perversa. Minha língua é como prata fina, e meus lábios alimentam e guiam muitos. Abro minha boca com sabedoria hábil e piedosa, e em minha língua está a lei da bondade, dando conselho e instrução.

Pai, agradeço por me amares incondicionalmente. Agradeço por enviares Teu Filho, Jesus, para ser meu Amigo e Irmão mais velho e por me dares Teu Espírito Santo para me ensinar e trazer todas as coisas à minha lembrança. Eu sou um vencedor pelo sangue do Cordeiro e pela palavra do meu testemunho. Em nome de Jesus eu oro, amém.

Referências Bíblicas

1 João 3.1 • Efésios 4.29 • Mateus 6.6 • Salmo 45.1
Hebreus 11.6 • Provérbios 3.3 • Efésios 5.13
Provérbios 8.6-8 • Provérbios 4.23 • Provérbios 10.20-21
Efésios 4.15 • Gálatas 2.19-20 • Provérbios 31.26
Provérbios 18.21 • Romanos 8.31-39 • Tiago 3.5-10 (MSG)
Hebreus 2.11 • Tiago 3.9-16 • João 15.15
Tiago 3.17 • João 14.26 • Tiago 3.17-18 (MSG) • Apocalipse 12.11

~ 64 ~
Confiando em Deus em Situações Financeiras

Pai, venho a Ti em nome de Jesus em relação a minha situação financeira. Tu és um socorro bem presente na angústia e és mais do que suficiente. Tua Palavra declara que Tu suprirás todas as minhas necessidades segundo as Tuas riquezas em glória, por Cristo Jesus.

Espírito Santo, Tu és meu Conselheiro e meu Mestre. Pela graça serei um praticante da Palavra de Deus. Escolho me atentar bem na lei perfeita da liberdade e responder à verdade que estou ouvindo. Então serei fortalecido e experimentarei Tua bênção em tudo o que fizer.

Perdoa-me por roubar de Ti em dízimos e ofertas. Arrependo-me e proponho trazer todos os meus dízimos à casa do tesouro para que haja mantimento em Tua casa. Obrigado pelos sábios conselheiros financeiros e professores que estão me ensinando os princípios da boa mordomia.

Senhor dos Exércitos, Tu disseste: "Provai-me nisto, se Eu não vos abrir as janelas do céu e não derramar sobre vós uma bênção tal, que dela vos advenha a maior abastança". Tu repreenderás o devorador por minha causa, e meu coração se encherá de ação de graças.

Senhor, meu Deus, lembrarei que és Tu que me dás o poder de obter riquezas, para que possas confirmar a Tua aliança. Em nome de Jesus, eu adoro somente a Ti e não terei outros deuses diante de Ti.

Tu és capaz de fazer com que toda graça – todo favor e bênção terrena – chegue a mim em abundância, para que, tendo sempre, em tudo, todo o suprimento, eu abunde em toda boa obra e em doação de caridade. Em nome de Jesus, amém.

REFERÊNCIAS BÍBLICAS
Salmo 56.1 • Deuteronômio 8.18-19 • Filipenses 4.19
2 Coríntios 9.8 • Malaquias 3.8-12 • Tiago 1.22-23

~ 65 ~
Dedicação de Seus Dízimos

Pai, confesso neste dia que recebi a herança que o Senhor me prometeu e estou na terra que o Senhor providenciou para mim em Jesus Cristo. Eu era um pecador servindo a Satanás; ele era meu deus. Mas invoquei o nome de Jesus, e Tu ouviste o meu clamor e me transportaste ao Reino do Teu querido Filho.

Jesus, como meu Senhor e Sumo Sacerdote, trago as primícias da minha renda para Ti e adoro o Senhor meu Deus com ela.

Pai, obrigado por Tua Palavra que diz: "Provai-me nisto, se Eu não vos abrir as janelas do céu e não derramar sobre vós uma bênção tal, que dela vos advenha a maior abastança" (Mal. 3.10). Tu repreenderás o devorador por minha causa. Meu coração está cheio de ação de graças!

Pai, regozijo-me com todo o bem que tens dado a mim e à minha família. Obrigado por suprires todas as minhas necessidades de acordo com Tuas riquezas na glória, em Cristo Jesus. Tu forneces tão generosamente tudo o que preciso que sempre terei tudo o que preciso e ainda sobra para compartilhar com os outros. Agradeço, Pai, em nome de Jesus, amém.

Referências Bíblicas
Malaquias 3.8-12 • Colossenses 1.13 • Hebreus 3.1,7-8
Efésios 2.1-5 • Filipenses 4.19 • 2 Coríntios 9.8
Deuteronômio 26.1,3, 10-11,14-15

~ 66 ~
Vendendo Imóveis

Pai, eu Te agradeço pela sabedoria hábil e piedosa necessária ao oferecer minha casa (ou outro imóvel) para ser vendida. Estou preparando minha casa ou propriedade com excelência para que seja bela e desejável, como se a estivesse preparando para Tua habitação. Estou pedindo um preço de mercado justo e competitivo e não tirarei vantagem de um comprador em potencial.

Pai, peço que prepares e envies um comprador pronto, disposto e capaz de comprar minha casa ou propriedade – uma pessoa que tenha os fundos disponíveis para pagar o valor justo de mercado, pré-qualificado e aprovado por uma instituição de crédito; aquele que esteja em um momento perfeito de compra, que se encaixa na minha necessidade e na dele/dela.

Agradeço por ires diante de mim e preparares o caminho. Em nome de Jesus, procuro e busco a paz, agradecendo-Te que o espírito da verdade prevalecerá em nossas deliberações. Eu declaro e decreto que todos os envolvidos falam verdadeiramente, agem verdadeiramente e vivem verdadeiramente.

Se houver algo oculto, peço que seja revelado e trazido à luz. A verdade e a misericórdia estão escritas nas tábuas do meu coração, e tenho graça, bom entendimento e alta estima aos Teus olhos e aos olhos do potencial comprador. Em nome de Jesus, amém.

REFERÊNCIAS BÍBLICAS
Provérbios 2.6,9,12,15 • 1 Coríntios 4.5 • 1 Coríntios 2.9
Provérbios 3.3-4 • Efésios 4.15

~ 67 ~
Em Processos Judiciais

Pai, em nome de Jesus, está escrito em Tua Palavra para clamar a Ti, e Tu me responderás e me anunciarás coisas grandes e poderosas. Eu Te recordo de Tua Palavra e Te agradeço por velares sobre ela para cumpri-la.

Em nome de Jesus, nenhuma arma forjada contra mim prosperará. Qualquer acusador que me levar ao tribunal será desqualificado por mentir. É isso que os servos do Eterno podem esperar, pois Tu disseste que irás garantir que tudo resulte no melhor. Este é o Teu decreto. Paz, segurança e triunfo sobre a oposição é minha herança como Teu filho. Esta é a justiça que obtenho de Ti, Pai, que me concedes como minha justificação. Estou longe até mesmo do pensamento de opressão; porque já não temerei, e o espanto não chegará a mim.

Pai, Tu dizes que me confirmarás até o fim – mantém-me firme, dá-me força e garante minha vindicação; isto é, sê minha garantia contra toda acusação ou indiciamento. Pai, Tu contendes com aqueles que contendem comigo, e aperfeiçoas o que me diz respeito. Habito no esconderijo do Altíssimo, e este abrigo me esconde da contenda das línguas, pois uma testemunha falsa que profere mentiras é uma abominação para Ti.

Sou uma verdadeira testemunha e todas as minhas palavras são corretas e justas diante de Ti, Pai. Por minha longa tolerância e calma de espírito, o juiz é persuadido, e meu discurso suave quebra a resistência mais dura. Portanto, não estou ansioso de antemão sobre como devo responder em defesa ou o que devo dizer, pois o Espírito Santo me ensinará *naquela mesma hora e momento* o que devo dizer aos que estão no mundo exterior. Minha fala é temperada com sal.

Como filho da luz, reforço a vitória triunfante de meu Senhor Jesus Cristo nesta situação, sabendo que todo o céu está me apoiando. Sou forte em Ti, Senhor, e na força do Teu poder. Agradeço pelo escudo da fé que apaga todo dardo inflamado do inimigo. Estou crescendo em sabedoria, em estatura, em anos e em graça para Contigo, Pai, e para com os homens. Louvado seja o Senhor! Amém.

REFERÊNCIAS BÍBLICAS

Jeremias 33.3 • Provérbios 6.19 • Jeremias 1.12 • Provérbios 14.25
Isaías 43.26 • Provérbios 8.8 • Isaías 54.17 (MSG)
Provérbios 25.15 • Isaías 54.14 • Lucas 12.11-12
1 Coríntios 1.8 • Colossenses 4.6 • Isaías 49.25
Mateus 18.18 • Salmo 138.8 • Efésios 6.10,16 • Salmo 91.1
Lucas 2.52 • Salmo 31.20

~ 68 ~
Proteção Para Viajar

Pai, hoje, em nome de Jesus, confesso a Tua Palavra sobre meus planos de viagem e sei que a Tua Palavra não sai e volta para Ti vazia, mas prospera naquilo para o qual foi enviada. Dou graças a Ti por agires rapidamente para cumprir a Tua palavra e cumprir as Tuas promessas.

Ao me preparar para viajar, regozijo-me com as promessas que Tua Palavra contém de proteção e segurança dos justos. Só Tu, Pai, me fazes viver em segurança. Confio em Ti e habito em Tua proteção. Pai, se eu enfrentar algum problema ou dificuldade, correrei para Ti, minha Fortaleza e Abrigo na hora da necessidade. Crendo na Palavra escrita de Deus, falo de paz, segurança e sucesso em meus planos de viagem em nome de Jesus.

Como filho de Deus, meu caminho é seguro. Deus, Tu envias Teus anjos para me protegerem onde quer que eu vá, e proteges meu carro/avião/trem/navio/ônibus. Eu tenho a paz de Deus onde e como quer que eu viaje, e não permito que o medo tenha lugar em minha vida.

Obrigado, Pai, porque em todas as situações o Senhor está lá para me proteger. Tu me redimiste e me protegerás. Pela minha fé em Ti, querido Pai celestial, tenho o poder de pisar serpentes e sobre toda a força do inimigo. Nenhum alimento ou água me fará mal quando chegar ao meu destino.

Pai, eu Te dou a glória nesta situação. Tua misericórdia está sobre mim e minha família, e nossas viagens serão seguras. Nem um fio de cabelo em nossas cabeças perecerá. Obrigado, Pai, por Tua orientação e segurança – Tu és digno de todo louvor! Amém.

Referências Bíblicas

Isaías 55.11 • Isaías 43.1-3 • Jeremias 1.12 • 2 Timóteo 4.18
Salmo 4.8 • Oseias 2.18 • Salmo 91.1 • Lucas 10.19 • Provérbios 18.10
Salmo 91.13 • Provérbios 29.25 • Lucas 21.18 • Marcos 11.23-24
Marcos 16.18 • Provérbios 2.8 • Mateus 18.18 • Salmo 91.11-12
João 14.13 • 2 Timóteo 4.18 • Daniel 9.18 • Filipenses 4.7 • Lucas 1.50
2 Timóteo 1.7

ORAÇÕES
pelas Necessidades e Preocupações dos Solteiros, Divorciados e Viúvos

~ 69 ~
Vencendo a Tentação

Introdução

"Ninguém, sendo tentado, diga: De Deus sou tentado; porque Deus não pode ser tentado pelo mal, e a ninguém tenta. Mas cada um é tentado quando atraído e engodado pela sua própria concupiscência. Depois, havendo a concupiscência concebido, dá à luz o pecado; e o pecado, sendo consumado, gera a morte" (Tiago 1.13-15).

Os solteiros às vezes expressam a dificuldade de se manterem puros. (Veja as seguintes orações sobre pureza.) Alguns perguntaram: "Deus não entende que somos apenas humanos? Por que Ele nos criou com desejos? Certamente Ele nos entende e nos perdoa quando caímos em tentação. Se Ele quer que eu evite a tentação sexual, então por que Ele não me envia a esposa que eu pedi que Ele me desse?"

As Escrituras condenam sexo antes do casamento, fornicação, adultério e todas as formas de perversão sexual (ver Mateus 15.19; Marcos 7.21; Gálatas 5.19-21; Colossenses 3.5-6). Embora os desejos sexuais não sejam pecados, se não forem devidamente controlados, esses desejos podem levar ao pecado.

De acordo com Tiago 1.13-15, o pecado começa com um pensamento concebido a partir da luxúria. A luxúria não se limita ao sexo. É possível cobiçar muitas coisas que podem causar pecado. É por isso que é tão importante assumir o controle da mente e do coração para mantê-los puros e santos, apesar da tentação.

Um dos mitos que envolve muitos solteiros é a ideia errônea de que o casamento os libertará automaticamente da tentação de pecar. Sem arrependimento e renovação da mente, aqueles que têm problemas com pensamentos lascivos antes de se casarem terão o mesmo problema depois de casados, assim como aqueles que têm problemas com perversão sexual antes do casamento continuarão a ter o mesmo problema depois do casamento.

Um homem casado compartilhou seu testemunho de libertação da pornografia. Ele estava tendo que se proteger continuamente de imagens mentais que continuavam reaparecendo. O casamento não é uma cura para pecados sexuais ou qualquer outro pecado.

Sim, Deus entende. É por isso que, para cada tentação, Ele forneceu um meio de escape (veja 1 Coríntios 10.13).

Sim, há perdão para o pecado (veja 1 João 1.9) – por meio da abundante graça de Deus (veja Romanos 5.20). A questão é: "Permaneceremos no pecado, para que a graça de Deus (favor e misericórdia) abunde? De modo nenhum! Nós, que estamos mortos para o pecado, como viveremos ainda nele?" (Rm 6.1-2).

Nós que estamos em Cristo desejamos trazer glória ao Pai. Não podemos fazê-lo em nossa própria força. É permanecer em união com Jesus e amar como Jesus ama que garante orações respondidas (ver João 15.7-9). Se nossas orações não estão sendo atendidas, é hora de verificar nossa caminhada amorosa. Devemos nos perguntar: "Estamos nos mantendo no amor de Deus – permanecendo vitalmente unidos a Jesus?"

Sabemos que todo o que é nascido de Deus não peca; mas o que de Deus é gerado, conserva-se a si mesmo, e o maligno não o toca (1 João 5.18).

Este versículo diz que o maligno não pode nos tocar. Qual é a condição? Tendo a presença de Cristo dentro de nós, permanecendo unidos a Ele – permanecendo Nele e permitindo que Sua Palavra permaneça em nós.

Se você deseja permanecer em Cristo e ter Sua Palavra habitando em você, faça a seguinte oração com um coração sincero e crente.

Oração

Senhor, eu escolho permanecer na Tua Palavra e me apegar aos Teus ensinamentos. Ao alinhar minha mente com Teus pensamentos, viverei de acordo com eles. Desejo ser Teu verdadeiro discípulo, vitalmente unido à Videira – Jesus. Não posso dar frutos a menos que permaneça em Ti. Senhor, porque Tu és a Videira e eu sou um ramo que vive em Ti, dou muito (abundante) fruto. Separado de Ti, cortado da união vital Contigo, nada posso fazer.

Pai, Teu Filho Jesus disse: "Se estiverdes em Mim, e Minhas palavras estiverem em vós, pedireis tudo o que quiserdes, e vos será feito" (João 15.7). Agradeço, Deus, por me revitalizares continuamente, implantando em mim a paixão por realizar as coisas boas que desejas fazer em mim e através de mim.

Quando dou frutos abundantes, demonstro que sou um discípulo maduro que glorifica meu Pai. E eu Te honro e glorifico, querido Pai. Pela Tua graça, a qual recebi, mostrarei e provarei que sou um verdadeiro seguidor de Teu Filho, Jesus. Jesus disse que me ama com o mesmo amor com que Tu O amaste, e eu permaneço nesse amor. Jesus disse que isso alimentaria continuamente meu coração.

Jesus disse que se eu guardar Seus mandamentos, viverei em Seu amor, assim como Ele guardou Teus mandamentos, Pai, e vive continuamente nutrido e fortalecido por Teu amor. Jesus me disse essas coisas para que eu experimentasse a mesma felicidade que Ele experimentou e enchesse meu coração de alegria transbordante.

Pai, obrigado por Tua Palavra – ela é a verdade que me liberta. Eu nasci (fui gerado) de Ti, Senhor, e não pratico deliberadamente, conscientemente e habitualmente o pecado. Tua natureza habita em mim, e Teu princípio de vida permanece continuamente dentro de mim. Não posso praticar o pecado porque nasci (fui gerado) de Ti. Escondi Tua Palavra em meu coração para não pecar contra Ti.

Que Jesus Cristo através da minha fé realmente habite (Se estabeleça, permaneça, faça Seu lar permanente) em meu coração! É meu desejo estar profundamente arraigado e fundado firmemente no amor, para que eu possa ter o poder e ser forte para entender e compreender com todos os santos – Seu povo devoto – a experiência desse amor, qual é a largura e o comprimento e altura e profundidade dele.

Eu oro, em nome de Jesus, para que eu possa conhecer esse amor que excede o entendimento – para que eu seja tomado de toda a Tua plenitude. Agora, para Ti que és capaz de fazer infinitamente mais do que tudo que eu peço ou imagino, de acordo com Teu poder que opera em mim, a Ti seja a glória na igreja e em Cristo Jesus por todas as gerações, para todo o sempre! Amém.

REFERÊNCIAS BÍBLICAS

João 8.31 • 1 João 3.9 • João 15.4-5
Salmo 119.11 • João 15.7-12 • Efésios 3.17-18
João 8.32 • Efésios 3.19-21 • João 17.17 • Filipenses 2.13

∽ 70 ∽
Conhecendo o Plano de Deus Para o Casamento

Querido Pai, trago a Ti minha vida. Eu confio, me apoio, dependo e estou seguro em Ti. Confio em Ti para me guiares ao longo de minha jornada para que eu possa viver Teus planos para minha vida. Faze-me conhecer os Teus caminhos, Senhor; ensina-me Tuas veredas. Guia-me na Tua verdade e ensina-me, pois Tu és o Deus da minha salvação; por Ti estou esperando todo o dia!

Está escrito: "Porque bem sei os pensamentos que tenho acerca de vós, diz o Senhor; pensamentos de paz, e não de mal, para vos dar o fim que esperais. Então Me invocareis, passareis a orar a Mim, e Eu os ouvirei. Vós Me buscareis e Me achareis, quando Me buscardes de todo o vosso coração. Serei achado de vós, diz o Senhor" (Jeremias 29.11-14).

Pai, busco por Teu plano, Tua resposta para minha vida. É meu desejo casar. Mas devo ter certeza em minha decisão de que estou vivendo como Tu desejas. De acordo com a Tua Palavra, o casamento trará problemas extras que talvez eu não precise enfrentar neste momento da minha vida.

Todos os caminhos de um homem ou mulher são limpos aos seus olhos, mas Tu, Senhor, pesas os espíritos (os pensamentos e intenções do coração). Portanto, eu entrego minhas obras a Ti – entrego-as e confio-as totalmente a Ti. Tu farás com que meus pensamentos se tornem agradáveis à Tua vontade, e assim meus planos serão estabelecidos e bem-sucedidos.

Porque Tu, Senhor, és o meu Pastor, nada me faltará. Tu me fazes deitar em pastos verdejantes e me guias mansamente a águas tranquilas. Tu me dás uma nova força. Tu me ajudas a fazer o que mais Te honra.

Ainda que eu andasse pelo vale da sombra da morte, não temeria mal algum, porque Tu estás comigo, guardando-me e guiando-me por todo o caminho.

Tu preparas uma mesa perante mim na presença dos meus inimigos. Ungiste a minha cabeça com óleo; o meu cálice transborda.

Tua bondade e a misericórdia me seguirão todos os dias da minha vida e habitarei em Tua casa para todo o sempre. Em nome de Jesus eu oro, amém.

Referências Bíblicas
Salmo 25.1-5 • Provérbios 16.2-3 • Lucas 18.1
Salmo 23.1-6 • Salmo 37.3-5 • 1 Coríntios 7.1-2

∽ 71 ∽
Preparando-se para um Casamento Saudável

Introdução

Se você é solteiro e deseja se casar, não pule esta importante mensagem. Oro para que ela lhe desafie a desenvolver um relacionamento mais íntimo com seu Pai celestial, que o elegeu antes da fundação do mundo. Você é feito inteiro e completo em Cristo Jesus. Não acredite que você precisa ser casado para ser completo, como alguns ensinam. O apóstolo Paulo escreveu aos solteiros e aos que perderam seus cônjuges, dizendo: "Digo, porém, aos solteiros e às viúvas, que lhes é bom se ficarem como eu". No entanto, ele não condena ninguém que deseja se casar (1Co 7.8).

Para o cristão, a base de todos os relacionamentos saudáveis começa com Deus. Seu amor é incondicional, e nós somos Sua obra criada em Cristo Jesus. Jesus nos deu um novo mandamento: "Amai uns aos outros, como Eu vos amei" (João 13.34).

O relacionamento matrimonial, que pretende ser uma representação de Jesus e Sua Igreja, é um campo de teste único para o desenvolvimento espiritual. Uma definição de amor é "expandir a si mesmo com o propósito de nutrir o próprio crescimento espiritual ou o de outra pessoa"[8].

Todo mundo é único; todos nós pensamos, sentimos e escolhemos de forma diferente. Todos trazem uma caixa oculta de expectativas para o relacionamento conjugal com base em suas experiências e/ou observações anteriores. Ao longo de meus anos testemunhando e ouvindo as histórias dolorosas de homens e mulheres, acredito que simplesmente não entendemos a importância de nos prepararmos para o casamento. Afinal, nos preparamos para a faculdade ou para uma escola profissionalizante; nos preparamos para uma carreira.

Após o casamento, existem lacunas entre suas expectativas e suas experiências. Isso pode trazer um desafio de confiança. Ouso dizer que todos nós temos problemas de confiança por causa de mágoas do passado, seja na família em que crescemos ou uma decepção em um relacionamento anterior. Encorajo-lhe a memorizar e meditar em 1 Coríntios 13 muito antes de dizer: "Sim". Você sabe o que significa ceder a alguém? Você está sempre pronto para acreditar no melhor da outra pessoa? O amor não é um sentimento; é uma decisão!

Tentar forçar alguém a viver na sua caixa de expectativas não vai funcionar! Conhecer a realidade de sua plenitude em Cristo Jesus permitirá que você entre em um relacionamento saudável, no qual você e seu parceiro crescerão juntos espiritualmente e em todas as outras áreas da vida. Buscar primeiro o Reino de Deus e Sua justiça (ver Mateus 6.33) e fazer as coisas que são agradáveis à Sua vista (ver 1 João 3.22) irá prepará-lo para ser a pessoa designada por Ele para cumprir o papel de marido ou esposa.

---

8   M. Scott Peck, *A Trilha Menos Percorrida* (New York: Touchstone, 2003).

Esta oração foi escrita para seu próprio crescimento e benefício.

Oração

Pai, venho diante de Ti em nome de Jesus, pedindo que Tua vontade seja feita em minha vida enquanto busco em Ti um cônjuge. Submeto-me ao constante ministério de transformação do Espírito Santo, tornando conhecida a Ti minha petição.

Prepara-me para o casamento, trazendo à tona tudo o que está escondido – emoções feridas, muralhas de negação, isolamento emocional, silêncio ou conversa excessiva, raiva ou rigidez (cite qualquer muralha que lhe separe de relacionamentos saudáveis e do amor e da graça de Deus). As armas da minha milícia não são carnais, mas poderosas em Ti, Senhor, para destruição de fortalezas.

Eu sei em Quem tenho crido e estou perfeitamente certo de que a obra, quer eu permaneça solteiro ou casado, está segura em Suas mãos até aquele dia.

Porque eu Te amo, Senhor, e porque fui chamado de acordo com o Teu decreto, todas as coisas contribuem conjuntamente para o meu bem. Em Tua presciência, também me predestinaste para ser conforme à imagem de Teu Filho. Tu me escolheste há muito tempo; quando chegou a hora, me chamaste, me fizeste justo aos Teus olhos, e então me elevaste ao esplendor da vida como Teu filho.

Deixo de lado todo peso, e os pecados que tão facilmente me envolvem, e corro com paciência a carreira que me está proposta, olhando para Jesus, o Autor e Consumador da minha fé, o qual, pela alegria que Lhe estava proposta, suportou a cruz, desprezando a afronta, e assentou-Se à destra do trono de Deus. Considero, pois, aquele que contra Si mesmo suportou tal contradição dos pecadores, para que não enfraqueça, desfalecendo em meu ânimo. Ele faz intercessão por mim.

Dou as costas aos desejos turbulentos da juventude e dou minha atenção positiva à bondade, integridade, amor e paz, na companhia de todos aqueles que se aproximam de Ti, Senhor, com sinceridade. Não me envolvo com controvérsias tolas e mal-informadas, que levam inevitavelmente a conflitos. Como Teu servo, não sou uma pessoa de conflito. Procuro ser gentil com todos, pronto e apto para ensinar.

Procuro ser tolerante e ter a capacidade de corrigir gentilmente aqueles que se opõem à Tua mensagem.

Pai, eu desejo e busco sinceramente (objetivo e ambiciono) em primeiro lugar o Teu Reino e a Tua justiça (a Tua maneira de fazer e ser correto), e então todas essas coisas juntas me serão dadas também. Portanto, não me preocupo e não ficarei ansioso com o amanhã.

Estou convencido de que posso confiar em Ti porque Tu me amaste primeiro. Tu me elegeste em Cristo antes da fundação do mundo. Nele toda a plenitude da Deidade (a Divindade) continua a habitar corporalmente, dando expressão completa da natureza divina; e eu estou Nele, tornei-me perfeito Nele e cheguei à plenitude da vida em Cristo.

Estou cheio da Divindade – Pai, Filho e Espírito Santo – e alcanço a plena estatura espiritual. E Ele (Cristo) é o Cabeça de todo governo e autoridade de todo principado e potestade. Portanto, por causa de Jesus, estou completo. Jesus é o meu Senhor.

Venho diante de Ti, Pai, expressando meu desejo por um companheiro cristão. Peço que a Tua vontade seja feita em minha vida. Agora eu entro naquele repouso abençoado apoiando em Ti, confiando em Ti e dependendo de Ti. Em nome de Jesus, amém.

Referências Bíblicas

Mateus 6.10 • Mateus 6.33-34 • 1 Coríntios 4.5
1 João 4.19 • 2 Coríntios 10.4 • Efésios 1.4 • 2 Timóteo 1.12
Colossenses 2.9-10 • Romanos 8.28-30 • Mateus 6.10
Hebreus 12.1-3 • Hebreus 4.10 • Romanos 8.34 • João 14.1
2 Timóteo 2.22-25

~ 72 ~
Desenvolvendo Paciência

Pai, eu venho diante de Ti em nome de Jesus. Desejo meditar, considerar e indagar em Tua presença. Esperar pacientemente por um cônjuge tornou-se um desafio – uma provação, às vezes levando à tentação. Peço Tua ajuda para desenvolver a paciência, confiando silenciosamente meu futuro à Tua vontade. É a Ti que entrego meu desejo de me casar.

O amor é *grande e incrivelmente* paciente! Verbo de Deus, peço-Te que penetres no âmago do meu ser, onde alma e espírito, juntas e medula se encontram. Interpreta e revela os verdadeiros pensamentos e as intenções do meu coração.

Pela Tua graça entrego minha vida – todos os meus desejos, tudo o que sou e tudo o que não sou – ao controle do Espírito Santo, que produz este tipo de fruto em mim – amor, alegria, paz, paciência, bondade, fidelidade, mansidão e domínio próprio; e aqui não há conflito. Pertenço a Jesus Cristo e procuro viver pelo poder do Espírito Santo e seguir a direção do Espírito Santo em todas as áreas de minha vida. Ao exercer o autocontrole, desenvolvo firmeza (paciência, perseverança) e, ao exercer firmeza, desenvolvo piedade (santidade).

Pela fé, tenho grande alegria sempre que me envolvo ou encontro provações de qualquer tipo ou caio em várias tentações. É então que me lembro de ter certeza e entender que a provação e a prova de minha fé trazem resistência, firmeza e paciência. Proponho-me a deixar que a perseverança, a firmeza e a paciência tenham pleno desempenho e faça uma obra perfeita, para que eu seja perfeito e completo, sem faltar em coisa alguma.

Pai, encha-me com o conhecimento da Tua vontade por meio de toda a sabedoria e inteligência espiritual, para que eu possa andar dignamente diante do Senhor, agradando-Te em tudo – frutificando em toda boa obra, crescendo no conhecimento de Ti, corroborado em toda a fortaleza, segundo a força da Tua glória, em toda a paciência e longanimidade, com alegria, dando graças a Ti, que me fez idôneo de participar da herança dos santos na luz.

Pai, despojo-me de tudo o que me atrapalha, assim como do pecado que me rodeia, e corro a minha carreira com paciência, com os olhos fixos em Jesus, fonte e meta da minha fé.

Com paciência, sou capaz de perseverar nos momentos difíceis – momentos de ansiedade e preocupação – e superar o medo de nunca me casar. Eu sou um vencedor pelo sangue do Cordeiro e pela palavra do meu testemunho. Em nome de Jesus, amém.

Referências Bíblicas
1 Coríntios 13.4 • Hebreus 4.12 • Salmo 3.4 • Tiago 1.2-4
Salmo 37.4-5 • Colossenses 1.9-12 • Gálatas 5.22-25
Hebreus 12.1-2 • 2 Pedro 1.6 • Apocalipse 12.11

~ 73 ~
Conforto em Tempos de Solidão

Pai, às vezes ser solteiro pode ser tão solitário, tão doloroso. Ver as pessoas em pares, rindo e se divertindo, me faz sentir ainda mais sozinho e diferente. O medo e o pavor me dominam e, se eu pudesse, voaria para longe de tudo isso. Eu correria para longe, onde ninguém pudesse me encontrar, escaparia para um deserto. Ó Deus, sonda-me e conhece meu coração, prova-me e conhece meus pensamentos ansiosos. Vê se há em mim algum caminho mau e guia-me pelo caminho eterno.

Senhor, Tu sabes tudo o que há para saber sobre mim. Percebes cada movimento do meu coração e da minha alma, e compreendes cada pensamento meu antes mesmo de entrar em minha mente. Tu me conheces tão intimamente, Senhor. Lês meu coração como um livro aberto e, antes mesmo que a palavra chegue à minha língua, Tu, Senhor, já a conheces toda. Conheces cada passo que darei antes mesmo de minha jornada começar. Foste ao meu futuro para preparar o caminho e, com bondade, segues atrás de mim para me poupar do mal do meu passado. Com Tua mão de amor sobre minha vida, Tu me dás uma bênção.

Tu me deste um espírito de fortaleza, de amor e de moderação. Eu tenho o poder de pensar, sentir e escolher de maneira única. Escolho me amar e me aceitar como Tu me criaste para ser. Escolho alinhar minha mente com a Tua Palavra.

Hoje, escolho a sabedoria e o discernimento como meus objetivos de vida e não esquecerei como eles me capacitam. Eles me fortalecem por dentro e por fora e me inspiram a fazer o que é certo. Sinto-me energizado e revigorado pela cura que eles trazem. Eles me dão esperança viva para me guiar, e nenhum dos testes da vida me fará tropeçar. À noite, dormirei como um bebê, são e salvo; descansar Contigo será doce e seguro.

Meu Pai, entrego-me a Ti para ser o Teu sacrifício sagrado e vivo. Escolho viver em santidade, vivenciando tudo o que encanta o Teu coração, que é a minha genuína expressão de adoração. Escolho parar de imitar os ideais e opiniões da cultura ao meu redor e ser interiormente transformado pelo Espírito Santo, através de uma reforma total de como eu penso. Isso me capacita a discernir a vontade de Deus enquanto vivo uma vida linda, satisfatória e perfeita aos Teus olhos.

Oro para que impeças meu pé de cair em uma armadilha oculta de perigo. Entrego o cuidado desta decisão a Ti, sabendo que farás com que meus pensamentos se alinhem com a Tua vontade, para que meus planos sejam estabelecidos e bem-sucedidos. Em nome de Jesus eu oro, amém.

REFERÊNCIAS BÍBLICAS
Salmo 55.5-7 • Salmo 139 • 2 Timóteo 1.7
Provérbios 3.21-24 • Romanos 12.1-2 • Provérbios 16.3
Provérbios 3.26

~ 74 ~
Comprometendo-se a Uma Vida de Pureza

Pai, eu venho diante do Teu trono de graça em nome de Jesus. Em certa época, eu andava habitualmente seguindo o curso e o costume deste mundo, sob a influência da tendência desta era atual. Vivi e andei nos desejos da minha carne, meu comportamento governado por minha natureza corrupta e sensual. Obedeci aos impulsos da carne e aos pensamentos da minha mente – meus desejos eram ditados por meus sentidos e minhas fantasias sombrias.

Mas, Deus, Tu és tão rico em Tua misericórdia! Mesmo quando eu estava falecido (morto) por minhas próprias falhas e ofensas, Tu me deste vida em união com Cristo, e é por Tua graça (Teu favor e misericórdia que eu não mereça) que sou salvo (livre do julgamento e feito participante da salvação de Cristo). Tu me ressuscitaste juntamente com Ele e nos fizeste sentar juntos, dando-me um assento conjunto com Ele nos lugares celestiais, em Cristo Jesus (o Messias, o Ungido).

Tu és meu pai; eu sou Teu filho. Porque estou em Cristo, sou uma nova criatura; as coisas velhas já passaram, e eis que tudo se fez novo.

De acordo com a Tua Palavra, deixo toda malícia e todo engano, fingimento, inveja e murmuração de todo tipo. Como um bebê recém-nascido, desejo o leite espiritual puro para que, por meio dele, eu possa crescer em minha salvação, agora que provei que Tu, Senhor, és bom.

Pai, perdoa-me pelos anos assistindo, lendo e ouvindo coisas vis. Sujeito-me a Jesus Cristo, que me ama e Se entregou por mim, para me tornar santo e puro, purificando-me com a lavagem da água, pela Palavra de Deus. Tudo o que Tu fazes, Pai, é projetado para fazer de mim – todos os Teus filhos – uma igreja madura para o Teu prazer, até que todos nos tornemos uma fonte de louvor para Ti – glorioso e radiante, belo e santo, sem mácula nem rugas.

Agradeço pelo sangue de Cristo, que pelo Espírito eterno, Se ofereceu a Ti imaculado, purificando minha consciência das obras mortas para que eu possa servir a Ti, o Deus vivo! Obrigado pelo Espírito Santo que habita em mim. Ele é santo (casto, puro).

Pai, peço e recebo a sabedoria que vem do alto – ela é, antes de tudo, pura, depois pacífica, moderada, tratável, cheia de misericórdia e de bons frutos, sem parcialidade e sem hipocrisia.

Terei cuidado com a maneira como falo e não deixarei que nada impuro – sujo, abusivo, feio ou odioso – saia de minha boca. Em vez disso, deixarei que minhas palavras se tornem belas dádivas que encorajam os outros. Farei isso falando palavras sobre a graça para ajudá-los.

Pai, pararei de imitar os ideais e opiniões da cultura ao meu redor, mas serei transformado pela renovação do meu entendimento – uma transformação total de como penso. Levo cativo, como prisioneiros de guerra, cada pensamento meu e insisto que se curvem em obediência à Tua Palavra. Fixo meus pensamentos em tudo que é verdadeiro e real, honrado e admirável, belo e respeitoso, puro e santo, misericordioso e bondoso. Fixo meus pensamentos em cada gloriosa obra Tua, louvando-Te sempre. E, acima de tudo, guardo o meu coração porque ele determina o curso da minha vida.

Meu Pai, eu vejo com admiração a profundidade do Teu amor maravilhoso, que me concedeste! Tu me chamaste e me fizeste Teu próprio filho amado. Sou Teu filho agora; no entanto, ainda não é manifestado o que haverei de ser. Mas quando Jesus vier e Se manifestar, serei semelhante a Ele, pois o verei como Ele realmente é. Concentro minha esperança Nele e estarei sempre me purificando, assim como Jesus é puro.

Pelo poder do Espírito Santo que me foi dado, sou vencedor pelo sangue do Cordeiro e pela palavra do meu testemunho! Em nome de Jesus eu oro, amém.

Referências Bíblicas

Efésios 2.2-6 • Provérbios 15.16 • 2 Coríntios 5.17 • Sofonias 3.9
1 Pedro 2.1-2 • Romanos 12.2 • Salmo 101.3 • 2 Coríntios 10.5
Efésios 5.25-27 • Filipenses 4.8 • Hebreus 9.14 • Provérbios 4.23
1 Tessalonicenses 4.8 • 1 João 3.1-3 • Tiago 3.17
Efésios 4.29 • Apocalipse 12.11

I. Um Homem de Pureza

Pai, eu atendo à Tua Palavra. Escondo-a em meu coração para não pecar contra ti. Não é errado ter desejos sexuais. Tu me criaste, me conheces e me compraste – eu pertenço a Ti. Entrego a mim mesmo e todas as minhas afeições naturais a Ti, Pai, e reconheço o poder do Espírito Santo em minha vida. Eu dou a Ti o controle e me submeto à Tua vontade.

Perdoa-me por pecar contra Ti, contra mim mesmo e contra os outros. Agradeço por Tua graça, que me permite deixar minha oferta no altar quando lembro que alguém tem uma queixa contra mim. Irei e farei as pazes com essa pessoa sempre que possível e depois voltarei e apresentarei minha oferta a Ti.

Em nome de Jesus, eu Te agradeço pelo poder de evitar a imoralidade e toda devassidão sexual. Fujo da impureza em pensamento, palavra ou ação. Meu corpo é o templo (o próprio santuário) do Espírito Santo que vive em mim, o qual recebi como um presente de Ti. Eu não sou meu. Fui comprado por um preço – comprado com preciosidade e pago, pertencendo a Ti. Portanto, eu Te honrarei, Pai, e Te darei glória em meu corpo.

Quando leio a Tua Palavra, recebo a verdade que me liberta. Eu venci minha batalha contra Satanás. Aprendi a conhecer-Te como meu Pai. Sou forte com a Tua Palavra em meu coração. Já não amo este mundo mau e tudo o que ele me oferece, porque quando amo estas coisas mostro que não Te amo de verdade, Senhor; pois todas essas coisas mundanas, esses desejos malignos – a mania do sexo, a ambição de comprar tudo o que me atrai e o orgulho que vem da riqueza e da importância – não vêm de Ti, Pai. Eles pertencem ao próprio mundo maligno. Este mundo está desaparecendo, e essas coisas más e proibidas sumirão com ele; mas quem continuar fazendo a Tua vontade, Senhor, viverá para sempre.

Agradeço, Pai, porque fui ungido (tenho um compromisso sagrado e recebi uma unção Dele) pelo Santo, e conheço a verdade. Eu recebi o Espírito Santo, e Ele vive dentro de mim, no meu coração, de forma que não preciso de ninguém para me ensinar o que é certo. Pois Ele me ensina todas as coisas, e Ele é a Verdade, e não é mentiroso; e assim, como Ele disse, devo viver em Cristo, para nunca me afastar Dele.

Pai, permaneço em feliz comunhão Contigo, para que quando Teu filho, Jesus, vier, eu tenha certeza de que tudo está bem, e não terei vergonha nem hesitarei em encontrá-Lo. Sei que Tu és sempre bom e fazes o que é certo, e procuro ser um imitador de Ti e fazer o que é bom e certo. Em nome de Jesus, amém.

Referências Bíblicas
Provérbios 4.20 • 1 João 2.12-17 • Salmo 119.11 • 1 João 2.20,27-29
Mateus 5.23-24 • Mateus 6.33
1 Coríntios 6.18-20 • Efésios 5.1 • João 8.32

I. Uma Mulher de Pureza

Pai, na autoridade da Tua Palavra, declaro e decreto que sou uma nova criação em Cristo. Arrependo-me de meus pecados anteriores, recebo Teu perdão e renovo minha mente, substituindo velhos padrões de pensamento e hábitos por Teus pensamentos e planos para mim.

Eu era uma pecadora, isolada, vivendo separada de Cristo. Mas agora em Cristo Jesus, meu Senhor, fui aproximada pelo sangue de Cristo. Pai, confesso que Jesus é meu Senhor e creio em meu coração que O ressuscitaste dentre os mortos. Em Cristo, eu me tornei uma nova pessoa – uma nova criação. As coisas velhas já passaram; eis que tudo se fez novo. Minha antiga vida se foi; minha nova vida começou!

Pai, eu me agarro firmemente à esperança que vive dentro de mim, sabendo que Tu sempre cumpres Tuas promessas. Oro para que me dês maneiras criativas de encorajar os outros e de motivá-los a atos de compaixão, belas obras como expressões de amor. Não me afastarei nem negligenciarei o encontro com outros crentes porque precisamos uns dos outros. Pai, cria em nossos corações o desejo de nos reunirmos com mais frequência. Que possamos estar ansiosos para encorajar e instigar uns aos outros, pois devemos antecipar o amanhecer do dia da volta de Jesus.

Pai, sou Tua filha, Tua serva. Tu derramaste Teu Espírito sobre mim, e eu profetizarei como disseste. Eu busco (viso e anseio) antes de tudo o Teu Reino e a Tua justiça (a Tua maneira de fazer e ser correta). Todas as coisas menos importantes me serão acrescentadas abundantemente. Recuso-me a me preocupar com o amanhã, mas lido com cada desafio que surge em meu caminho, um dia de cada vez. Basta a cada dia o seu mal.

Como Tua filha, agradeço por me dotares com Tua graça (livre, espontânea, favor absoluto e bondade). Para Ti, Pai, nada é impossível, e nenhuma palavra de Tua boa promessa jamais falhou.

Pai, eu me submeto à Tua vontade para minha vida. Teus caminhos são mais elevados do que os meus caminhos; Teus pensamentos mais elevados do que meus pensamentos. Entrego meu caminho a Ti, e Tu farás com que meus pensamentos se tornem agradáveis à Tua vontade, e assim meus planos serão estabelecidos e bem-sucedidos. Eu sou Tua serva; faça-se em mim segundo a Tua palavra.

Por ter uma multidão tão grande de homens e mulheres de fé me observando das arquibancadas, eu me despojo de tudo o que me atrasa ou me impede, e especialmente aqueles pecados que tão firmemente me rodeiam e me fazem tropeçar; e corro com paciência a carreira que colocaste diante de mim. Mantenho meus olhos em Jesus, meu Líder e Instrutor. Aos que são puros, Tu Te mostras puro; mas destróis aqueles que são maus.

Tu salvarás os que estão em apuros, mas abaterás os soberbos. Tu observas cada movimento deles. Senhor, Tu és a minha luz! Iluminas minha escuridão. Pelo Teu poder entrei pelo meio de um esquadrão, com Tua força, saltei uma muralha. Teu caminho é perfeito; Tua palavra é verdadeira. Tu proteges todos os que se escondem atrás de Ti. Eu confio e me refugio em Ti.

Pai, para que eu possa ascender à presença do Senhor com o privilégio de entrar em Teu Santo Lugar, eu me purifico – com obras e caminhos que são puros, um coração que é verdadeiro e selado pela verdade. Eu nunca engano, e minhas palavras são certas. Portanto, recebo a Tua própria bondade como uma bênção de Ti, plantada em minha vida por Ti, querido Pai. Em nome de Jesus eu oro, amém.

Referências Bíblicas

2 Coríntios 5.17 • Lucas 1.28,30,37 • 1 Reis 8.56
Romanos 12.1-2 • Isaías 55.9 • Jeremias 29.11
Provérbios 16.3 • Efésios 2.12-13 • Lucas 1.38
Romanos 10.9 • Hebreus 12.1-2 • 2 Coríntios 5.17
2 Samuel 22.27-31 • Hebreus 10. 23-25 • Salmo 24.3-5
Atos 2.17 • Mateus 6.33-34

~ 75 ~
Abandonando a Amargura

Introdução

Durante entrevistas com homens e mulheres divorciados, fui encorajada a escrever uma oração para superar a amargura. Muitas vezes, a injustiça da situação em que se encontram os divorciados cria mágoas profundas, feridas no espírito e raiva tão à flor da pele que os envolvidos correm o risco de cair na armadilha da amargura e da vingança. Seus pensamentos podem se tornar egoístas ao considerarem a injustiça de sua situação e pensarem em como foram maltratados.

Em uma situação de divórcio familiar, a amargura às vezes distorce as ideias sobre o que é melhor para o(s) filho(s) envolvido(s). Um dos pais (e às vezes ambos os pais) usará o(s) filho(s) contra o outro.

A raiva não resolvida muitas vezes leva a pessoa divorciada a ferir o ex-cônjuge, responsabilizando-o pela mágoa e pelo sentimento de traição que sente. A dor é tão grande que a paixão das emoções pode levar ao pecado.

No entanto, Deus deu um espírito de fortaleza, de amor e de moderação. Você tem o poder de escolher o caminho do amor! Você tem o poder de escolher perdoar. Os sentimentos negativos, muitas vezes, tentam se prolongar, mas o perdão permitirá que você escolha o caminho da fuga, submetendo-se ao Curador, obedecendo-O e confiando Nele. "Irai-vos *e não pequeis*; não se ponha o sol sobre a vossa ira" (Ef 4.26).

ORAÇÃO

Pai, a vida parece tão injusta, tão desleal. A dor da rejeição é quase maior do que posso suportar. Meus relacionamentos anteriores terminaram em conflito, raiva, rejeição e separação.

Senhor, eu me arrependo de dar lugar à amargura, que está causando problemas para muitos. Escolho deixar de lado toda amargura e indignação e raiva (paixão, ira, mau humor) e ressentimento (raiva, hostilidade). Eu resisto à vingança; não permitirei que ira me controle ou me faça pecar, não deixarei o sol se pôr sobre a minha ira (veja Ef 4.26).

Tu és Aquele que cuida e cura os quebrantados de coração. Eu recebo a Tua unção que destrói todo jugo de escravidão. Recebo cura emocional pela fé e agradeço porque Tu me dás a graça de permanecer firme até que o processo seja concluído.

Obrigado pelos sábios conselheiros. Reconheço o Espírito Santo como meu maravilhoso Conselheiro.

Agradeço por me ajudares a desenvolver minha salvação com temor e tremor, pois és Tu, Pai, que operas em mim o querer e o agir de acordo com o Teu bom propósito.

Em nome de Jesus, escolho perdoar aqueles que me ofenderam. Sempre que estou orando, se tenho alguma coisa contra alguém, eu o perdoo. Eu as esqueço (abandono, deixo ir), para que meu Pai que está no céu também possa me perdoar por minhas próprias falhas e deficiências e as esqueça.

Proponho viver uma vida de perdão porque Tu me perdoaste. Com a ajuda do Espírito Santo, eu me livro de toda amargura, ira, raiva, briga e calúnia, junto com toda forma de malícia. Desejo ser gentil e compassivo com os outros, perdoando-os assim como, em Cristo, Tu me perdoaste.

Com a ajuda do Espírito Santo, esforço-me para viver em paz com todas as pessoas e ser santo, pois sei que sem santidade ninguém Te verá, Senhor. Proponho-me vigiar para que eu não perca Tua graça e para que nenhuma raiz amarga cresça dentro de mim a fim de causar problemas. Vigiarei e orarei para não cair em tentação nem fazer com que outros tropecem.

Obrigado, Pai, porque velas sobre a Tua Palavra para cumpri-la e porque aquele a quem o Filho libertou é verdadeiramente livre. Declaro que venci o ressentimento e a amargura pelo sangue do Cordeiro e pela palavra do meu testemunho. Em nome de Jesus, amém.

REFERÊNCIAS BÍBLICAS
Efésios 4.31 • Efésios 4.31-32 • Lucas 4.18
Hebreus 12.14-15 • Isaías 10.27 • Mateus 26.41
Provérbios 11.14 • Romanos 14.21 • João 15.26
Jeremias 1.12 • Filipenses 2.12-13 • João 8.36
Mateus 5.44 • Apocalipse 12.11 • Marcos 11.25

~ 76 ~
Completo Nele como Solteiro

Pai, obrigado por me amares e me elegeres em Cristo para ser santo e irrepreensível aos Teus olhos. Agradeço por me adotares em Tua própria família. Minha primeira prioridade na vida é buscar o Teu Reino e viver em retidão, e Tu me darás tudo de que preciso.

Jesus é o meu Senhor e Nele vive toda a plenitude de Deus em um corpo humano. Portanto, também estou completo por meio de minha união com Cristo, que é o Cabeça de todo principado e potestade.

Venho diante de Ti, Pai, orando por um cônjuge que também busca primeiro o Teu Reino e vive em retidão. Que a Tua vontade seja feita em minha vida. Agora escolho entrar nesse repouso abençoado apoiando-me, confiando e dependendo de Ti. Em nome de Jesus. Amém.

REFERÊNCIAS BÍBLICAS
Efésios 1.4-5• Mateus 6.33 • Hebreus 4.10
Colossenses 2.9-10

~ 77 ~
Mulher Solteira Confiando em Deus Para um Companheiro

Pai, em nome de Jesus, acredito que estás trabalhando em mim, energizando e criando em mim o poder e o desejo de fazer a Tua vontade para o Teu bom prazer. Tu estás me preparando para receber meu futuro cônjuge, que irá fornecer liderança para mim da mesma forma que Tu fazes para Tua igreja, não sendo dominador, mas cuidando de mim.

Por respeito a Cristo, seremos cortesmente reverentes um com o outro.

Prepara-me para entender e apoiar meu futuro marido de maneiras que mostrem meu apoio a Ti, o Cristo.

Pai, creio que por ter sido escolhido divinamente por Ti, meu futuro cônjuge está cheio de Tua sabedoria, que é íntegra, gentil, justa e transbordante de misericórdia e bênçãos. Ele fala a verdade em amor.

Pai, creio que tudo que não é de Ti será removido da minha vida. Perdoa-me pelos meus erros do passado e cura os lugares quebrados. Tua graça é suficiente enquanto preparo meu coração para honrar meu futuro companheiro. Hoje, proponho sempre acreditar no melhor e falar verdadeiramente, viver verdadeiramente e lidar verdadeiramente com as questões do casamento. Agradeço-Te porque cada palavra que me dás se tornará realidade. Pai, eu Te louvo por cumprires a Tua Palavra! Amém.

REFERÊNCIAS BÍBLICAS
Isaías 62.5 • Provérbios 8.8 • Efésios 5.25
Jeremias 1.12 • Tiago 3.17

~ 78 ~
Homem Solteiro Confiando em Deus Para Uma Companheira

Pai, em nome de Jesus, acredito que estás providenciando uma mulher maravilhosa que vai me entender e me apoiar. Oro para que caminhemos juntos com a mesma fé e sempre em concordância um com o outro. Prepara-me para liderar minha futura esposa da mesma forma que Tu fazes com Tua igreja, não por dominação, mas com carinho.

Pai, uma esposa sábia é um presente do Senhor, e aquele que encontra uma esposa encontra o que é bom e recebe graça de Ti.

Pai, perdoa-me pelos meus pecados passados e ajuda-me a sempre acreditar no melhor sobre minha futura esposa. Ensina-me a ser pronto para ouvir e tardio para falar. Pai, escrevi misericórdia e verdade nas tábuas do meu coração e as atei em minha mente. Acharei graça e bom entendimento aos Teus olhos e dos outros.

Que a Tua vontade seja feita em minha vida, assim como no céu. Amém.

REFERÊNCIAS BÍBLICAS
Efésios 5.22-23 (MSG) • Filipenses 2.2
Provérbios 18.22 • Jeremias 1.12 • Provérbios 19.14

ORAÇÕES
pelas Necessidades e Preocupações dos Cônjuges e Chefes de Família

∼ 79 ∼
Maridos

Pai, no princípio Tu disseste que não é bom para o homem estar sozinho, e deste a Adão uma parceira – uma companheira, um complemento, uma ajudante que era perfeita para ele. Agora, encontrei uma esposa para ser minha parceira e Tu me deste um tesouro. Pois ela é um presente de Ti para me trazer alegria e prazer. Tua Palavra diz: "O que acha uma mulher, acha algo bom e alcançou a benevolência do Senhor!" (Prov. 18.22). Obrigado, Pai, por me abençoares!

Em nome de Jesus, proponho liderar minha esposa da mesma forma que Cristo faz com Sua Igreja, não por dominação, mas com carinho. Farei tudo em meu amor por ela, exatamente como Cristo fez pela Igreja – um amor marcado por dar, não por receber. Somos o Corpo de Cristo, e quando amo minha esposa, amo a mim mesmo.

É meu desejo dar a minha esposa o que é devido a ela, e pretendo compartilhar meus direitos pessoais com ela. Pai, não estou ansioso nem intimidado, mas sou um bom marido para minha esposa. Eu a honro e me deleito nela. Na nova vida da graça de Deus, somos iguais. Proponho tratar minha esposa como igual para que nossas orações sejam atendidas.

Senhor, tenho grande prazer em Teus mandamentos, e meus descendentes serão poderosos na terra, e a geração dos justos será abençoada. Prosperidade e riquezas haverá em nossa casa, e minha justiça permanecerá para sempre. Em nome de Jesus, amém.

Referências Bíblicas
Mateus 18.18 • Efésios 5.22-23 (MSG) • Gênesis 2.18
1 Coríntios 7.3-5 • Provérbios 18.22 • 1 Pedro 3.7-9 (MSG)
Provérbios 3.3-4 • Salmo 112.1-4 • Provérbios 31.28-31

~ 80 ~
Esposas

Pai, eu cultivo a beleza interior – o espírito manso e quieto que é precioso diante de Ti. Em nome de Jesus, escolho ser uma esposa boa e leal para meu marido e me dirijo a ele com respeito. Não ficarei excessivamente ansiosa e intimidada. Pela Tua graça, Pai, proponho ser agradável, compassiva, amorosa, compassiva e humilde. Serei uma bênção para meu marido!

Pela graça de Deus, eu me rendo ao ministério constante de transformação pelo Espírito Santo. Estou sendo transformada em uma mulher graciosa que mantém a honra e uma mulher virtuosa que é uma coroa para meu marido. Proponho andar com sabedoria para poder construir minha casa. Prosperidade e riquezas são herança dos pais, e uma esposa prudente vem do Senhor. Em Cristo, tenho a redenção pelo Seu sangue, a remissão das ofensas, segundo as riquezas da Sua graça, a qual Ele fez abundar para mim com toda a sabedoria e prudência.

Espírito Santo, peço-Te que me ajudes a compreender e apoiar meu marido de maneira a mostrar meu apoio a Cristo[9]. Ensina-me a agir de modo a preservar minha própria personalidade enquanto respondo aos desejos dele. Somos uma só carne, e percebo que essa unidade de pessoas que preserva a individualidade é um mistério, mas é assim quando estamos unidos a Cristo. Portanto, continuarei amando meu marido e deixarei que o milagre continue acontecendo!

Assim como meu marido me dá o que me é devido, procuro ser justa com ele. Compartilho meus direitos com meu marido.

Força e dignidade são minhas vestes enquanto sorrio para o futuro. Não tenho medo da velhice. Minha luz brilhante não será extinta. Quando falo, tenho algo que vale a pena dizer e sempre digo com gentileza. Cuido de todos em minha casa e os mantenho ocupados e produtivos. O encanto pode ser enganoso e a beleza é vã e desaparece rapidamente, mas desejo ser a mulher virtuosa que vive em admiração,

---
[9] Ben Campbell Johnson, *O Coração de Paulo* (Waco, TX: Word Books, 1976).

respeito e temer ao Senhor. Pai, eu escolho ser a mulher virtuosa que Tua Palavra descreve em Provérbios 31. Em nome de Jesus, amém.

Referências Bíblicas
Provérbios 19.14 • 1 Pedro 3.1-5,8-9 (MSG) • Efésios 1.7-8
Salmo 51.10 • Efésios 5.22,33 (MSG) • 2 Coríntios 3.18
1 Coríntios 7.2-5 • Provérbios 11.6 • Provérbios 31.25-27
Provérbios 12.4 • Tiago 3.17-18 • Provérbios 14.1
Provérbios 31 • Tiago 3.17-18

~ 81 ~
Amar no Casamento

Pai, desejo andar em amor rendido ao exorbitante amor de Cristo em meu lar. Esse grande amor é como um aroma de adoração – uma doce fragrância de cura para todos.

Minha missão na vida é viver como uma criança inundada pela luz da revelação! E os frutos sobrenaturais da Tua luz serão vistos em mim – bondade, retidão e verdade. Então aprenderei a escolher o que é belo para Ti, meu Senhor.

Nosso lar é um campo de treinamento espiritual onde a luz da revelação está expondo percepções erradas sobre o casamento e me corrigindo. Perdoa-me quando esqueço minha missão e coloco todas as minhas energias na autodefesa e na tentativa de mudar a outra pessoa.

Pai, peço que me livres do pecado do orgulho. Escolho abrir mão da autopromoção, que cria uma falsa imagem de minha importância. Ajuda-me a avaliar honestamente meu valor usando minha fé dada por Deus como padrão de medida, e então verei meu verdadeiro valor com uma autoestima apropriada.

Mesmo em tempos difíceis, tenho uma confiança alegre, sabendo que a tribulação desenvolverá em mim a paciência. A paciência produz a experiência; e a experiência, a esperança. Minha esperança não é uma fantasia decepcionante, porque agora posso experimentar o infinito amor de Deus caindo em cascata em meu coração através do Espírito Santo que vive em mim!

Estou aprendendo a ser incrivelmente paciente. Escolho ser gentil e consistentemente amável com todos. Escolho ser agradável em vez de irritado, e proponho acreditar no melhor de meu cônjuge.

Agora, pois, permanece a fé, a esperança e o amor – mas o maior deles é o amor. Então, acima de tudo, escolho deixar que o amor seja o belo prêmio pelo qual corro. Em nome de Jesus, amém.

REFERÊNCIAS BÍBLICAS
Efésios 5.1-2 • Romanos 12.3 • Romanos 5.3-5
1 Coríntios 13.12

~ 82 ~
Casamento da Nova Criação

A seguinte oração para meu marido e para mim foi-me dada pelo Espírito Santo.

Marido: você pode orar a parte da esposa na terceira pessoa.

Esposa: você pode orar a parte do marido na terceira pessoa.

Encontrem tempo para orarem juntos se ambas as partes estiverem dispostas e receptivas.

Oração

O casal ora junto:

Que nossa família seja vista como luzes brilhantes – estrelas ou faróis brilhando claramente – no mundo escuro. Estamos dispostos a receber sugestões uns dos outros. Nossos relacionamentos em nossas famílias individuais podem se beneficiar da analogia da família de Deus em Efésios 5. Nesse relacionamento, estamos aprendendo a trabalhar de modo que cada um preserve sua própria personalidade enquanto responde aos desejos um do outro. Esta união de pessoas que preserva a individualidade é um mistério, mas é assim quando estamos unidos a Cristo. Portanto, nos amamos e deixamos o milagre continuar acontecendo!

Pai, em nome de Jesus, nos regozijamos e nos deleitamos um no outro. Estamos em Cristo, envolvidos Nele, e nos tornamos criaturas inteiramente novas. As coisas velhas já passaram; eis que tudo se fez novo!

Andaremos de acordo com a autoridade da Tua Palavra e buscaremos entender um ao outro. Isso é mais importante do que ser compreendido. Seremos prontos para ouvir, tardios para falar e tardios para irar-nos, em nome de Jesus.

O marido ora:

Pai, eu assumo a responsabilidade por minha família assim como Cristo faz pela Igreja. Eu sou um provedor para minha família. O casamento exige doação recíproca, por isso amo minha esposa com o amor abnegado que Cristo demonstrou por Sua família, a Igreja[10].

Tu estás me ajudando a liderar minha esposa da mesma forma que Cristo faz com Sua Igreja, não por dominação, mas com carinho. Farei tudo em meu amor por ela, exatamente como Cristo fez pela Igreja – um amor marcado por dar, não por receber.

O amor de Cristo torna a Igreja íntegra. Suas palavras evocam sua beleza. Tudo o que Ele faz e diz é designado para tirar o melhor dela, vestindo-a com deslumbrante seda branca, radiante de santidade. E é assim que eu quero amar minha esposa. Percebo que estou fazendo um favor a mim mesmo porque já somos "um" no casamento. Cristo alimenta e sacia a Igreja porque fazemos parte do Seu Corpo. E é por isso que deixei meu pai e minha mãe e prezo minha esposa. Não somos mais dois, mas nos tornamos "uma só carne". Este é um grande mistério, e não pretendo entender tudo. O que está mais claro para mim é a maneira como Cristo trata a Igreja. E isso fornece uma boa

---

10 Baseado em *O Coração de Paulo*, de Ben Campbell Johnson, publicado por *A Great Love*, Inc., Toccoa, GA.

imagem de como devo tratar minha esposa, amando a mim mesmo ao amá-la.

A esposa ora:

Pai, em nome de Jesus, pretendo entender e apoiar meu marido de maneiras que mostrem meu apoio a Cristo. Assim como a Igreja é totalmente responsiva a Cristo, eu respondo ao meu marido em todos os aspectos do nosso relacionamento[11].

Estou sendo transformada pela renovação total da minha mente. Sou uma boa esposa para meu marido e escolho sempre acreditar no melhor dele e me dedicar ao propósito de nosso crescimento espiritual mútuo. Sou leal ao meu marido, o respeito e honro. Não coloco os outros antes dele e atendo às suas necessidades. Eu o honro, o amo e o admiro muito.

Pai, agradeço por minha disposição interior que reflete a glória de Deus. Eu cultivo a beleza interior – o espírito manso e quieto que é precioso diante de Ti. As mulheres santas do passado eram bonitas diante de Deus dessa maneira e eram esposas boas e leais a seus maridos. Resisto à tentação de sentir-me ansiosa e intimidada. Quando falo, tenho algo que vale a pena dizer e sempre digo com gentileza. Em nome de Jesus, amém.

REFERÊNCIAS BÍBLICAS
2 Coríntios 5.17 • 2 Coríntios 5.18 • Filipenses 2.15
Efésios 1.4,6,8 • Efésios 5.25-30
Efésios 5.22,33 (MSG) • 1 Pedro 2.6
1 Coríntios 11.7 • 1 Pedro 2.23 • Provérbios 31.11-12
2 Coríntios 3.6 • Mateus 19.5-6

---

11 Baseado em *O Coração de Paulo*, de Ben Campbell Johnson, publicado por *A Great Love*, Inc., Toccoa, GA.

~ 83 ~
Casamento Cristão Harmonioso

Pai, cremos que o amor é manifestado em plena expressão, envolvendo-nos e unindo-nos na verdade, tornando-nos perfeitos para toda boa obra, para fazer a Tua vontade, operando em nós o que é agradável aos Teus olhos.

Em nome de Jesus, está escrito em Tua Palavra que agora podemos experimentar o infinito amor de Deus derramando-se em nossos corações por meio do Espírito Santo, que vive em nós. Teu amor reina supremo em nosso casamento.

Vivemos e conduzimos a nós mesmos e nosso casamento de maneira honrosa e adequada. Nós o consideramos precioso, digno e de grande valor. *Comprometemo-nos a viver em harmonia mútua e em concordância um com o outro*, deleitando-nos um com o outro, tenho o mesmo ânimo e unidos em espírito.

Pai, cremos e dizemos que somos gentis, compassivos, corteses, misericordiosos e humildes. Buscamos a paz e ela mantém nossos corações em quietude e segurança. Porque seguimos o amor e habitamos em paz, nossas orações não são impedidas de forma alguma, em nome de Jesus. Somos herdeiros da graça de Deus.

Nosso casamento se fortalece dia a dia no vínculo da união porque é fundamentado em Tua Palavra e arraigado e fundado em Teu amor. Pai, nós Te agradecemos pelo funcionamento de nosso casamento, em nome de Jesus, amém.

REFERÊNCIAS BÍBLICAS
Romanos 5.5 • Efésios 4.32 • Filipenses 1.9
Isaías 32.17 • Colossenses 3.14 • Filipenses 4.7 • Colossenses 1.10
1 Pedro 3.7 • Filipenses 2.13 • Efésios 3.17-18 • Filipenses 2.2
Jeremias 1.12

~ 84 ~
A Provisão de Deus para um Casal Sem Filhos

Pai nosso, que estás nos céus, que a glória do Teu nome seja o centro de nossas vidas. Ajoelhamo-nos humildemente em reverência diante de Ti – o Pai perfeito de cada pai e filho no céu e na terra. Pedimos que reveles dentro de nós as riquezas ilimitadas de Tua glória e graça até que a força sobrenatural inunde nosso ser mais íntimo com Tua força divina e poder fulgurante. Juntos, como marido e mulher, pedimos que derrames a vida de Cristo dentro de nós. Esta vida é o lugar de repouso de Seu Amor, que é a própria fonte e raiz de nossa vida.

Pai, Tu vês e entendes nosso desejo de ter filhos. Escolhemos continuar confiando em Ti e pretendemos fazer o que é certo aos Teus olhos. Pela graça de Deus, nossos corações estão firmes em Tuas promessas e estamos seguros, deleitando-nos em Tua fidelidade. Tu és nosso maior deleite e o prazer de nossa vida juntos, e proverás o que mais desejamos. Damos a Ti o direito de dirigir nossas vidas e confiamos em Ti para cumprir Tua promessa.

Tu és o nosso Deus cuja graça nos proporciona um lar alegre com filhos para que nos tornemos uma família. Tu nos tornas pais felizes, cercados por nosso orgulho e alegria. Tu és o Deus que louvamos, por isso damos tudo a Ti!

Pai, Teu grande poder está operando em nós e realizará tudo isso. Tu realizarás infinitamente mais do que nosso maior pedido, nosso sonho mais inacreditável, e excederás nossa fantasia mais íntima! Tu superarás tudo isso, pois Teu poder milagroso opera em nós constantemente.

A Ti seja a glória na igreja, por Jesus Cristo, em todas as gerações, para todo o sempre. Amém!

REFERÊNCIAS BÍBLICAS
Mateus 6.9 • Efésios 3.14-21 • Salmo 113.9 • Salmo 37.3-5

~ 85 ~
O Filho Não Nascido

Pai, em nome de Jesus, eu Te agradeço por meu filho ainda não nascido. Valorizo esta criança como um presente de Ti. Meu filho foi criado à Tua imagem, perfeitamente saudável e completo. Tu conheces meu filho desde a concepção e sabe o caminho que ele seguirá em sua vida. Peço a Tua bênção sobre ele/ela, e afirmo e creio na salvação dele/dela por meio de Jesus Cristo.

Quando criaste o homem e a mulher, chamaste-os de bem-aventurados e os coroaste de glória e honra. É em Ti, Pai, que meu filho viverá, se moverá e terá seu ser. Ele/ela é Tua descendência e virá para Te adorar e louvar.

Pai Celestial, agradeço e louvo a Ti pelas grandes coisas que tens feito e continuas a fazer. Estou maravilhada com o milagre da vida que colocaste dentro de mim. Obrigada! Amém.

REFERÊNCIAS BÍBLICAS
Salmo 127.3 • Mateus 18.18 • Gênesis 1.26 • João 14.13 • Jeremias 1.5
Gálatas 3.13 • 2 Pedro 3.9 • 1 João 3.8 • Salmo 8.5 • Salmo 91.1
Atos 17.28-29

~ 86 ~
Ordem Divina na Gravidez e no Parto

Pai, em nome de Jesus, confesso a Tua Palavra neste dia sobre a minha gravidez e o nascimento do meu filho. Peço-Te que cumpras rapidamente a Tua Palavra, confiando que ela não sairá de Ti e voltará a Ti vazia, mas que fará o que Te apraz. Tua Palavra é poderosa, viva e eficaz e mais penetrante do que uma espada de dois gumes.

Neste momento, revisto-me de toda a armadura de Deus para poder resistir às ciladas e armadilhas do diabo. Reconheço que minha luta não é contra carne e sangue, mas contra principados, potestades e os príncipes das trevas e as hostes espirituais da maldade, nos lugares celestiais. Deus, sobretudo, tomo o escudo da fé e sou capaz de extinguir os ataques do diabo com Teu grande poder. Eu permaneço na fé durante esta gravidez e nascimento, não dando espaço ao medo, mas possuindo fortaleza, amor e moderação, como Tua Palavra promete em 2 Timóteo 1.7.

Pai Celestial, confesso que Tu és meu Refúgio; confio em Ti durante esta gravidez e parto. Sou grata por teres designado anjos para cuidar de mim e de meu filho ainda não nascido. Lanço toda preocupação e fardo desta gravidez sobre Ti, Senhor. Tua graça me basta durante esta gravidez; Tu fortaleces minhas fraquezas.

Pai, Tua Palavra declara que meu filho ainda não nascido foi criado à Tua imagem, formado de um modo terrível e maravilhoso para Te louvar. Tu fizeste de mim uma mãe alegre e sou abençoada com uma herança Tua como galardão. Eu entrego esta criança a Ti, Pai, e oro para que ela cresça e me chame de bem-aventurada.

Não tenho medo de gravidez ou do parto porque estou firme e confiante em Ti, Pai. Agradeço porque minha gravidez será bem-sucedida e todas as decisões sobre minha gravidez e parto serão dirigidas pelo Espírito Santo. Senhor, Tu és minha morada e eu descanso sabendo que o mal não chegará perto de mim e nenhuma doença ou enfermidade me atingirá ou a meu filho ainda não nascido. Eu sei que Jesus morreu na cruz para tirar minha doença e dor.

Tendo aceitado Teu Filho, Jesus, como meu Salvador, confesso que meu filho nascerá saudável e completamente são. Obrigado, Pai, pela lei do Espírito da vida em Cristo Jesus, que libertou a mim e a meu filho da lei do pecado e da morte!

Pai, agradeço por protegeres a mim e meu bebê e por nossa boa saúde. Obrigado por ouvires e responderes minhas orações. Em nome de Jesus, amém.

Referências Bíblicas
Jeremias 1.12 • Provérbios 31.28 • Isaías 55.11 • Salmo 112.7
Hebreus 4.12 • Salmo 91. 1-2, 10-11 • Efésios 6.11-12,16 • Mateus 8.17
• Romanos 8.2 • 1 Pedro 5.7 • Tiago 4.7 • 2 Coríntios 12.9
Efésios 6.12 • Gênesis 1.26 • João 4.13 • Salmo 139.14
Mateus 18.18 • Salmo 113.9 • Salmo 127.3 • Jeremias 33.3

~ 87 ~
Adotando uma Criança

Pai, em nome de Jesus, chegamos com ousadia diante do Teu trono de graça, para que possamos alcançar misericórdia e achar graça, a fim de sermos ajudados em nosso tempo de necessidade. Estamos confiando em Ti e firmando nossos corações em Tuas promessas, então estaremos seguros, festejando em Tua fidelidade.

Nós nos deleitamos em Ti, e Tu satisfarás os desejos e as petições secretas de nossos corações. Acreditamos que nosso desejo de adotar uma criança vem de Ti e estamos dispostos a assumir a responsabilidade de criar essa criança nos caminhos do Mestre.

Pai, entregamos nosso caminho a Ti e agradecemos por Tua promessa: "Deleita-te também no Senhor, e Ele satisfará os desejos do Teu coração. Entrega teu caminho ao Senhor, confia Nele, e Ele tudo fará!" (Sl. 37.4-5). Nossa confiança está em Ti, e Tu farás essa adoção acontecer de acordo com Teu propósito e plano.

Senhor, Teu Filho, Jesus, demonstrou Teu amor pelas crianças quando disse: "Deixai os meninos, não os estorveis de vir a Mim, porque dos tais é o reino dos céus." (Mateus 19.14). Então Ele pôs as mãos sobre elas e as abençoou.

Usa-nos como Teus instrumentos de paz e retidão para abençoar esta criança. Propomos em nossos corações educar esta criança no caminho que ela deve seguir.

Senhor, estamos recebendo esta criança (Teu melhor presente) como se fosse nossa com Teu amor, como Jesus disse: "Qualquer que receber um destes meninos em Meu nome, a Mim me recebe; e qualquer que a Mim recebe, recebe não a Mim, mas o que Me enviou"(Marcos 9.37).

Pai, nós seremos pai e mãe para ele/ela, estendendo nossas mãos e nossos corações para recebê-lo/recebê-la. Obrigado pelo sangue de Jesus que dá proteção a quem amamos.

Agradecemos pelo homem e pela mulher que conceberam esta criança e oramos para que os abençoe. Se eles não conhecem Jesus, pedimos a Ti, Senhor da Seara, que envies ceifadores para compartilhar a verdade com eles, para que possam sair da armadilha do diabo.

Misericórdia e verdade estão escritas nas tábuas de nossos corações, e Tu nos fazes achar graça e bom entendimento aos Teus olhos e dos homens – a equipe da agência de adoção, os juízes e todos aqueles que estão envolvidos neste processo de tomada de decisão. Que todos tenham cuidado para não desprezar um desses pequeninos sobre os quais eles têm jurisdição, pois eles têm anjos que veem a Tua face continuamente no céu.

Acreditamos que todas as nossas palavras são justas, íntegras e corretas diante de Ti, Pai. Por nossa longa tolerância e calma de espírito, aqueles que estão em posição de autoridade são persuadidos, e nossa fala suave quebra a resistência mais dura.

Senhor, estamos olhando para Ti como nosso Grande Conselheiro e Poderoso Advogado. Pedimos Tua sabedoria para nós e nossos advogados.

Pai, contende com aqueles que contendem conosco, dá segurança ao nosso filho e alivia-o dia após dia. Estamos invocando a Ti em nome de Jesus, e Tu nos responderás e nos mostrarás coisas grandes e poderosas. Nenhuma arma forjada contra nós e esta adoção prosperará, e qualquer língua que se levantar contra nós em julgamento, mostraremos que está errada. Essa paz, justiça, segurança e triunfo sobre a oposição são nossa herança como Teus filhos.

Pai, nós cremos; portanto, temos falado. Que se faça em nós segundo a Tua Palavra. Em nome de Jesus, amém.

Referências Bíblicas
Hebreus 4.16 • Mateus 18.10 • Salmo 37.3-5 • Provérbios 8.8
Salmo 37.6-7 • Provérbios 25.15 • Efésios 6.4
Tiago 1.5 • Isaías 49.25 • Provérbios 22.6 • Jeremias 33.3 • Salmo 67.1
Isaías 54.17 • Mateus 9.38 • Salmo 116.10 • 2 Timóteo 2.26
Lucas 1.38 • Provérbios 3.3-4 • Mateus 9.38

~ 88 ~
O Lar

Pai, eu Te agradeço por teres me abençoado com todas as bênçãos espirituais em Cristo Jesus.

Por meio da sabedoria hábil e piedosa, minha casa (minha vida, meu lar, minha família) é edificada e, por meio da inteligência, ela é estabelecida sobre uma base sólida e firme. Pelo conhecimento, as câmaras de todas as suas áreas serão enchidas com todas as riquezas preciosas e deleitáveis – um grande tesouro inestimável. A casa do intransigentemente justo permanecerá. Prosperidade e riquezas estão em minha casa, em nome de Jesus.

Minha casa está construída com segurança. Está fundamentada em uma rocha – conhecimento revelador da Tua Palavra, Pai. Jesus é o Senhor da minha casa e minha Pedra Angular. Jesus é meu Senhor – espírito, alma e corpo.

Seja qual for a nossa tarefa, trabalhamos nela de coração como algo feito a Ti, Senhor, e não aos homens. Nós nos amamos com o tipo de amor de Deus e vivemos em paz. Minha casa é colocada sob Tua responsabilidade, confiada à Tua proteção e cuidado.

Pai, eu e minha casa serviremos ao Senhor, em nome de Jesus. Aleluia! Amém.

Referências Bíblicas
Efésios 1.3 • Atos 16.31 • Provérbios 24.3-4 • Filipenses 2.10-11
Provérbios 15.6 • Colossenses 3.23 • Provérbios 12.7 • Colossenses 3.14-15
Salmo 112.3 • Atos 20.32 • Lucas 6.48 • Josué 24.15 • Atos 4.11

~ 89 ~
Abençoando a Família

Introdução

Como chefe da família, é seu privilégio e dever orar pela família sob sua responsabilidade e por aqueles sob seus cuidados e autoridade.

A seguinte oração foi escrita para ser orada por um homem ou uma mulher. Muitas vezes na sociedade de hoje, a mulher se vê tendo que assumir a responsabilidade e a posição de chefe da família.

I. Oração de Bênção para a Família

Pai, como sacerdote e chefe desta família, eu declaro e decreto: "Eu e minha casa serviremos ao Senhor" (Josué 24.15). Assim como creio no Senhor Jesus Cristo e sou salvo, assim é com todos em minha casa. Todos são únicos, criados à Tua imagem, e dedicamos nossos filhos a Ti e indicamos a eles o caminho que devem seguir. Os valores que aprenderem conosco os acompanharão por toda a vida.

Louvado sejas, Deus e Pai de nosso Senhor Jesus Cristo, porque nos abençoaste nos lugares celestiais com todas as bênçãos espirituais em Cristo. Nós Te reverenciamos e Te adoramos em espírito e em verdade.

Senhor, reconhecemos e acolhemos a presença do Teu Espírito Santo aqui em nossa casa. Agradecemos a Ti, Pai, pois Teu Filho, Jesus, está aqui conosco porque estamos reunidos em Seu nome.

Senhor Deus, Teu divino poder nos deu tudo o que diz respeito à vida e à piedade, pelo conhecimento Daquele que nos chamou por Tua glória e virtude.

Como líder espiritual deste lar, declaro pela autoridade da Tua Palavra que minha família será poderosa na terra; esta geração dos justos será abençoada.

Pai, Tu Te deleitas com a prosperidade de Teu povo, e agradecemos pois fazendas e riquezas há em nossa casa e porque nossa justiça perdura para sempre. Em nome de Jesus, amém.

Referências Bíblicas
Apocalipse 1.6 • Mateus 18.20 • Josué 24.15 • Atos 16.31 • 2 Pedro 1.3
Efésios 1.3 • Salmo 112.2 • João 4.23 • Salmo 112.3

II. Oração de Bênção à Mesa

Introdução

Esta oração foi escrita para que o chefe da família ore não apenas para agradecer e louvar a Deus por Suas bênçãos, mas também para purificar e consagrar o alimento recebido e para santificar os membros da família que comem dele.

Oração

Pai, agradeço por nos dares o pão nosso de cada dia. Recebemos este alimento com ação de graças e louvor. Tu abençoas nosso pão e nossa água, e tira as doenças do meio de nós.

Em nome de Jesus, chamamos esse alimento de alimento limpo, saudável e puro para nossos corpos. Se houver algo mortal aqui, isso não nos prejudicará, pois o Espírito da vida em Cristo Jesus nos liberta da lei do pecado e da morte. Em nome de Jesus, amém.

REFERÊNCIAS BÍBLICAS
Mateus 6.11 • Marcos 16.18 • 1 Timóteo 4.4 • Romanos 8.2
Êxodo 23.25

III. Oração de Bênção do Marido para Sua Esposa

Introdução

É um reforço positivo, uma validação e afirmação para os filhos ouvirem o pai orar, abençoando a esposa e a mãe deles. Este é um método de honrá-la e de reafirmar sua posição no lar. As palavras são poderosas, e as bênçãos para a esposa na frente dos filhos promoverão a autoestima apropriada necessária para o sucesso na vida.

Às vezes, uma esposa sentirá que falhou porque não está cumprindo todos os papéis expressos em Provérbios 31. Acredito que Deus escreveu esta passagem para encorajar uma mulher a ser tudo o que Ele a criou para ser. De seu "ser" – conhecendo a si mesma, tanto seus pontos fortes quanto suas fraquezas, desenvolvendo seus talentos, vendo a si mesma como Deus a vê e buscando em Cristo sua completude (inteireza) – vem o "fazer".

A mulher descrita neste capítulo tem habilidades notáveis. A posição social de sua família é importante. Na verdade, ela pode não ser uma única mulher – ela pode ser um retrato composto da feminilidade ideal. Não a veja como um modelo a ser imitado em todos os detalhes; seus dias não são longos o suficiente para fazer tudo o que ela faz! Em vez disso, veja-a como uma inspiração para ser tudo o que você pode ser. Não podemos ser como ela, mas podemos aprender com sua diligência, integridade e desenvoltura[12].

---
12 *Life Application Bible*, edição da Nova Versão Internacional (Wheaton, IL: Tyndale House Publishers, 1988, 1989, 1990, 1991), comentário em 1131.

Oração

Pai, eu Te agradeço por minha esposa, que é uma mulher capaz, inteligente e virtuosa. Seu valor é muito mais precioso do que joias, e sua estima está muito acima de rubis ou pérolas.

Agradeço a Ti por ela ser uma mulher de caráter forte, grande sabedoria, muitas habilidades e grande compaixão. Força e glória são seus vestidos, e sua posição é forte e segura. Ela abre a boca com sabedoria hábil e piedosa, e em sua língua está a lei da beneficência dando conselho e instrução. Nossos filhos se levantam e a chamam de abençoada (feliz, afortunada e digna de inveja). Eu me gabo dela e a louvo, dizendo: "Muitas mulheres procedem virtuosamente [com a força de caráter que é firme na bondade], porém tu a todas sobrepujas" (Provérbios 31.29). Pai, minha esposa Te teme com reverência e adoração; ela será louvada! Dai-lhe do fruto das suas mãos, e louvem-na nas portas suas obras. Respeito, valorizo e honro minha esposa diante de nossos filhos. Em nome de Jesus, amém.

Referências Bíblicas
Provérbios 31.10 • Provérbios 31.28-29
Provérbios 31.25-26 • Provérbios 31.30-31

4. Oração de Bênção dos Pais Para os Filhos

Introdução

O lugar do pai [hebreu] no lar [judaico tradicional] é adequadamente demonstrado pelo belo costume de abençoar os filhos, um costume que remonta a Isaque e Jacó. Até hoje, em muitos lares, o pai abençoa seus filhos nas noites de sexta-feira, na véspera de Rosh Hashaná e no Yom Kippur antes de sair para a sinagoga.

Em tempos muito antigos, o pai ou patriarca era o governante do lar e da família. Ele fazia leis e as aplicava. Mais tarde, porém, as leis foram instituídas por professores, pais, juízes e reis. O pai, como chefe da casa, era procurado em busca de apoio, e dependia de orientação[13].

A oração a seguir, baseada na tradução da tradicional bênção do pai hebreu sobre seus filhos, pode ser usada pelo chefe da família, seja homem ou mulher.

Oração

Pai, eu recebo, acolho e reconheço cada um dos meus filhos como uma deleitosa bênção Tua. Eu falo de Tuas bênçãos para eles e sobre eles.

Filhos, eu os abençoo em nome de Jesus, proclamando as bênçãos de Deus, meu Redentor, sobre vocês. Que Ele lhes dê sabedoria, um temor reverente a Deus e um coração cheio de amor.

Que Ele crie em vocês o desejo de atender às Suas palavras, um coração disposto e obediente para que vocês possam consentir e se submeterem às Suas palavras e andarem em Seus caminhos. Que seus olhos olhem para a frente com propósito para o futuro. Que suas línguas sejam como a pena de um escritor hábil, escrevendo misericórdia e bondade nas tábuas de seu coração. Que vocês falem a verdade em amor. Que suas mãos façam as obras do Pai; que seus pés trilhem os caminhos que Ele designou para vocês.

Não tenho alegria maior do que esta: saber que meus filhos estão vivendo na verdade.

Que o Senhor prepare vocês e seus futuros cônjuges para amarem e honrarem um ao outro, e que Ele conceda à união de vocês filhos e filhas íntegros que viverão de acordo com Sua Palavra. Que sua fonte de subsistência seja honrosa e segura, para que vocês ganhem a vida com suas próprias mãos. Que vocês sempre adorem a Deus em espírito e em verdade.

Oro, acima de tudo, para que vocês sempre prosperem e tenham saúde, assim como sua alma prospera. "Porque bem sei os pensamentos que tenho acerca de vós, diz o Senhor; pensamentos de paz, e não

---

[13] Ben M. Edidin, *Cerimônias e Costumes Judeus* (Nova York: Hebrew Publishing Company, 1941), 23.

de mal, para vos dar o fim que esperais" (Jeremias 29.11). Em nome de Jesus, amém.

Referências Bíblicas
Salmo 127.3 • Efésios 2.10 • Filipenses 2.13
3 João 4 • Provérbios 4.20 • 1 Tessalonicenses 4.11-12
Salmo 45.1 • João 4.23 • Provérbios 3.3 • 3 João 2 • Efésios 4.15

∽ 90 ∽
Oração Por um Casamento Problemático

Nota: encorajo-lhe a orar toda a oração ou partes dela. O Espírito Santo está presente para lhe ajudar durante estes tempos dolorosos. Considere encontrar um conselheiro matrimonial cristão e procure aconselhamento, mesmo que tenha que ir sozinho.

Oração

Senhor, estou enfraquecendo. Minha alma está pegada ao pó; vivifica-me segundo a Tua palavra, assim como prometeste. Senhor, ouve-me enquanto oro; preste atenção ao meu lamento. Ouve meu grito de socorro, meu Rei e meu Deus, pois oro somente a Ti. Estou quebrado, estou sofrendo e preciso de ajuda!

Espírito Santo, peço-Te que venhas em meu auxílio e me sustentes na minha fraqueza, porque não sei o que me convém pedir nem como pedir dignamente. Tu ouves minha súplica e intercede por meu nome com anseios indescritíveis e gemidos inexprimíveis. Tu buscas não apenas meu coração, mas também o coração de meu companheiro. Sabes qual é a intenção do Espírito porque intercedes por nós de acordo e em harmonia com a vontade de Deus.

Senhor, eu esperava que meu casamento durasse até que a morte nos separasse. Neste momento, parece que não estou enfrentando nada além de dificuldades, e estou tentando ter grande alegria. Tu e eu sabemos que não me sinto alegre. Mas escolho acreditar na Tua Palavra que diz que quando minha fé é testada, ela desperta poder dentro de mim para suportar todas as coisas. Eu não sei o que fazer, mas agora peço sabedoria a Ti, sabendo que Tu a darás! Agradeço por me deixares saber que Tu não vês minha falta de sabedoria como uma oportunidade para me repreender por causa de minhas falhas, mas estás aqui para derrotar minhas falhas com Tua graça generosa.

Perdoa-me por ter pressa e fazer todos os planos que eu queria. Eu tentei transigir, manipular e até mesmo viver Efésios 5 em meu desejo desesperado de salvar meu casamento, mas és Tu quem vais dirigir meus passos. Muitas vezes me apaixonei por minhas próprias opiniões, convencido de que estava certo. Senhor, mesmo durante este tempo de angústia, Tu estás aqui, testando e sondando todos os meus motivos. Antes de fazer qualquer coisa, escolho confiar totalmente em Ti e não em mim.

Pela fé, escolho o privilégio de viver Contigo, meu Pai, a todo momento em Tua casa, para que eu possa encontrar a doce beleza de Tua face. Aqui, em meu quebrantamento, estou cheio de admiração e escolho me deleitar em Tua glória e graça. Quero viver bem perto de Ti, para que tenhas prazer em cada oração minha.

Referências Bíblicas
Salmo 119.25 • Salmo 5.1-3 • Salmo 5.1-3 • Romanos 8.26-27
Tiago 1.2-5 • Provérbios 16.1-4 • Salmo 27.4-5

~ 91 ~
Quando os Votos de Casamento São Quebrados

Introdução

Esta oração foi originalmente escrita para uma esposa cujo marido tenha sido infiel. Se você é um marido que foi traído, simplesmente mude esta oração para se adequar à sua situação.

Oração

Senhor, Tu nos fizeste um quando nos tornamos marido e mulher. Tu nos fizeste um em corpo e espírito e pretendia que tivéssemos filhos piedosos. Meu marido me desonrou; não somos mais parceiros de vida e nossas orações foram perturbadas. A rejeição e a traição são muito dolorosas.

Pai, perdoa-nos por falarmos nossos votos de casamento de maneira tão casual e sem compreensão. Cobri o Teu altar com lágrimas porque nossas orações têm sido afetadas. Tu testemunhaste os votos que fizemos um ao outro no dia do nosso casamento quando éramos jovens. Nossos votos de casamento foram quebrados e eu fui abandonada. Pai, não posso encorajar o comportamento desobediente de meu marido e me tornar participante de sua obra maligna.

Jesus foi ferido por nossas transgressões e moído por nossas iniquidades; o castigo que nos traz a paz estava sobre Ele, e pelas Suas pisaduras fomos sarados (ver Isaías 53.5). Peço que perdoes meus erros e falhas em relação ao meu casamento. Ajuda-me a aprender e crescer espiritualmente e a receber integridade emocional, à medida que me familiarizo mais intimamente Contigo. Pai, dá-me a graça de perdoar a infidelidade do meu marido.

Tu odeias o divórcio, mas o permite quando o cônjuge é infiel. Conheces o coração do meu marido e as decisões que ele tomará em relação ao seu futuro, e eu sou responsável por meus filhos. _____ tem se comportado como um incrédulo nesta situação, e se ele deseja ir, dá-me a graça de deixá-lo ir.

Senhor, eu confio em Ti de todo o meu coração e não me estribo no meu próprio entendimento. Em todos os meus caminhos, eu Te reconheço e Tu endireitarás minhas veredas. Pai, Tu prometeste nunca desistir de mim, me abandonar ou me deixar sem apoio. Eu sei que as preparações do coração pertencem ao homem, mas desejo a resposta sábia da boca, que vem de Ti. Em nome de Jesus eu oro, amém.

REFERÊNCIAS BÍBLICAS
Tito 2.4-6 • Efésios 5.21 • Provérbios 5.15-19 • Jeremias 1.12
Hebreus 9.14 • Hebreus 13.5 • 1 Coríntios 11.3

∼ 92 ∼
Superando a Rejeição no Casamento

Pai, em nome de Jesus, _____ e _____ foram libertados deste presente século mau pelo Filho do Deus vivo, e a quem o Filho libertou está realmente livre. Portanto, eles são libertos de um espírito de rejeição e aceitos no Amado para serem santos e irrepreensíveis aos Teus olhos. Eles perdoam todos aqueles que os prejudicaram e suas mágoas do passado são curadas, pois Jesus veio para curar os quebrantados de coração.

Pai, eles são o Teu povo escolhido, santo e amado. Eles se vestem de compaixão, bondade, humildade, gentileza e paciência. Eles têm paciência e perdoam quaisquer queixas que possam ter um contra o outro. Perdoam como Tu os perdoaste. Sobre todas essas virtudes, eles se revestem do amor, que é o vínculo da perfeição.

Pai, quando eram crianças, falavam como crianças, pensavam como crianças e raciocinavam como crianças; mas agora eles se tornaram marido e mulher, e acabaram com os modos infantis e os deixaram de lado. O sangue de Cristo, que pelo Espírito eterno Se ofereceu a Ti imaculado, purga suas consciências das obras mortas do egoísmo, das paixões excitantes e dos conflitos morais para que possam servir a Ti, o Deus Vivo. Eles não tocam em nada impuro, pois são Teu filho e filha. O poder de Satanás sobre eles foi quebrado, e as fortalezas dele foram derrubadas. O pecado não tem mais domínio sobre eles e sua família.

Teu amor reina supremo no lar deles e Tua paz age como um árbitro em todas as situações. Jesus é o Senhor deles – espírito, alma e corpo. Amém.

Referências Bíblicas
Gálatas 1.4 • Colossenses 3.12-15 • João 8.36
1 Coríntios 13.11• Efésios 1.16 • 1 Tessalonicenses 5.23
Lucas 4.18 • Colossenses 3.15 • Romanos 6.18

～ 93 ～
Paz na Família Cristã

Pai, agradeço por teres derramado Teu Espírito lá do alto sobre nossa família. Nosso deserto tornou-se um campo fértil, e o campo fértil produz colheitas abundantes. O juízo habita no deserto, e a justiça mora no campo fértil. O efeito da justiça será paz, e a operação da justiça, repouso e segurança para sempre.

Nossa família habita em morada de paz, em moradas bem seguras e em lugares tranquilos de descanso. E há estabilidade em nossos tempos, abundância de salvação, sabedoria e ciência. Lá, o temor reverente e a adoração ao Senhor são o nosso e o Teu tesouro.

Senhor, Tu tens misericórdia de nós; por Ti temos esperado. Tu és o braço de Teus servos – nossa força e defesa – a cada manhã, nossa salvação no tempo da tribulação.

Pai, nós Te agradecemos por nossa paz, nossa segurança e nosso bem-estar neste dia. Aleluia! Amém.

Referências Bíblicas
Isaías 32.15-18 • Isaías 33.2,6

~ 94 ~
Cuidando das Finanças Familiares

Introdução

As seguintes orações podem ser feitas individualmente ou em casal. Na preparação para o casamento, é de grande sabedoria que o casal discuta finanças. Cada parte vem com uma visão individual de como lidar com o dinheiro – gastando e/ou economizando. É sábio estabelecer um orçamento que seja aceitável para ambos.

Existe um perigo na tendência de supor que a outra parte tem as mesmas opiniões e ideias sobre dinheiro ou, em caso de desacordo, que o jeito de um está certo e o da outra pessoa está errado. As diferenças financeiras são uma das maiores armas de Satanás para introduzir conflitos e persuasão em um casamento. O gasto de dinheiro pode evoluir rapidamente para uma experiência emocional, causando muitos outros problemas.

Deus é *El-Shaddai*, Deus Todo-Poderoso (ver Êxodo 6.3) – o Deus que é mais do que suficiente – e Sua intenção é que Seus filhos tenham boa saúde e que lhes vá bem em todas as coisas, assim como bem vai suas almas (ver 3 João 2). Duas pessoas que concordam com o plano financeiro de Deus compensarão as artimanhas do inimigo para causar discórdia.

Se você e seu amado estão planejando se casar ou estabelecer um plano financeiro em seu casamento atual, ouçam um ao outro. Entenda o que o outro está dizendo. Perceba que existem diferenças de pontos de vista sobre dinheiro e permita essas diferenças. Determine quem é mais astuto em questões financeiras – equilibrando o talão de cheques, pagando as contas em dia e fazendo investimentos inteligentes. Reserve um tempo em suas agendas para manter um ao outro informado, revisar metas e fazer planos. A sabedoria do alto é disposta a ceder à razão e a cooperar um com o outro (ver Tiago 3.17).

ORAÇÃO

Pai, chegamos diante de Ti em nome de Jesus. Obrigado pelo Espírito Santo que está presente conosco enquanto discutimos nosso futuro financeiro juntos. Agradecemos por nos trazeres a este lugar em nossas vidas. Tu começaste uma boa obra em nós e a aperfeiçoará até o dia de Jesus Cristo. Damos as boas-vindas a Ti enquanto nos preparamos para estabelecer um orçamento que seja agradável a Ti e a cada um de nós.

Jesus é nosso Senhor e nosso Sumo Sacerdote, e pretendemos trazer a Ele as primícias de nossa renda e adorar-Te, o Senhor nosso Deus, com eles.

Pai, Tu és Senhor sobre nosso casamento – sobre esta união que foi ordenada por Ti. Confessamos a Tua Palavra sobre nossa vida juntos e sobre nossas finanças. Ao fazê-lo, dizemos que Tua Palavra não retornará a Ti vazia, mas prosperará naquilo para o que foi enviada.

Portanto, cremos no nome de Jesus que todas as nossas necessidades são atendidas, de acordo com Tuas riquezas em glória. Nós reconhecemos a Ti como Senhor sobre nossas finanças, dando dízimos e ofertas para promover a Tua causa.

Pai, quando escolhemos dar generosamente, dádivas generosas serão devolvidas a nós, e sacudidas para dar lugar a mais. Dádivas abundantes serão derramadas sobre nós em uma medida tão grande que transbordará! Nossa medida de generosidade torna-se a medida de nossa retribuição.

Lembramos que está escrito em Tua Palavra que aquele que semeia pouco e com má vontade, também ceifará pouco e com má vontade. Quem semeia em abundância – para que alguém beneficie – também ceifará em abundância e com bênçãos.

Senhor, lembra-nos sempre, e pretendemos lembrar, que és tu quem nos dá poder para nos tornarmos ricos, e o fazes para cumprir a Tua promessa aos nossos antepassados. Nunca sentiremos que foi nosso próprio poder e força que nos tornou ricos.

Pai, não apenas damos dízimos e ofertas a Ti, mas também escolhemos doar aos necessitados ao nosso redor. Cada vez que damos aos pobres, fazemos um empréstimo a Ti, nosso Senhor, sem preocupação. Somos reembolsados integralmente por todo o bem que fazemos.

Obrigado, Pai, porque enquanto o Senhor nos abençoa e nós abençoamos os outros, eles O louvarão, agradecerão e abençoarão os outros, e o círculo de Teu amor e bênção continuará por toda a eternidade. Em nome de Jesus, nós oramos, amém.

Referências Bíblicas
João 14.17 • Lucas 6.38 • Filipenses 1.6 • 2 Coríntios 9.6
Hebreus 3.1 • Deuteronômio 8.17-18 • Deuteronômio 26.10-11
Provérbios 19.17 • Isaías 55.11 • 2 Coríntios 9.12-15
Filipenses 4.19

I. Reservando o Dízimo

Pai, Tua Palavra declara: "Certamente darás os dízimos de toda novidade da tua semente, que cada ano se recolher do campo ... para que aprendas a temer o Senhor, teu Deus, todos os dias" (Deuteronômio 14.22-23). Nosso propósito é separar o dízimo porque ele pertence a Ti, querido Pai.

É nosso prazer trazer todos os dízimos (o décimo inteiro de nossa renda) para a casa do tesouro, para que haja mantimento em Tua casa. Senhor dos Exércitos, de acordo com a Tua Palavra, nós provamos a Ti agora, pagando-Te o dízimo. Estás abrindo as janelas do céu para nós e nos derramando bênção tal, que dela nos advém a maior abastança.

Obrigado, Pai, por repreenderes o devorador por nossa causa; ele não destruirá os frutos da nossa terra, nem a nossa vide deixará cair o seu fruto antes do tempo no campo.

Nós Te louvamos, Senhor, por escreveres nossos nomes em Teu memorial daqueles que Te reverenciam, temem a Ti com adoração e pensam em Teu nome, para que possamos ser Teus no dia em que nos reconheceres publicamente e nos declarares abertamente como Tuas joias. – Tua posse especial, Seu tesouro particular.

Obrigado por nos tirares da potestade das trevas e nos transportares para o Reino de Teu querido Filho, Jesus Cristo, nosso Senhor. Em Seu nome oramos, amém.

REFERÊNCIAS BÍBLICAS
Malaquias 3.10-11 • Colossenses 1.13 • Malaquias 3.16-17

II. Dando a Oferta

Pai, damos ofertas sob a direção do Espírito Santo. Estamos sempre prontos com uma dádiva generosa e voluntária. Seguindo Tuas instruções, lembramos disso: quem pouco semeia, pouco também ceifará; e o que semeia em abundância, em abundância também ceifará.

Escolhemos permitir que nossas doações fluam de nossos corações, não de um senso de dever religioso. Deixamos que elas brotem livremente da alegria de dar – tudo porque Deus ama a generosidade alegre!

Pai, nós Te agradecemos porque és capaz de fazer com que toda graça (todo favor e bênção terrena) transborde em nós, para que, tendo sempre, em tudo, todo o suprimento, não exijamos nenhuma ajuda ou apoio, e abundemos em toda boa obra e doação de caridade.

Pai, és generoso em fornecer sementes abundantes para o fazendeiro, que se tornam pão para nossas refeições, mas és ainda mais generoso conosco. Primeiro, Tu supres todas as necessidades e mais. Então, Tu multiplicas a semente que plantamos para que cresça a colheita de nossa generosidade. Tu nos enriqueces abundantemente de todas as maneiras conforme damos generosamente em todas as ocasiões, pois quando levamos dádivas aos necessitados, isso faz com que muitos deem graças a Ti.

Confessamos com o salmista Davi – não vimos o justo desamparado, nem sua semente mendigando o pão.

Agradecemos pelo alimento, roupas e abrigo. Em nome de Jesus, determinamos o fim da inquietude (ansiosos e preocupados) com nossa vida juntos, pelo que havemos de comer ou pelo que havemos de beber; nem quanto ao nosso corpo, pelo que havemos de vestir. Nossa vida – individualmente e em conjunto – é mais do que o mantimento, e nossos corpos mais excelentes do que o vestuário.

O pão da ociosidade – fofoca, descontentamento e autopiedade – não comeremos. Declaramos pela autoridade da Tua Palavra que nossa família será poderosa na terra; esta geração dos justos será abençoada.

Pai, Tu Te deleitas com a prosperidade de Teu povo; agradecemos que prosperidade e riquezas há em nossa casa e que nossa justiça permanece para sempre.

O bem vem até nós porque somos generosos, emprestamos livremente e conduzimos nossos negócios com justiça. Quando nos faltar sabedoria, pediremos a Ti, e Tu a darás liberalmente sem nos lançar em rosto. Em nome de Jesus, amém.

REFERÊNCIAS BÍBLICAS
2 Coríntios 9.5-11 • Salmo 112.2-3 • Salmo 37.25
Salmo 37.26 • Mateus 6.25 • 2 Coríntios 9.9
Provérbios 31.27 • Tiago 1.5 • Salmo 35.27

~ 95 ~
Mudando Para Um Novo Local

Pai, Tua Palavra diz que Tu aperfeiçoarás o que nos concerne. Tua misericórdia e benignidade duram para sempre. Trazemos a Ti nossas apreensões em relação à nossa mudança. Pedimos que Tu vás adiante de nós para endireitar os caminhos tortuosos ao encontrarmos um novo lar.

Dá-nos sabedoria para tomar decisões sábias ao escolher os transportadores e embaladores mais adequados para lidar com nossos bens. Temos graça, bom entendimento e grande estima diante de Ti e do homem – junto às empresas de serviços públicos, aos sistemas escolares e aos bancos – a todos os envolvidos nesta mudança.

Pai, Te agradecemos por forneceres e preparares os novos amigos que desejas que tenhamos. Estamos confiando em Ti para nos direcionar a uma igreja onde podemos ter comunhão com crentes semelhantes, em concordância, onde somos livres para adorar e louvar a Ti, e para cantar para Ti uma nova canção.

Pai, em nome de Jesus, confiamos esta mudança a Ti, sabendo que Tu sustentas os Teus filhos. Nós confiamos e nos deleitamos em Ti, e Tu nos concederás os desejos de nossos corações.

Fazemos todos esses pedidos conhecidos a Ti com ação de graças, e a paz que excede todo o entendimento guardará nossos corações e mentes. Tu nos manterás em perfeita paz porque nossas mentes estão em Ti.

Confiamos em Ti, Pai, de todo o nosso coração. Não nos apoiamos em nosso próprio entendimento, mas em todos os nossos caminhos reconhecemos a Ti e Tu endireitarás as nossas veredas.

Obrigado, Pai, por Tua bênção nesta mudança. Em nome de Jesus, amém.

Referências Bíblicas
Salmo 138.8 • Salmo 40.3 • Isaías 45.2 • Salmo 96.1 • Tiago 1.5
Salmo 98.1 • Provérbios 3.4 • Salmo 149.1 • Hebreus 10.25
Salmo 37.4-5 • Atos 2.1,46 • Filipenses 4.6-7 • Atos 4.34 • Isaías 26.3
Filipenses 2.2 • Provérbios 3.5-6 • Isaías 42.10

～ 96 ～
Buscando Segurança em um Lugar de Violência

Pai, obrigado porque fui redimido pelo sangue do Cordeiro. Venho diante de Ti hoje como Teu filho e chefe de minha família, pedindo Tua proteção para minha família. Dá segurança aos meus filhos e tranquilize-os dia após dia. Já nos fartamos do escárnio dos orgulhosos e do desprezo dos arrogantes.

Senhor, Tu vês a violência que está nas ruas e em nossas escolas. Os traficantes e membros de gangues que moram em nossos bairros estão esperando para apanhar nossas crianças. Estou clamando a Ti, Senhor, confiante de que Tu salvarás a mim e a minha família também.

Confunda meus inimigos, Senhor! Perturbe seus planos. Crueldade e violência são tudo o que vejo na cidade, e são como guardas em patrulha dia e noite. A cidade está cheia de problemas, maldade e corrupção.

Arruaceiros e mentirosos vagam livremente pelas ruas. Peço Tua ajuda, Senhor Deus, e agradeço por manteres minha família segura.

Pai, em nome de Jesus, Tu, e somente Tu, és nossa segurança e nossa proteção. Minha família e eu estamos olhando para Ti, pois nossa força vem de Ti – o Deus que fez o céu e a terra. Tu não nos deixarás tropeçar. És nosso Deus Guardião, que não adormecerá. Estás ao nosso lado para nos proteger. Tu nos guardas de todo mal, guardas nossas próprias vidas. Tu nos guardas quando partimos e quando voltamos. Tu nos guarda agora; Tu nos guarda sempre.

Minha família foi eleita e conhecida por Ti, Pai, e consagrada (santificada, tornada santa) pelo Espírito para a obediência a Jesus Cristo, o Messias, e para a aspersão do Seu sangue. Recebemos graça (bênção espiritual) e paz em abundância cada vez maior – aquela paz espiritual a ser realizada por meio de Cristo, livre de medos, paixões excitantes e conflitos morais.

Com ação de graças, estamos olhando para Jesus, que Se tornou nossa Páscoa ao derramar Seu próprio sangue precioso. Ele é o Mediador (o Intermediário, Agente) de uma nova aliança, e Seu sangue aspergido fala de misericórdia. Com a autoridade da Tua Palavra, proclamo que o sangue de Jesus é a nossa proteção, como está escrito: "vendo Eu sangue, passarei por cima de voz" (Êxodo 12.13). Eu declaro e decreto que estou traçando uma linha em torno de meus filhos, e o maligno não pode cruzá-la.

Sei que ninguém nascido de Deus faz do pecado uma prática – o pecado fatal. Os nascidos de Deus são também protegidos por Deus. O Maligno não pode tocar em minha família. Sei que somos mantidos firmes por Ti, Senhor. Pai, obrigado por Tua proteção divina. Em nome de Jesus, eu oro, amém[14].

---

14   Além de fazer esta oração acima, encorajo-lhe a ler o Salmo 91 em voz alta para sua família todos os dias.

> **Referências Bíblicas**
> 1 João 3.1 • Salmo 121.1-8 • 1 Pedro 1.18-19 • 1 Pedro 1.2
> 1 João 2.12 • Hebreus 12.24 • Salmo 123.4
> 1 João 5.18-19 (MSG) • Salmo 55.9-11,16

~ 97 ~
Lidando com uma Situação Familiar Abusiva

Introdução

Em nosso ministério, recebemos cartas de mulheres que vivem em situação de abuso. Porque muitas delas não sentem ou acreditam que podem sair da situação, elas pedem que escrevamos orações para cobrir esta área de necessidade. Elas têm medo de praticar o amor severo. A necessidade de segurança desempenha um papel importante em sua decisão de permanecer onde estão. Ou, em certos casos, temem um abuso maior ou até mais grave caso tentem sair. Outras pediram ao agressor que partisse ou se mudaram; no entanto, seu pedido é de oração pela libertação do agressor e de outros membros da família.

Quando estou viajando, frequentemente encontro mulheres que acham que é seguro conversar comigo. No encerramento de uma reunião, alguns anos atrás, fui abordada por uma mulher atraente que reconheci, por sua maneira de se vestir, como pertencente a uma certa denominação. Enquanto ela compartilhava sua agonia e dor emocional, eu lamentava por dentro. Eu a peguei em meus braços, encorajando-a a procurar seu pastor para aconselhamento. Sua resposta me entristeceu. Ela havia sido informada por seu marido e seu pastor que os espancamentos eram por causa de sua "natureza rebelde".

"Não sei o que mais posso fazer para impedir o abuso", ela confidenciou. "Tentei agradar meu marido. Biblicamente, não posso deixá-lo. O que posso fazer senão ficar com ele? Não quero desobedecer a Deus, mas quero que o abuso pare".

Quando nos voltamos para as Escrituras, descobrimos que Deus é muito mais misericordioso do que nós, seres humanos. Jesus é o nosso Exemplo e, em um incidente, Ele Se virou e se afastou da multidão que queria tê-Lo jogado de um penhasco (veja Lucas 4.28-30). Há momentos para agir; mudança traz mudança. Muitas vezes queremos que Deus faça algo quando, o tempo todo, Ele está esperando que façamos algo: "Confia no Senhor de todo o coração e não te estribes em teu próprio entendimento. Reconhece-O em todos os teus caminhos, e Ele endireitará tuas veredas" (Provérbios 3.5-6).

Um testemunho de libertação de comportamento abusivo foi compartilhado por um jovem marido que havia se convertido há pouco tempo. Sua mãe lhe dera um exemplar da Bíblia. Um dia ele a pegou e leu Malaquias 2.15-16. "Ele não fez somente um, sobejando-lhe espírito? E por que somente um? Ele buscava uma semente de piedosos. Portanto, guardai-vos em vosso espírito, e ninguém seja desleal com a mulher da sua mocidade. Porque o Senhor, Deus de Israel, diz que aborrece o repúdio e também aquele que encobre a violência com suas vestes, diz o Senhor dos Exércitos. Portanto, guardai-vos em vosso espírito e não sejais desleais".

O jovem disse: "Ao ler esses versículos, percebi que estava tratando minha esposa com crueldade e admiti para mim mesmo que os vícios em minha vida estavam me controlando. Não era tanto que eu queria parar de usar drogas, mas queria mudar a maneira como tratava minha esposa. Clamei a Deus, e Ele me ouviu e me livrou".

A oração a seguir foi escrita para mulheres cristãs que desejam saber como fazer orações que podem ser muito úteis em uma situação familiar abusiva.

ORAÇÃO

Pai, Tua Palavra diz que Tu amaste tanto a mim e minha família que enviaste Teu próprio Filho, Jesus, para morrer por nossos pecados para que pudéssemos viver Contigo para sempre. Disseste que nos daria uma nova vida que é maravilhosa e rica. Rogo para que eu possa me tornar como Ti, pois sou Tua filha e Tu me amas.

Pela Tua graça, Pai, viverei minha vida em amor. Teu amor em mim não é um sentimento, mas uma decisão que exige mais do que meras palavras. Como cristã, sou "luz" e viverei como uma filha da Luz. A Luz produz em mim tudo o que é bom, certo e verdadeiro.

Senhor, guia-me pelas veredas da justiça por amor do Teu nome. Proponho viver com o devido senso de responsabilidade, não como os outros que não sabem o sentido da vida, mas como quem sabe. Dirija-me pelo Teu Espírito Santo para que eu possa fazer o melhor uso do meu tempo, apesar de todos os males destes dias.

Pai, houve um tempo em que Tu procuraste um intercessor. Estou disposta a interceder para que minha família não sofra juízo. Envia o Teu Espírito Santo para nos persuadir, convencer e revelar-nos o pecado, a justiça e o juízo. Dá-nos um coração de carne e envia um ceifador da seara para compartilhar conosco o Evangelho da glória de Cristo, o Messias.

Eu Te agradeço, Pai, porque cada familiar que está perdido recebe e confessa que Jesus é o seu Senhor, e peço que a Tua vontade seja feita na vida dele. És Tu que os resgatas do domínio das trevas e os transportas para o Reino do Filho do Teu amor. Em nome de Jesus, peço que os ajudes a crescer na graça, para que experimentem o Teu amor e confiem em Ti para ser o Pai deles.

Senhor, revela os passos que devo tomar para quebrar o que parece ser uma maldição de gerações. Os pecados dos pais estão se repetindo em nossa casa, e não quero que essa maldição passe para meus filhos.

Pai, a Tua Palavra diz que somos vencedores pelo sangue do Cordeiro e pela palavra do nosso testemunho. Em nome de Jesus, entrego minha vida a Ti – para obedecer a Ti. Mostra-me o caminho da vida para mim e minha família.

Raiva incontrolável e irracional, fúria e abuso são uma maldição. Teu Filho, Jesus, foi feito maldição por nós; portanto, revisto-me de toda a Tua armadura para poder resistir com sucesso a todas as estratégias e enganos do diabo.

Em nome de Jesus, eu sou redimida e imploro o sangue de Jesus sobre minha família. Agradeço porque o poder maligno do abuso foi quebrado, derrubado e expulso de minha família. O abuso é exposto e reprovado pela luz – torna-se visível e claro; e onde tudo é visível e claro, há luz.

Tu enviaste Jesus para sarar nossas mágoas e curar nossa dor. A Bíblia diz que Tu enviaste Tua palavra para nos curar e nos livrar de nossas próprias destruições. Dá-nos a graça e a fé para receber a cura e para perdoar aqueles que abusaram de nós. Agradecemos pela coragem de fazer as pazes com aqueles a quem prejudicamos.

Ensina-nos a guardar nossos corações com toda a diligência. Declaro e decreto que estamos crescendo na graça e no conhecimento de Ti, desenvolvendo a confiança de que precisamos para receber Teu poder transformador para mudar. Faço minhas petições conhecidas a Ti com ação de graças, em nome de Jesus. Amém.

Referências Bíblicas

João 3.16 • 1 Pedro 3.18 • João 10.10 • Apocalipse 12.11
Efésios 5.1 • Salmo 16.11 • 1 João 3.18
Gálatas 3.13 • Efésios 5.8-9 • Efésios 6.11
Salmo 23.3 • Efésios 5.13 • Efésios 5.15-16
Lucas 4.18 • Ezequiel 22.30 • Salmo 107.20 • João 16.8
Mateus 5.44 • Ezequiel 11.19 • Provérbios 4.23 • Mateus 9.38
Romanos 12.2 • Mateus 6.10 • Filipenses 4.6 • Colossenses 1.13

~ 98 ~
Superando o Cansaço

Introdução

Esta oração é para todos que estão experimentando cansaço. Ela não se limita aos solteiros que aguardam um companheiro de vida. Muitos cônjuges se cansam de mágoas que não esperavam encontrar no casamento. A esperada felicidade conjugal se transformou em decepção, feridas adicionais e frustração. Eles estão cansados de esperar pela cura do relacionamento conjugal ou pela libertação de um cônjuge, filhos ou outros entes queridos de vários vícios ou comportamentos negativos e destrutivos. Anseiam por alguém que cure suas feridas sem julgá-los – alguém que os ame incondicionalmente.

Cada indivíduo traz bagagem para o casamento, esperando por um milagre – cada parceiro olhando para o outro em busca de aceitação e aprovação.

De acordo com as cartas e comentários que recebemos em nosso ministério, os solteiros sentem cansaço em assuntos que os casados talvez não encontrem. Esperançosamente, nós, casados, compartilhamos responsabilidades – tarefas domésticas. Proprietários casados podem dividir o trabalho em tarefa interna e externa. Às vezes, um dos cônjuges negligencia sua responsabilidade e o outro se vê fazendo o trabalho de dois. A pessoa solteira é sempre responsável pelo "trabalho de dois".

Nós, casados, temos outra pessoa envolvida no processo de tomada de decisão, o que pode levar a conflitos. O conflito nem sempre é ruim. Deste conflito pode vir a intimidade. Não estamos sozinhos nas decisões financeiras, no planejamento do futuro. Podemos nos sentir sozinhos, mas existe outro com quem podemos conversar, com quem podemos explorar possibilidades. Temos outro ser humano de quem podemos extrair força. O ideal é crescermos juntos.

Às vezes, uma pessoa casada pode experimentar sentimentos de "solidão", mas há outra pessoa na casa, alguém que vai voltar, alguém cuja presença – embora em certos casamentos não comunicativa – é sentida.

Os solteiros muitas vezes sentem cansaço e temem voltar para casa, para o vazio – para o nada. Eles procuram aquela pessoa que será sua alma gêmea, um parceiro ou parceira de vida, alguém que estará presente e disponível nos bons e maus momentos, alguém que os amará incondicionalmente.

Todos devemos nos perguntar: "Estou pronto e disposto a amar outra pessoa incondicionalmente?"

Se você está cansado e desapontado com suas expectativas, eu lhe encorajo a buscar o plano de Deus para sua vida. Peça ao Espírito Santo para ajudá-lo a confiar em Deus e não tema.

ORAÇÃO

Pai, Tu vês meu cansaço, minha inquietação, decorrente da espera contínua e da expectativa frustrada. Parece que minha paciência se esgotou e estou desanimado. Estou cansado de pedir e esperar por _____.

Minha alma se consome de tristeza; fortalece-me segundo a Tua palavra.

Senhor, eu venho a Ti, e Tu me dás descanso. Tomo o Teu jugo sobre mim e aprendo de Ti, pois Tu és manso e humilde de coração, e encontrarei repouso para minha alma. Teu jugo é suave e Teu fardo é leve.

Eu olho para Ti, Senhor, e para Tua força; busco a Tua face sempre. Tu és meu Refúgio e Fortaleza, socorro bem presente na angústia. Estou sempre ciente de que minha força é encontrada quando espero em Ti. Cuida de mim, Pai, pois Tu és minha alta defesa; Tu me colocaste no alto! És o Deus da misericórdia e me prevenirás. Tu me farás ver cumprido o meu desejo sobre meus inimigos.

Tu, Deus, não vens e vais embora. Tu *permaneces*. És o Criador de tudo o que podemos ver ou imaginar. Não Te cansas e não paras para recuperar o fôlego. Tu sabes *tudo*, por dentro e por fora. Obrigado, Pai, por me dares força quando fico cansado, por multiplicares a força ao que não tem nenhum vigor. Pois até os jovens se cansam e desistem, os jovens na flor da idade tropeçam e caem. Mas os que esperam no Eterno renovam suas forças. Abrem as asas e voam alto como águias, Correm e não se cansam, andam e não ficam exaustos. Pai, escolho esperar em Ti porque Tu me capacitas! Em nome de Jesus, voarei como uma águia. Correrei e não me cansarei. Não me fatigarei.

Tu és minha Força e meu Cântico; me foste por salvação. Tu és o meu Deus, e eu Te louvarei. És o Deus de meu pai, e Te exaltarei. Em Teu amor infalível, guiarás as pessoas que redimiste. Na Tua força, Tu os guiarás à Tua santa morada.

Tu, Soberano Senhor, deste-me uma língua erudita para que eu saiba dizer a seu tempo uma boa palavra ao que está cansado. Despertas-me todas as manhãs, despertas-me o ouvido para que eu ouça, como aqueles que aprendem.

Tu és minha Luz e minha Salvação – de quem terei medo? Tu és o Refúgio e a Força da minha vida – de quem me recearei? És um escudo para mim, minha glória e exaltas a minha cabeça. Com a minha voz eu clamo a Ti, Senhor, e Tu me ouves e me respondes do Teu santo monte. Senhor, Tu me sustentas.

Pai, quando parece que não estou enfrentando nada além de dificuldades, vejo-as como uma oportunidade inestimável de experimentar a maior alegria que posso! Pois sei que quando minha fé é testada, ela desperta dentro de mim poder para suportar todas as coisas. E então, à medida que minha paciência se torna ainda mais forte, ela libera a perfeição em todas as partes do meu ser até que não falte coisa alguma. Eu Te louvo de todo o meu coração, Senhor. A Tua alegria é a minha força.

Hoje, escolho considerar Jesus, que suportou tal contradição de homens pecadores para que eu não me enfraqueça e desfaleça.

Pai, a Tua graça me basta, e não me cansarei de fazer o bem, porque a seu tempo ceifarei, se não houver desfalecido. Sou forte em Ti, Senhor, e em Teu grande poder. Em nome de Jesus eu oro, amém[15].

Referências Bíblicas
Salmo 119.28 • Salmo 27.1 • Mateus 11.28-30
Salmo 3.3-4 • 1 Crônicas 16.11 • Tiago 1.2-4
Salmo 46.1 • Salmo 9.1 • Salmo 59.9,17 • Neemias 8.10
Isaías 40.29-31 (MSG) • Hebreus 12.3 • Salmo 27.14
2 Coríntios 12.9 • Êxodo 15.2,13 • Gálatas 6.9
Isaías 50.4 • Efésios 6.10

---

15 Para força e orientação adicionais, sugiro ler e meditar nas seguintes passagens: Salmo 6, Salmo 18, Salmo 27, Salmo 28, Salmo 38 e Salmo 71.

ORAÇÕES
Pelos Filhos

~ 99 ~
Uma Oração Pelos Seus Filhos

Pai, viemos diante de Ti para interceder em nome de nossos filhos. Nós Te amamos e desejamos assumir a responsabilidade de ensiná-los a sã doutrina bíblica. Dia após dia, escolhemos instruir nossos filhos a guardar o "caminho do Senhor" fazendo o que é certo e justo. Cria no coração de cada filho o desejo de ouvir e aprender, de prestar atenção para que obtenham discernimento. Juntos, enquanto memorizamos Teus preceitos, Tu os escreverás em nossos corações para nos impedir de cometer a traição do pecado contra Ti.

Espírito Santo, peço que me dês maneiras criativas para nossas devoções familiares. Ajuda-me a ensinar meus filhos o significado do verdadeiro arrependimento que leva à salvação. Estamos aqui para levar nossos filhos pela mão no caminho da sabedoria, apontando-os para o caminho da integridade. És fiel e oramos para que o progresso deles não tenha limites quando eles trilharem os caminhos da retidão. Pedimos que lhes dê coragem para receber correção, não importa o quão difícil seja tolerá-las, pois a sabedoria os colocará de volta no lugar.

Nossos filhos são como flechas nas mãos de um guerreiro. Quando forem mais velhos, que cada um saia vitorioso quando enfrentar aqueles que se opõem a eles. Oro para que tenham influência e honra para prevalecer em nosso nome e para a Tua glória! Não tenho alegria maior do que ouvir que meus filhos estão vivendo de acordo com a verdade.

Nós envolvemos nossos filhos com a fé em Ti e com o poder da Tua Palavra. Tu os resgatarás de todas as armadilhas ocultas do inimigo e os protegerás de falsas acusações e qualquer maldição mortal. Teus braços enormes estão em volta deles, protegendo-os onde quer que estejam. Aonde quer que eles forem, Tua mão os guiará; Tua força os fortalecerá. É impossível para eles desaparecerem diante de Ti ou pedirem à escuridão que os esconda, pois Tua presença está em toda parte, trazendo luz para a noite deles.

Senhor, Teu nome é tão grande e poderoso! As pessoas em todos os lugares veem Teu esplendor. Tua gloriosa majestade flui dos céus, enchendo a terra com a fama de Teu nome! Suscitaste força da boca dos que mamam. A força se eleva com o coro de crianças cantando. Esse tipo de louvor tem o poder de calar a boca de Satanás. A adoração infantil silenciará a loucura daqueles que se opõem a Ti. Estamos maravilhados com Tua majestade! Estamos maravilhados com tamanha força e poder!

O inimigo se afastou dos meus filhos em nome de Jesus! Eles crescem em sabedoria e em graça, diante de Deus e dos homens. Em nome de Jesus, amém.

Referências Bíblicas
Ezequiel 22.30 • Provérbios 4.1-15 • Gênesis 18.19 • Salmo 119.11
Salmo 127.4-5 • 3 João 4 • Salmo 91.3-4 • Salmo 139.10-11
Salmo 8.1-1-2 • Salmo 29.2

~ 100 ~
Lidando Com Uma Criança com TDA/TDAH

Introdução

Nestes últimos dias, Satanás está trabalhando mais do que nunca para destruir nossos filhos. Uma das áreas de seu ataque é o que os psicólogos e educadores chamam de Transtorno de Déficit de Atenção/ Transtorno de Déficit de Atenção e Hiperatividade. Esses transtornos são ferramentas do inimigo para perturbar os lares – causando confusão, frustração, divisão e toda obra maligna. Seus efeitos são de longo alcance.

Crianças e adultos com TDA/TDAH são considerados agressores, indisciplinados, destrutivos, autoritários, impulsivos, desafiadores – e a lista continua. Estima-se que cerca de dois a cinco por cento das crianças em idade escolar são agora diagnosticadas com o transtorno, e muitos adultos que o têm nunca foram diagnosticados. Muitos que poderiam ser ajudados se diagnosticados adequadamente estão em instituições mentais, cadeias e prisões[16].

Embora trabalhar com crianças diagnosticadas com TDA/TDAH possa às vezes ser frustrante e desanimador, como crentes sabemos que a Palavra de Deus, oração, cuidadores compreensivos, aconselhamento cristão, medicamentos e seus colegas podem ajudá-los a se tornarem vencedores.

Em nosso ministério com essas crianças especiais, devemos lembrar que, de acordo com 2 Coríntios 10.4, "as armas da nossa milícia não são carnais, mas poderosas em Deus, para destruição das fortalezas". O Salmo 107.20 diz sobre a intervenção do Senhor em favor dos necessitados: "Enviou sua palavra e os sarou, livrando-os da destruição". A oração, de acordo com a Palavra de Deus, valerá muito (veja Tiago 5.16).

Declare e decrete vitória para a criança ao ensiná-la e orientá-la por meio das seguintes orações.

As duas primeiras foram escritas por uma avó, uma de nossas associadas no *Word Ministries*, cujo neto foi diagnosticado com TDA/TDAH. Eles oram juntos todas as manhãs antes de ele ir para a escola.

A terceira oração e a seguinte série de orações diárias foram baseadas em conversas e momentos de oração que tive com esse jovem. Ele e eu choramos e rimos juntos em meu escritório, onde conversamos em particular e confidencialmente.

Às vezes, ele pede para entrar em uma sala onde estou dando aula, e depois a gente discute a matéria. Por exemplo, podemos falar sobre questões de abandono e como Jesus Se sentiu quando estava na cruz. Ele não tem vergonha de pedir oração quando está tendo um problema.

Se você usar qualquer uma dessas orações, encorajo-o, quando necessário, a explicar em linguagem simples o significado dos termos encontrados nelas. Lembre-se, a imaginação da criança está criando imagens com as palavras que ela fala e ouve.

---

16   Para obter informações adicionais sobre TDA/TDAH, incluindo práticas instrucionais para lidar com esse transtorno, consulte *"101 maneiras de ajudar crianças com TDAD a aprender, dicas de professores bem-sucedidos"*, publicado pelo Departamento de Educação dos EUA.

Enquanto a criança ora, ouça com atenção, permitindo que ela expresse seus sentimentos, medos, pensamentos e ideias. Peça discernimento ao Espírito Santo – pode ser difícil separar a seriedade da brincadeira. Se você der tempo à criança, ela lhe informará a diferença.

Orações a Serem Oradas pela Criança

I. Combatendo o TDA/TDAH

Pai, em nome de Jesus, combato o TDA/TDAH e digo que tenho a mente de Cristo, o Messias, e mantenho os pensamentos, sentimentos e propósitos de Seu coração. Sou capaz de me concentrar e manter o foco em cada tarefa.

Sou um discípulo (ensinado por Ti, Senhor, e obediente à Tua vontade), e abundantes são minha paz e minha serenidade imperturbável. Eu não tenho um espírito de temor, mas Tu me deste um espírito de poder, de amor e de moderação, disciplina e autocontrole.

Em nome de Jesus, combato meu comportamento desafiador, birras e hiperatividade e falo de paz e amor para as situações em que me encontro. Destruo os conselhos e toda altivez que se levanta contra o conhecimento de Ti, Senhor, e levo cativo todo pensamento à obediência de Cristo.

Pai, peço que Tua sabedoria resida em mim todos os dias enquanto aprendo novas técnicas para lidar com incidentes estressantes.

Pai, a Tua Palavra diz que não devo me preocupar com nada, mas que devo orar e pedir a Ti tudo o que preciso e dar graças quando oro, e então Tua paz guardará meu coração e meus sentimentos em Cristo Jesus. A paz que me dás é tão grande que não consigo entendê-la.

Obrigado por manter minha mente tranquila e em paz. Declaro que sou um vencedor. Eu estou no controle. Em nome de Jesus, amém.

Referências Bíblicas
1 Coríntios 2.16 • Filipenses 4.6-7 • Isaías 54.13
Isaías 26.3 • 2 Timóteo 1.7 • Apocalipse 12.11 • 2 Coríntios 10.5

II. Fazendo Novos Amigos

Pai, estou pedindo que me forneças bons amigos com quem eu possa me relacionar, passar o tempo e desfrutar como Tu pretendes. Desejo desenvolver relacionamentos que sejam duradouros e úteis tanto para mim quanto para meus amigos.

Pai, serei sensato, contido e alerta. Acima de tudo, proponho ter um amor ardente e infalível pelos outros, pois sei que o amor cobre uma multidão de pecados e perdoa e desconsidera as ofensas dos outros.

Peço que me ajudes a administrar meu comportamento e atitude para que os outros queiram estar perto de mim. Proponho refrear minha língua e falar palavras bondosas. Não insistirei em fazer as coisas do meu jeito e não agirei inconvenientemente. Quando alguém for cruel e me acusar falsamente, ajuda-me a manter um espírito sereno e a ser tardio em irar-me. Comprometo-me a plantar sementes de amor e agradeço por preparares os corações com antecedência para me receberem como amigo e como uma bênção para suas vidas.

Pai, obrigado por me fazeres achar graça, compaixão e bondade com os outros.

Obrigado, Senhor, por meus novos amigos. Em nome de Jesus, amém.

Referências Bíblicas
1 Pedro 4.7-8 • Tiago 1.19 • Provérbios 21.23
1 Coríntios 3.6 • 1 Coríntios 13.4-5 • Daniel 1.9
Provérbios 18.24

III. Tendo um Dia Ruim

Pai, este não foi um bom dia. Minhas notas foram baixas. Foi um dia difícil para mim na escola e em casa. Eu sinto que falhei muito. Porque sei que me amas incondicionalmente e não guardas nada contra mim, venho falar Contigo.

Pai, Tu esperas que eu preste contas a Ti, a meus professores e a meus pais por meu comportamento[17]. Peço Teu perdão por agir de

---

17 Para os pais: repreensões eficazes devem ser breves e dirigidas ao comportamento da criança, não ao caráter da criança. Oriente-o a assumir a responsabilidade por seus atos,

forma mesquinha e desrespeitosa com _____. Reconheço meu mau comportamento e peço que me perdoes por _____.

Obrigado, Senhor, por me ajudares enquanto aprendo boas habilidades sociais e como fazer aos outros o que quero que façam a mim.

Pai, entrego minha decepção a Ti, e creio que amanhã será um grande dia! Estou ansioso pelo novo dia com seus novos começos. Em nome de Jesus, amém.

REFERÊNCIAS BÍBLICAS
Romanos 8.33-39 • Mateus 15.4 • 2 Coríntios 5.18
1 João 1.9 • Mateus 12.36 • Lucas 6.31
Romanos 13.1-5 • Provérbios 4.18

IV. Vivendo Cada Dia

Segunda-feira:

Pai, em nome de Jesus, agradeço por me dares vida. Tu me elegeste para ser Teu mesmo antes da fundação do mundo – antes mesmo de eu nascer. Tu me viste enquanto eu estava sendo formado no ventre de minha mãe e sabes tudo sobre TDA/TDAH.

Senhor, Tu vês as coisas estranhas que faço, e conheces todos os meus pensamentos estranhos antes mesmo de eu tê-los. Agradeço por me amares e me ajudares a substituir maus pensamentos por bons pensamentos.

Ajuda meus pais, professores – e, principalmente, o motorista do ônibus – a me ajudar a fazer as coisas certas. Ajuda-me a ser gentil com os outros. Em nome de Jesus, amém.

REFERÊNCIAS BÍBLICAS
Efésios 1.4 • Salmo 139.2 • Salmo 139.13-16 Efésios 4.32

---

reconhecendo e pedindo perdão quando apropriado.

TERÇA-FEIRA:

Pai, o Salmo 91 diz que Tu designaste anjos para mim – me guardando onde quer que eu vá.

Senhor, preciso da Tua ajuda. Às vezes, meus pensamentos estranhos me assustam e não gosto da maneira como me comporto. Fico tão assustado e confuso que preciso fazer alguma coisa – correr, fazer barulho, até mesmo gritar ou tentar machucar alguém. Essas ações me afastam dos colegas e, quando eles não querem ser meus amigos, fico magoado, desapontado e com raiva.

Estou pedindo a Ti, Pai, que me ajudes a formar novos padrões de comportamento e superar com sucesso a desobediência e o desafio que causam angústia a meus pais e professores. Não gosto de vê-los chateados, embora às vezes eu ria disso.

Agradeço por me ajudares a superar ações obsessivas e compulsivas que criam confusão para mim e para os outros ao meu redor. Mesmo quando os outros não me querem por perto, Tu nunca me abandonarás. Sempre estarás comigo para me ajudar e me apoiar. Em nome de Jesus, amém.

REFERÊNCIAS BÍBLICAS
Salmo 91.11 • Salmo 27.10 • Romanos 7.21-25
Hebreus 13.5

QUARTA-FEIRA:

Pai, obrigado por meus pais, avós, conselheiros sábios e professores que me entendem e estão me ajudando a aprender bons padrões de comportamento. Ajuda-me a ouvir e desenvolver bons relacionamentos com os outros, especialmente com outras crianças.

Obrigado por me dares a habilidade de aprender a expressar minha raiva apropriadamente; Eu me alegro toda vez que tenho uma vitória. Teu Filho, Jesus, disse que me deu poder para superar todos os obstáculos que o TDA/TDAH causa em minha vida. Em nome de Jesus eu oro, amém.

Referências Bíblicas
Efésios 4.26 • Lucas 10.19

Quinta-feira:

Pai, Teu Filho, Jesus, é meu Senhor e Mestre, e Ele vive em meu coração. Obrigado por me dares a mente de Cristo, o Messias, Seus pensamentos, sentimentos e propósitos.

Senhor, Tu estás comigo quando meus pensamentos ficam confusos e enviaste o Espírito Santo para me ajudar a me concentrar e manter o foco em cada tarefa em casa e na escola. Sou um discípulo ensinado por Ti, Senhor, e obediente à Tua vontade, e abundantes são minha paz e serenidade imperturbável. Agradeço por me dares Teu capacete de salvação para proteger meus pensamentos. Em nome de Jesus, amém.

Referências Bíblicas
Romanos 10.9-10 • Isaías 54.13 • 1 Coríntios 2.16
1 Tessalonicenses 5.8 • João 16.13

Sexta-feira:

Pai, Tu não me deste um espírito de temor, mas me deste um espírito de poder, de amor e de moderação, disciplina e autocontrole. Obrigado porque, à medida que cresço na graça e no conhecimento de Jesus Cristo, estás criando em mim um coração disposto a ser obediente.

Perdoa-me por ter acessos de raiva e ajuda-me a reconhecer e controlar as ideias destrutivas que os causam. O Espírito Santo é meu Ajudador. Obrigado por me dares a capacidade de canalizar a hiperatividade de maneiras construtivas e produtivas.

Eu escolho falar de paz e amor nas situações que me afrontam e me fazem sentir desconfortável e fora de controle. Em nome de Jesus, amém.

Referências Bíblicas
2 Timóteo 1.7 • Filipenses 2.13 • 2 Pedro 3.18 • João 14.16 • Êxodo 35.5

SÁBADO:

Pai, às vezes pensamentos terríveis vêm a mim, e eu ordeno que as vozes que me dizem coisas ruins se calem e me deixem em nome de Jesus.

Senhor, em Tua Palavra Tu disseste que posso fazer escolhas. Eu escolho abandonar as fantasias que me fazem sentir medo e raiva; esses pensamentos não são Teus pensamentos. Tu me amas, e pensarei em coisas boas.

Pai, peço que Tua sabedoria resida em mim todos os dias enquanto aprendo novas técnicas para lidar com incidentes estressantes. Em nome de Jesus, amém.

Referências Bíblicas
Deuteronômio 30.19-20 • Isaías 55.8 • 2 Coríntios 10.5 • Filipenses 4.8

DOMINGO:

Pai, há tantas coisas no meu dia a dia que me preocupam e me atormentam. Eu me sinto tão diferente das outras pessoas.

Senhor, a Tua Palavra diz que não devo me preocupar com nada, mas que devo orar e pedir a Ti tudo o que preciso e dar graças quando oro, e então Tua paz guardará meu coração e meus sentimentos em Cristo Jesus. A paz que me dás é tão grande que não consigo entendê-la.

Obrigado por manteres minha mente tranquila e em paz. Declaro que sou um vencedor e, ao me submeter ao Teu controle, estou aprendendo o autocontrole.

Pai, agradeço por me ensinares como ser um bom amigo para aqueles estás enviando para ser meus amigos. Em nome de Jesus, amém.

Referências Bíblicas
Filipenses 4.6-7 • Apocalipse 12.11 • Isaías 26.3 • Gálatas 5.23

Oração a Ser Orada Pelo Cuidador

Introdução

Os cuidadores de crianças TDA/TDAH muitas vezes se encontram em situações que excedem em muito suas habilidades parentais.

Muita oração e fé são necessárias para ver a criança com TDA/TDAH como Deus a vê. A turbulência emocional e a perturbação da família muitas vezes se tornam avassaladoras, e os cuidadores às vezes descobrem que os desafios são maiores do que eles próprios.

Adultos responsáveis envolvidos na vida de uma criança com TDA/TDAH precisam de sabedoria piedosa, discernimento espiritual e alerta mental e emocional para superar o cansaço, a confusão e a ansiedade. Frequentemente, eles se questionam, processando emoções confusas e cenas de grande conflito. Palavras ditas para a criança e sobre ela podem confortar, dando-lhe esperança – ou podem reforçar sua crença de que ela é má e que algo terrível está errado com ela. Palavras podem curar ou palavras podem ferir.

As orações da criança com TDA/TDAH devem ser reforçadas por aqueles que a amam. Frequentemente, nossa imagem de outro indivíduo – até mesmo de nossos filhos – só pode ser mudada quando oramos de acordo com a vontade e o propósito de Deus para ele/ela. A seguinte oração pessoal para o cuidador é uma composição de coisas que o Espírito Santo me orientou a orar por minha amiga e colega e seu marido que estão criando seu neto com TDA/TDAH. Observei neles a dor, o deleite, a exasperação – toda a gama de emoções envolvidas nessa experiência desafiadora. Mas apesar de tudo, Deus é fiel!

Oração

Pai, em nome de Jesus, agradeço por esta criança muito especial. Tu vês minha confusão, ansiedade, frustração e perplexidade enquanto tento criar _____ ternamente na doutrina, disciplina, conselho e admoestação do Senhor. Perdoa-me pelas vezes em que, consciente ou inconscientemente, eu o(a) irrito e provoco à raiva, exasperando-o(a) até o ressentimento.

Tu vês minha dor intensa quando observo a rejeição que essa criança sofre por parte dos adultos que falam palavras duras contra ela e nossa família. As crianças se recusam a brincar com ele/ela e isso dói, embora eu entenda. Eu sei que aqueles que nunca estiveram em nosso lugar não podem nos entender completamente.

Mas, Senhor, onde outros são impiedosos e cruéis, Tu és misericordioso e bondoso. Certamente, a bondade e a misericórdia nos seguirão todos os dias de nossas vidas, e habitaremos em Tua casa para sempre. Quão grande é a Tua bondade para aqueles de nós que Te adoram! Estás pronto e esperando que corramos até Ti para escapar de um mundo cruel. Tu nos escondes com segurança da oposição.

Senhor, aperfeiçoa o fruto dos meus lábios para que eu possa oferecer a Ti louvor e ação de graças eficazes por esta criança que é uma bênção de Ti. Seu intelecto me surpreende, e sua perspicácia é um deleite. Peço-Te por intervenção e orientação divinas enquanto o(a) educo no caminho que deve seguir. Agradeço a grandiosidade de Tua obra e as técnicas que deste a ele/a para sobreviver – para superar turbulências emocionais – e a capacidade de servir neste mundo ao nosso redor. Verdadeiramente, esta criança foi feita de maneira terrível e maravilhosa. Eu imploro o sangue de Jesus sobre ela para protegê-la em todas as situações.

Tu tens um propósito divino para esta criança. Predestinaste os passos que ele/ela deve seguir, as obras que ele/ela deve fazer. Ajude-me a olhar para seus pontos fortes e fracos de forma realista, para que eu saiba como ajudá-lo(a) a desenvolver e demonstrar técnicas de autocontrole. Perdoa-me pelas vezes em que perco a paciência e o(a) repreendo por seu comportamento. Às vezes, me esqueço quem ele/ela realmente é. Unge meus olhos para vê-lo(a) como Tu a vês.

Pai, ajuda-me a falar de obras de graça; unge meus lábios para falar coisas excelentes e esplêndidas por ele/ela, sobre ele/ela e para ele/ela. Ajuda-me a dar a ele/ela doses saudáveis de amor incondicional, a administrar a ele/ela disciplina apropriada para mau comportamento e a recompensá-lo(a) por seu bom comportamento. Unge meus lábios com brasas de fogo do Teu altar para que eu possa falar palavras que o/a confortem, encorajem, fortaleçam e honrem. Guarda a porta dos meus lábios e perdoa-me quando minha paciência chegar ao fim.

Pai, Tu és meu Consolador, Conselheiro, Auxiliar, Intercessor, Advogado, Fortalecedor e Aquele que está em Prontidão. O que quer que surja em meu caminho, ajuda-me a ter grande alegria, permitindo que a persistência, a firmeza e a paciência tenham pleno desempenho e faça obra completa, para que eu seja perfeitamente e plenamente completo, sem defeitos e sem faltar em coisa alguma. Quando eu for deficiente em sabedoria, pedirei a Ti, e Tu me darás sabedoria liberal e de boa vontade, sem me censurar ou encontrar falhas em mim.

Oro para que eu seja revigorado e fortalecido com todo o poder de acordo com a força da Tua glória, para exercer todo tipo de persistência e paciência (perseverança e tolerância) com alegria.

Pai, tens visto as lágrimas durante a noite, e sei que experimentarei a alegria que vem pela manhã. Tu és minha alegria suprema! És minha Sabedoria, Justiça, Santificação e Redenção. Obrigado por seres um Companheiro constante.

Senhor, vejo meu/minha filho/filha, _____, crescendo e se tornando forte em espírito, crescendo em sabedoria, em amplo e pleno entendimento, em estatura, em anos, e em graça para Contigo e para com os homens. Em nome de Jesus, eu oro. Amém.

Referências Bíblicas
Efésios 6.4 • Isaías 6.6-7 • Salmo 117.2
Salmo 141.3 • Salmo 23.6 • João 14.16
Salmo 31.19-24 • Tiago 1.2,4-5 • Hebreus 13.15
Colossenses 1.11 • Salmo 127.3 • Salmo 22.2
Provérbios 22.6 • Salmo 30.5 • Salmo 139.14 • Salmo 43.4 • Efésios 2.10
1 Coríntios 1.30 • Provérbios 8.6 • Lucas 1.80; 2.52

Afirmações Diárias Para Uso do Cuidador

Introdução

Frequentemente, é muito difícil para crianças com TDA/TDAH aprenderem, desenvolverem novas técnicas de aprendizado em suas vidas e mudarem seus padrões de comportamento negativo. Ao trabalhar com elas, é muito importante que as amemos com o tipo de amor de Deus e as elogiemos por suas realizações.

A seguir estão exemplos dos tipos de afirmações diárias positivas que podem ser ditas à criança com TDA/TDAH para ajudá-la a desenvolver uma boa autoimagem e a se tornar tudo o que Deus pretende para ela nesta vida.

Afirmações

Ótimo trabalho • Muito bem • Estou muito orgulhoso de você • Bom para você • Legal • Excelente • Essa foi uma decisão inteligente • Você é inteligente • Deus te ama • Eu te amo • Eu sabia que você conseguiria • Eu acredito em você • Eu sei que você está tentando • Ótimo • Você é um(a) bom(a) menino(a) • Joia • Que imaginação • Você está crescendo • Boa memória • Incrível • Bom trabalho • Que escolha sábia • Você é uma bênção para mim • Você é especial para mim • Você é valioso(a) • Você é uma joia, uma joia preciosa • Você é mais precioso(a) que ouro • Você é incrível • Você é importante • Desempenho excepcional • Você é um(a) vencedor(a) • Notável • Nada pode parar você • Agora você entendeu • Perfeito • Você está entendendo muito bem • Maravilhoso • Bom • Ótimo • Lindo • Agora sim! • Você é fantástico(a) • Belo trabalho • Excepcional • Você é espetacular • Você trabalha duro • Você é único(a) • Grande descoberta • Você se esforça tanto • Boa tentativa • Bom esforço • Magnífico • Você conseguiu • Excelente trabalho • Fenomenal • Maravilhoso • Formidável • Você significa muito para mim • Você me faz rir • Você ilumina meu dia • Viva • Você é lindo/linda • Você é encantador(a) • Você é um(a) bom(a) amigo(a) • Você é um(a) filho(a) amoroso(a) [neto/neta] • Você ilumina minha vida • Você é aceito(a) • Você é uma parte importante da nossa família • Somos uma família • Você significa o mundo para mim • Isso mesmo • Você está correto(a) • Você é um sucesso • Mandou bem • Você está crescendo em sabedoria todos os dias • Você é uma bela criação • Você é amado(a) • Uau! • Você é um(a) vencedor(a) • Você é um(a) filho(a) do meu amor • Você é vitorioso(a) • Você é um raio de sol • Você é paciente • Você tem uma boa atitude • Você é eficiente • Você sabe como fazer bem seu trabalho

• Você é um(a) escolhido(a) • Você dá bons abraços • Obrigado por fazer parte da minha vida • Você merece elogios!

Passagens das Escrituras para Meditação

- Uma boa fama: Provérbios 15.30; Filipenses 4.8
- Uma resposta branda: Provérbios 15.1
- Amor perfeito: 1 João 4.18

∼ 101 ∼
Filhos na Escola

Pai, em nome de Jesus, confesso a Tua Palavra neste dia a respeito de meus filhos enquanto eles buscam sua educação e formação na escola. Tu estás efetivamente trabalhando neles, criando neles o poder e o desejo de agradar-Te. Eles Te serão por cabeça e não por cauda, estarão em cima e não debaixo.

Oro para que meus filhos encontrem graça, bom entendimento e alta estima aos olhos de Deus e de seus professores e colegas de classe. Peço-Te que dês aos meus filhos sabedoria e compreensão à medida que o conhecimento lhes é apresentado em todos os campos de estudo e empenho.

Pai, obrigado por dares a meus filhos um apreço pela educação e a ajudá-los a entender que a Fonte e o início de todo conhecimento és Tu. Eles têm o apetite dos diligentes e são abundantemente supridos com recursos educacionais; seus pensamentos são os dos diligentes, que tendem apenas para a realização. Agradeço a Ti por eles estarem crescendo em sabedoria e conhecimento. Não cessarei de orar por eles, pedindo que sejam cheios do conhecimento da Tua vontade, frutificando em toda boa obra.

Pai, agradeço porque meus filhos têm proteção divina pois habitam no esconderijo do Altíssimo. Meus filhos confiam e encontram refúgio em Ti e permanecem enraizados e alicerçados em Teu amor.

Eles não devem ser desviados por filosofias de homens e ensinos que são contrários à verdade. Tu és seu Escudo e Broquel, protegendo-os de ataques ou ameaças. Obrigado pelos anjos que lhes designaste para acompanhá-los, defendê-los e preservá-los em todos os seus caminhos de obediência e serviço. Meus filhos estão firmados em Teu amor, que expulsa todo temor.

Oro para que os professores de meus filhos sejam homens e mulheres piedosos e íntegros. Dá aos nossos professores corações compreensivos e sabedoria para que possam andar nos caminhos da piedade e da virtude, reverenciando o Teu santo nome. Amém.

Referências Bíblicas
Filipenses 2.13 • Salmo 91.1-2 • Deuteronômio 28.1-2,13
Efésios 4.14 • Provérbios 3.4 • Salmo 91.3-11 • 1 Reis 4.29
Efésios 1.17 • Daniel 1.4 • Salmo 112.8 • Provérbios 1.4,7
Efésios 3.17 • Provérbios 3.13 • Mateus 18.18 • Provérbios 4.5
Tiago 1.5 • Colossenses 1.9-10

~ 102 ~
Orando pelo Futuro de Seus Filhos[18]

Pai, Tua Palavra declara que os filhos são uma herança de Ti e promete paz quando eles são ensinados em Teus caminhos. Dedicamos _____ a Ti hoje, para que ele/ela possa ser criado como Tu desejas e siga o caminho que Tu elegeste. Enquanto oramos a Tua Palavra, ela sai e não voltará a Ti vazia, mas prosperará para o que foi enviada.

Pai Celestial, como pais, escolhemos educar _____ no caminho que ele/ela deve seguir, confiando na promessa de que ele/ela não

---
18 O pronome pessoal "nós" pode ser alterado para "eu" quando apropriado. O Espírito Santo pode levar-lhe a orar cada palavra – ou – Ele pode acrescentar a esta oração. Às vezes, Ele lhe instigará a fazer uma pausa e meditar após uma frase ou parágrafo. Sempre, lembre-se de que o Espírito Santo lhe ajuda a orar!

se desviará de Teus caminhos, mas crescerá e prosperará neles. Escolhemos ser pais de acordo com a Tua Palavra, entregando o cuidado e o fardo de criá-lo(a) a Ti. Pai, permanecemos unidos e pedimos que nos ajudes durante as experiências difíceis para criá-lo(a) com disciplina amorosa e conselhos que trarão a revelação de Jesus, nosso Senhor, diante dele(a). Oramos para não exasperarmos com _____. Escolhemos ensinar nossos filhos a fazerem tudo para a glória de Deus. Tua graça é suficiente para superar meus erros como pai / mãe.

Pedimos que cries no coração do meu/minha filho(a), _____, o desejo de ser obediente e honrar ambos os pais, sendo capaz de aceitar as abundantes promessas da Tua Palavra de longa vida e prosperidade. Tu não lhe deste um espírito de temor, mas de poder, de amor e de moderação. Oramos para que _____ escolha andar nos caminhos da retidão, sem medo de honrar e guardar a Tua Palavra. Que nossos filhos continuem confiando em Ti e façam o que é certo aos Teus olhos, e fixem seus corações em Tuas promessas para que estejam seguros, alimentando-se em Tua fidelidade.

Nós os cercamos com fé em Ti e em Tua Palavra, orando para que eles sempre permaneçam convencidos de que Tu és o Deus Todo-Poderoso. Somos gratos porque, à medida que _____ cresce, ele/ela se lembrará de Ti e não perderá a oportunidade de ter um relacionamento com Teu Filho, Jesus. Tuas grandes bênçãos estarão sobre _____ por guardar Teus caminhos. Agradeço por Tuas bênçãos sobre todas as áreas da vida de _____, pois cuidarás da salvação e obediência de sua vida aos Teus caminhos.

Pai Celestial, agradecemos agora que as pessoas serão enviadas no caminho de _____, preparando o caminho para a salvação, como está escrito em Tua Palavra, por meio de Teu Filho, Jesus. Somos gratos porque _____ reconhecerá as armadilhas do diabo e será entregue à salvação por meio da pureza de Teu Filho. Com o coração em ação de graças, acreditamos que nossos filhos se tornaram feitura Tua, recriados em Cristo Jesus para cumprir o destino que Tu deste a cada um. Mesmo antes de _____ nascer, Tu criaste e planejaste com antecedência o destino dele(a) e as boas obras que ele/ela fará para cumpri-lo!

Oramos para que, assim como Jesus cresceu em sabedoria e estatura, Tu abençoes _____ com a mesma sabedoria e derrame Tua graça e sabedoria abertamente para ele/ela.

Nós Te louvamos antecipadamente pelo futuro cônjuge de _____. Pai, Tua Palavra declara que Tu desejas que os filhos sejam puros e honrados, esperando o casamento. Falamos de bênçãos para a futura união e acreditamos que _____ será adequado(a) para seu/sua parceiro(a) e sua família será piedosa, apegando-se ao amor de Jesus Cristo. Continues a preparar _____ para ser o homem/mulher de Deus que Tu desejas que ele/ela seja.

Pedimos a graça para que _____ seja diligente e trabalhador(a), nunca sendo preguiçoso(a) ou indisciplinado(a). Tua Palavra promete grandes bênçãos para a casa dele(a), e ele/ela sempre terá fartura e sempre prosperará. A piedade é proveitosa para sua casa, e _____ receberá a promessa da vida e tudo o que está por vir.

Pai, obrigado por protegeres e guiares meu/minha filho(a). Em nome de Jesus eu oro, amém.

Referências Bíblicas

Salmo 127.3 • Mateus 7.14 • Isaías 54.13 • Lucas 2.52
Isaías 55.11 • Hebreus 13.4 • Provérbios 22.6 • 1 Tessalonicenses 4.3
1 Pedro 5.7 • Efésios 5.22-25 • Efésios 6.4 • 2 Timóteo 1.13
Deuteronômio 6.7 • Provérbios 13.11 • 2 Coríntios 12.9
Provérbios 20.13 • Efésios 6.1-3 • Romanos 12.11 • 2 Timóteo 1.12
1 Timóteo 4.8 • Provérbios 8.17,32 • 1 João 3.8 • Lucas 19.10
João 10.10 • Mateus 9.38 • Salmo 37.3 • Efésios 2.10
Mateus 18.18 • 2 Coríntios 2.11 • João 14.13 • 2 Timóteo 2.26
Salmo 91.1,11 • Jó 22.30

~ 103 ~
Orando pelo Seu Filho Adolescente

Pai, em nome de Jesus, afirmo a Tua Palavra sobre meu filho/filha. Eu comprometo _____ a Ti e me deleito também em Ti. Eu Te agradeço por teres livrado _____ da rebelião para ter um relacionamento justo conosco, seus pais.

Pai, o primeiro mandamento com promessa é para o filho que obedece a seus pais no Senhor. Tu disseste que tudo ficará bem com ele/ela e ele/ela viverá muito tempo na terra. Afirmo esta promessa em nome de meu/minha filho(a), pedindo-Te que dês a _____ um espírito obediente para que ele/ela possa honrar, estimar e valorizar como preciosos seu pai e sua mãe.

Pai, perdoa-me pelos erros cometidos devido às minhas próprias mágoas não resolvidas ou egoísmo, que podem ter causado mágoas em _____. Recebo a unção que está sobre Jesus para sarar e curar nossos corações quebrantados (tanto dos pais quanto dos filhos). Dá-nos a capacidade de compreender e perdoar uns aos outros, como Deus, por amor de Cristo, nos perdoou. Agradeço pelo Espírito Santo que nos conduz a toda a verdade e corrige percepções errôneas sobre situações passadas ou presentes.

Agradeço por nos ensinares a ouvir uns aos outros e por dares a _____ um ouvido que ouve a admoestação, pois então ele/ela será chamado de sábio(a). Afirmo que falarei coisas excelentes e esplêndidas, e abrirei meus lábios para equidades. Pai, eu me comprometo a educar e ensinar _____ no caminho que ele/ela deve seguir, e quando _____ for velho(a), ele/ela não se desviará da sã doutrina e ensino, mas a seguirá todos os dias de sua vida. Em nome de Jesus, ordeno que a rebelião fique longe do coração de meu / filha filho / filha e confesso que ele/ela está disposto(a) e obediente, livre para desfrutar da recompensa de Tuas promessas. _____ será pacífico(a), trazendo paz aos outros.

Pai, de acordo com a Tua Palavra, nos foi dado o ministério da reconciliação, e eu recebo este ministério e a palavra da reconciliação para esta situação familiar. Recuso-me a provocar, irritar ou afligir meu/minha filho(a). Não serei duro com ele/ela, para que não fique desanimado(a), sentindo-se inferior e frustrado(a). Não irei traumatizá-lo(a), em nome de Jesus e pelo poder do Espírito Santo. Pai, eu perdoo meu / minha filho(a) pelos erros que ele/ela fez e intercedo até que ele/ela caia em si e escape da armadilha do inimigo (rebelião). Agradeço por velares sobre a Tua Palavra para cumpri-la, transformando e reconciliando o coração do filho rebelde com os pais e o coração dos pais com o filho. Obrigado por trazeres meu/minha filho(a) de volta a um relacionamento saudável Contigo e comigo, para que nossas vidas possam glorificar a Ti! Amém.

Referências Bíblicas
Salmo 55.12-14 • Provérbios 8.6-7 • 1 Pedro 5.7 • Provérbios 22.6
Salmo 37.4 • Isaías 1.19 • João 14.6 • Isaías 54.13 • Efésios 6.1-3
2 Coríntios 5.18-19 • 1 João 1.9 • Colossenses 3.21 • Isaías 61.1
João 20.23 • João 16.13 • Ezequiel 22.30 • Provérbios 15.31
Jeremias 1.12 • Provérbios 13.1 • Malaquias 4.6

PARTE II

Orações em Grupo

Um Grupo de Oração
INTERCESSÓRIA

~ 104 ~
Crescimento Individual

Pai, em nome de Jesus, nós, em nosso grupo de oração, desejamos que nossas orações tenham muito valor. Fomos mesclados em um corpo em Cristo, o que significa que estamos vitalmente unidos uns aos outros – cada um contribuindo para os outros. Todos nós podemos nos aproximar Dele com o véu removido de nossos rostos para que nos tornemos como espelhos que refletem a glória do Senhor Jesus. Estamos sendo transfigurados em Sua própria imagem à medida que passamos de um nível mais brilhante de glória para outro. Esta gloriosa transfiguração vem do Senhor, que é o Espírito.

Pai, percebemos que Tu sabes do que precisamos antes de pedirmos e que não estamos todos crescendo da mesma maneira ou no mesmo plano, mas estamos crescendo na graça e no conhecimento de nosso Senhor e Salvador Jesus Cristo.

Damos espaço uns aos outros para crescer, pois estamos nos tornando um povo paciente, suportando uns aos outros e fazendo concessões porque amamos uns aos outros. Somos fiéis em guardar a doce unidade do Espírito Santo entre nós pelo vínculo da paz, sendo um só corpo e um só espírito, pois fomos todos chamados para a mesma gloriosa esperança do destino divino. Em nome de Jesus, amém.

REFERÊNCIAS BÍBLICAS
Tiago 5.16 • 2 Pedro 3.18 • Romanos 12.5-6 • 2 Coríntios 1.24
2 Coríntios 3.18 • Efésios 4.20 • Efésios 4.3-4
Mateus 6.32

∼ 105 ∼
Um Membro do Grupo Vivenciando Luto ou Perda

Pai, em nome de Jesus, nos aproximamos do Teu trono de graça, trazendo _____ diante de Ti. Reconhecemos que o luto é um processo emocional humano e damos a ele/ela o espaço que ele/ela precisa para entrar no repouso que Tu tens para ele/ela.

Pai, Jesus suportou as dores de _____ (doenças, fraquezas e angústias) e carregou suas dores e sofrimentos; sabemos que Teu Espírito está sobre Jesus para sarar e curar o coração partido de _____. Que ele/ela seja gentil consigo mesmo(a), sabendo que não está sozinho(a) em sua dor. Tu estás com ele/ela e nunca o(a) deixará sem apoio.

Dá a nós, amigos e parceiros de oração de _____, discernimento, compaixão e compreensão para que possamos levar (suportar, carregar) o fardo de sua perda. Confiamos em Ti para guiá--lo(a) e respeitamos suas decisões aguardando a manifestação de Tua cura.

Pai, desejamos ser praticantes da Tua Palavra, e não apenas ouvintes. Por isso, nos comprometemos a compartilhar a alegria de quem está feliz e a tristeza de quem está triste e aflito. E oramos para que nosso amor impacte _____ com alegria e encorajamento.

Também agradecemos, Pai, por enviares o Espírito Santo para confortar, aconselhar, ajudar, interceder, defender, fortalecer e permanecer ao lado de _____ como somente Ele pode fazer neste momento de dor e tristeza. Em nome de Jesus, amém.

REFERÊNCIAS BÍBLICAS
Isaías 53.4 • Tiago 1.22 • Isaías 61.1 • Romanos 12.15
Hebreus 13.5 • Filemon 7 • Gálatas 6.2
João 14.26

~ 106 ~
Amar e Cuidar de Si

Pai, percebo que antes de poder amar os outros como o Senhor instruiu, devo amar a mim mesmo. Ajuda-me a falar verdadeiramente, tratar verdadeiramente e viver verdadeiramente em harmonia Contigo, comigo mesmo e com os outros em meu grupo de oração.

Sou feitura Tua, criado em Cristo Jesus. Fui criado de forma terrível e maravilhosa. Ajuda-me a lembrar que os outros nem sempre sabem o que é melhor para mim. Confio em Ti de todo o meu coração e não me estribo em meu próprio entendimento. Sempre deixo Tu me guiares, sabendo que me mostrarás qual caminho seguir e limparás o caminho para eu seguir.

Espero que faças com que meus pensamentos estejam de acordo com a Tua vontade para que eu possa fazer escolhas saudáveis. Dá-me coragem para dizer "não" quando for do meu interesse, de acordo com o Teu propósito e plano para minha vida.

Tu és minha confiança e manténs meu coração em paz em todas as situações. Eu ando por Teus caminhos de retidão e, portanto, Tu disseste que não negarás bem algum a mim. Tu forneces tudo! Tu me envolves como um escudo e és mais brilhante do que o brilho do nascer do sol.

Eu assumo a responsabilidade por mim mesmo e permito que outros em nosso grupo de oração assumam a responsabilidade por mim, em nome de Jesus. Isso me liberta para que eu não esteja apenas preocupado com meus próprios interesses, mas também com os interesses dos outros.

Desejo fazer aos outros o que gostaria que fizessem a mim. Porque Teu amor infindável flui em meu coração através do Espírito Santo, amarei meu próximo como a mim mesmo. Em nome de Jesus, amém.

REFERÊNCIAS BÍBLICAS
Romanos 13.9 • Filipenses 2.4 • Efésios 4.15
Mateus 7.12 • Efésios 2.10 • Provérbios 21.29
Salmo 139.14 • Provérbios 3.26 • Provérbios 3.5-6
Romanos 5.5 • Provérbios 16.3 • Salmo 84.11 • Mateus 22.39

∼ 107 ∼
Perseverança na Oração

Pai, o rumo que colocaste diante de mim é claro. Tu me chamaste para este grupo de oração para responder aos muitos pedidos de oração que recebemos daqueles que precisam da ajuda de outras pessoas ou que não sabem orar por si mesmos.

Senhor, Tu és o Agricultor, Jesus é a Videira e eu sou o ramo. Eu permaneço em Ti e Tu permaneces em mim, e minhas orações dão muito fruto. Fora de Ti nada posso fazer.

Pai, às vezes sou tentado a ficar cansado e sobrecarregado com a dor e o sofrimento dos outros. Ajuda-me a lembrar que Jesus disse: "Vinde a Mim, todos os que estais cansados e oprimidos, e Eu vos aliviarei" (Mateus 11.28). Eu tomo Seu jugo sobre mim e aprendo sobre Ele, pois Ele é manso e humilde de coração, e encontrarei repouso para minha alma. Seu jugo é suave e Seu fardo é leve.

Senhor, Jesus disse que eu deveria sempre orar e não me acovardar, desmaiar, desanimar ou desistir. Sou sincero, incansável e firme em minha vida de oração, estando alerta e atento em minha oração com ação de graças.

Portanto, porque estou rodeado de uma tão grande nuvem de testemunhas, deixo todo embaraço e o pecado, que tão de perto me rodeia, e corro com paciência a carreira que me é proposta. Fixo meus olhos em Jesus, Autor e Consumador da minha fé. Pela alegria que Lhe estava proposta, Jesus suportou a cruz, desprezando a afronta, e assentou-Se à destra do Teu trono. Eu considero Aquele que suportou tal contradição de homens pecadores, para que eu não me enfraqueça e desfaleça durante os momentos de intercessão. Em Seu nome eu oro, amém.

REFERÊNCIAS BÍBLICAS
João 15.1-7 • Colossenses 4.2 • Mateus 11.29-30
Hebreus 12.1-3 • Lucas 18.1

∼ 108 ∼
Agradando a Deus ao Invés das Pessoas

Pai, desejo agradar mais a Ti do que às pessoas. Perdoa-me por amar mais a glória dos homens do que a glória de Deus. É o Teu selo de aprovação que procuro.

Medo e intimidação são apenas uma armadilha que me segura. Não cairei na armadilha, mas confiarei no Senhor que me guarda. Sou ousado e confiante para dizer: "O Senhor é meu Ajudador. Não temerei o que me pode fazer o homem".

Pai, assim como enviaste Jesus ao mundo, Tu me enviaste. Estás sempre comigo, e eu sempre procuro fazer o que Te agrada. Em nome de Jesus, amém.

REFERÊNCIAS BÍBLICAS
João 12.43 • João 17.18 • Provérbios 29.25
João 8.29 • Hebreu 13.6 • Salmo 37.5-6

~ 109 ~
Comunicação Com os Membros do Grupo

Pai, a todos quantos receberam Jesus, deste o poder de se tornarem Teus filhos e filhas. Estou aprendendo a ser direto em minha comunicação com meus irmãos e irmãs em Cristo, meus colaboradores no Senhor. Tenho o poder de ser direto, expressando honestamente meus sentimentos e desejos, porque Jesus foi feito sabedoria para mim. A sabedoria do alto é direta, objetiva e livre de dúvidas, vacilações e hipocrisia.

Eu sou Tua criação, Pai, e Tu me criaste para compartilhar ativamente minha fé. Em nome de Jesus, a minha conversa será sempre cheia de graça, temperada com sal, para que eu saiba como responder a todos. Estou contente com minha própria realidade – não reclamando por ter muito pouco, mas satisfeito em qualquer circunstância – para que os outros se sintam confortáveis em minha presença. Falarei verdadeiramente, tratarei verdadeiramente e viverei verdadeiramente, expressando a verdade em amor.

Como Teus filhos e colaboradores, caminhamos na maturidade sempre em desenvolvimento que nos permite estar em perfeita harmonia no que dizemos, perfeitamente unidos em nosso entendimento comum e em nossas opiniões. E se em algum ponto pensarmos diferente, Tu nos esclarecerás. Vivemos segundo aquilo a que já chegamos, tanto em nossas vidas individuais como em nosso grupo. Seja nosso sim simplesmente sim, e nosso não simplesmente não. Em nome de Jesus, amém.

Referências Bíblicas
João 1.12 • Filipenses 4.11 • 1 Coríntios 1.30
Efésios 4.15 • Tiago 3.17 • 1 Coríntios 1.10
Filemon 6 • Filipenses 3.15-17 • Colossenses 4.6
Mateus 5.37

Povo, Ministros e Ministérios de DEUS

~ 110 ~
O Corpo de Cristo

Pai, sujeitaste todas as coisas aos pés de Jesus e sobre todas as coisas O constituíste Cabeça da igreja, que é o Seu corpo, a plenitude Daquele que cumpre tudo em todos. Estávamos mortos em ofensas e pecados, mas Tu nos vivificaste! Cristo é a nossa paz, e já não somos estrangeiros e peregrinos, mas concidadãos dos santos e membros da família de Deus. Jesus é a nossa Pedra Angular.

Pai, Tu queres que cresçamos, conheçamos toda a verdade e a contemos com amor – como Cristo em tudo. Estamos seguindo Cristo, que é a base de tudo que fazemos. Ele nos mantém juntos. Sua respiração e Seu sangue fluem através de nós, nutrindo-nos para que possamos crescer com saúde em Deus, fortalecidos em amor.

Que sejamos cheios do conhecimento da Tua vontade, em toda a sabedoria e inteligência espiritual. Como eleitos de Deus, santos e amados, nos revestimos de ternas misericórdias, bondade, humildade, mansidão e longanimidade. Suportamos uns aos outros e perdoamos uns aos outros. Se temos uma reclamação contra outro, assim como Cristo nos perdoou, também devemos perdoar. Acima de tudo, revestimo-nos do amor, que é o vínculo da perfeição, e que reine em nossos corações a paz de Deus, para a qual também fomos chamados em um só Corpo, e sejamos agradecidos.

Cheios de fé, confiantes de que estamos apresentáveis para Ele, vamos nos agarrar às promessas que nos fazem prosseguir. Ele sempre mantém Sua palavra. Sejamos criativos no amor, no encorajamento e na ajuda. Não evitemos as reuniões de culto, como alguns fazem, desprezando os irmãos, ainda mais agora, que o grande Dia se aproxima.

Porque nós todos fomos chamados para andarmos no mesmo caminho, para seguirmos na mesma direção. Por isso, permaneçamos juntos de coração e na caminhada. Nós temos um só Senhor, uma só fé, um só batismo, um só Deus e Pai de todos, que governa sobre todos, age por intermédio de todos e está presente em todos. Tudo que nós somos, pensamos e fazemos é permeado por essa linda Unidade.

Pai, nós nos comprometemos a orar uns pelos outros, vigiando com nossos olhos abertos e permanecendo otimistas e esperançosos, para que ninguém fique para trás ou desista. Além disso, oramos por nossos líderes espirituais, para que saibam o que dizer e tenham coragem de dizê-lo no momento certo. Somos um no vínculo de amor, em nome de Jesus.

REFERÊNCIAS BÍBLICAS
Efésios 1.22-23 • Hebreus 10.23-25 (MSG)
Efésios 4.15-16 (MSG) • Efésios 4.4-6 (MSG)
Colossenses 3.12-15 • Efésios 6.18-19 (MSG)

～ 111 ～
União e Harmonia

Pai, em nome de Jesus, esta é a confiança que temos em Ti: se pedirmos alguma coisa de acordo com a Tua vontade, Tu nos ouves; e porque sabemos que nos ouves em tudo o que pedimos, sabemos que recebemos as petições que Te fazemos.

Espírito Santo, ensina-nos a concordar (entrar em harmonia e sintonia) acerca de qualquer coisa, para que tudo o que pedirmos aconteça e seja feito para nós por nosso Pai celestial.

Como parte do corpo de Cristo, viveremos com terna humildade e serena paciência, sempre demonstrando gentileza e amor generoso uns para com os outros, especialmente para com aqueles que podem testar nossa paciência.

Este é o objetivo – viver em harmonia uns com os outros e demonstrar amor afetuoso, simpatia e bondade para com os outros crentes. Que a humildade descreva quem somos quando amamos uns aos outros. Nunca retribuiremos o mal com o mal ou retaliaremos com insultos quando as pessoas nos insultarem. Em vez disso, retribuamos com uma bênção. Isso é o que Deus nos chamou para fazer, e Ele nos abençoará por fazê-lo.

Pai, agradecemos por Jesus ter nos dado a glória e a honra que Tu deste a Ele. Oramos para que todos sejamos um, assim como Tu e Jesus são um, de forma que vivenciaremos uma unidade tão perfeita que o mundo saberá que Tu enviaste Jesus e que os ama tanto quanto O ama. Pai, oramos para que Tua vontade seja feita, tanto na terra como no céu. Amém, e que assim seja.

Referências Bíblicas
1 João 5.14-15 • 1 Pedro 3.8-9 • 1 Coríntios 1.10
João 17.22-23 • Mateus 18.19 • Mateus 6.10
Efésios 4.2-3

～ 112 ～
Visão Para uma Igreja

Pai, em nome de Jesus, entramos em Tua presença agradecendo-Te pela _____ (nome da igreja). Tu nos chamaste para sermos santos na _____ (nome da cidade) e ao redor do mundo. Ao erguermos nossas vozes em uníssono, reconhecemos que Tu és Deus e que tudo foi feito por e para Ti. Chamamos à existência as coisas que não são como se já fossem.

Nós Te agradecemos porque todos nós falamos a mesma coisa. Não há divisão entre nós; estamos perfeitamente unidos na mesma mente. Conceda a nós, Teus representantes aqui, uma ousadia para falar Tua Palavra, a qual Tu confirmarás com sinais. Agradecemos por termos trabalhadores em abundância. Cada departamento opera na excelência do ministério e das intercessões. Temos em nossa igreja os dons do ministério para a edificação deste Corpo até que todos cheguemos à unidade da fé e ao conhecimento do Filho de Deus, à plena virilidade. Nenhum de nosso povo será criança, jogado de um lado para o outro e levado por todo vento de doutrina. Falamos a verdade em amor.

Pai, agradecemos a Ti pelas instalações do ministério que mais do que atenderão às necessidades do ministério. Obrigado pela doação fiel de Teu povo. Temos mais do que o suficiente para dar comida e roupas aos necessitados. Acolhemos o estrangeiro em nossa igreja. Estamos aqui para visitar os doentes e os encarcerados. Não importa o quão sem importância eles possam parecer, pretendemos fazer isso por Ti e em Teu nome.

Reconhecemos que toda a autoridade do universo foi dada a Jesus, o Cabeça da Igreja. Iremos em Sua autoridade e faremos discípulos de todas as nações, batizando-os em nome do Pai, do Filho e do Espírito Santo. Temos o propósito de seguir fielmente tudo o que o Senhor nos ordenou a fazer e agradecemos por estares conosco todos os dias, até a consumação dos séculos.

Temos tudo o que precisamos para cumprir Tua Grande Missão e alcançar a área de _____ (nome da cidade ou município) para Jesus. Obrigado por nossas equipes missionárias que vão a outras nações para fazer discípulos. Somos um povo de amor porque o amor é derramado em nossos corações pelo Espírito Santo. Agradecemos porque a Palavra de Deus está viva em todos nós, e Jesus é o Senhor!

Somos uma igreja sobrenatural, composta de pessoas sobrenaturais fazendo coisas sobrenaturais, pois somos cooperadores de Deus. Nós Te agradecemos por Tua presença entre nós, e erguemos nossas mãos e louvamos Teu santo nome! Amém[19].

Referências Bíblicas
Atos 4.24 • Efésios 4.11-15 • Romanos 4.17 • Filipenses 4.19
1 Coríntios 1.10 • Romanos 5.5 • Atos 4.29 • 1 Coríntios 3.9
Marcos 16.20 • Salmo 63.4 • Êxodo 35.33 • Mateus 25.37-50
Mateus 28.18-20

---

19 Partes desta oração foram escritas e usadas com a permissão de T.R. King, Valley Christian Center, Roanoke, Virgínia.

~ 113 ~
Oração de um Pastor pela Congregação

Pai, como pastor de _____, venho ao trono da graça em nome dos membros. Dou graças ao meu Deus todas as vezes que me lembro deles. Em cada oração minha, sempre faço meus pedidos e súplicas por todos eles com alegria e prazer. Agradeço por sua comunhão, cooperação e parceria no avanço das Boas Novas do evangelho. Tenho certeza de uma coisa: Tu começaste uma boa obra neles e a aperfeiçoará até o dia da volta de Jesus Cristo.

Em nome de Jesus, oro com confiança porque minha congregação ocupa um lugar permanente em meu coração, pois são participantes da Tua maravilhosa graça. Pai, Tu és minha testemunha. Tu sabes quanto eu os amo e quanto sinto falta de vocês, nas ternas misericórdias de Cristo Jesus.

Assim, esta é minha oração: que o amor deles floresça e que transborde; que aprendam a amar como se deve. Eles precisam usar a cabeça e testar seus sentimentos, para que haja amor sincero e consciente, não sentimentalismo barato. Pai, eu oro para que cada um deles viva como alguém que ama, uma existência discreta e exemplar, uma vida da qual Jesus se orgulharia: produtiva em frutos da alma, tornando Cristo atraente para todos e fazendo que todos sintam vontade de louvar a Deus.

Pai, que os membros sejam preenchidos com os frutos de justiça – sendo retos perante Deus e fazendo boas ações – que vêm por meio de Jesus Cristo, o Ungido, para honra e louvor de Deus – para que a Tua glória seja tanto manifestada quanto reconhecida.

Eu me comprometo Contigo, Pai, e com eles novamente. Ficarei ao lado deles para seu proveito e alegria da fé, para que, por mim, tenham abundantes motivos para exultação e glória em Cristo Jesus. Em nome de Jesus, eles terão a certeza de que, como cidadãos, se portarão dignamente conforme o evangelho de Cristo.

Pai, obrigado por eles estarem unidos, singulares em visão e propósito, lutando lado a lado pelas Boas Novas do evangelho. Eles nunca serão abalados ou intimidados pela oposição que se levanta contra nós. Isso será um sinal claro para seus inimigos de sua destruição iminente, mas um sinal seguro de salvação para a congregação, até mesmo pelo próprio Deus.

Ser membro da _____ me deixa verdadeiramente feliz, pois concordamos sinceramente uns com os outros, amamos uns aos outros e trabalhamos juntos com uma só mente e propósito. Em nome de Jesus, amém.

Referências Bíblicas
Filipenses 1.4-7 • Filipenses 1.25-28
Filipenses 1.8-11 (MSG) • Filipenses 2.2

~ 114 ~

Ministros

Pai, em nome de Jesus, oramos para que o Espírito do Senhor repouse sobre esses ministros do evangelho com sabedoria, entendimento, conselho, poder e conhecimento. Pedimos-Te que os tornes de rápido entendimento porque Tu, Senhor, tens ungido e qualificado estes homens e mulheres para pregar o Evangelho aos mansos, pobres, ricos e aflitos. Tu os enviaste para restaurar e curar os quebrantados de coração, para proclamar liberdade aos cativos físicos e espirituais e para abrir a prisão e os olhos dos que estão presos.

Os ministros pelos quais oramos agora serão chamados sacerdotes do Senhor. Oramos e acreditamos que nenhuma arma forjada contra aqueles que são chamados de acordo com a Tua vontade prosperará e qualquer língua que se levantar contra eles em julgamento será condenada. Oramos para que eles se apeguem e sigam o padrão de ensino saudável e sadio com toda a fé e amor, que há para nós em Cristo Jesus. Que eles guardem e protejam, em todo o tempo com o maior amor, a preciosa e excelentemente adaptada verdade que lhes foi confiada pelo Espírito Santo, o qual faz Sua morada em seus corações.

Senhor, oramos e cremos que todos os dias a liberdade de expressão é dada a esses ministros para abrirem suas bocas com ousadia e coragem para levar o Evangelho ao povo. Obrigado, Senhor, pela força adicional, que vem de forma sobre-humana, que deste a eles.

De acordo com a graça que nos foi dada, os ampararemos e apoiaremos em oração. Diremos apenas coisas boas que edificarão aqueles que ministram a nós e, se tivermos perguntas, as faremos. Não os julgaremos, mas continuaremos a interceder e orar por bênçãos sobre eles em nome de Jesus. Obrigado, Jesus, pelas respostas. Aleluia! Amém.

REFERÊNCIAS BÍBLICAS
Isaías 11.2-3 • 2 Timóteo 1.13-14 • Isaías 61.1,6
Efésios 6.19-20 • Isaías 54.17 • 1 Pedro 3.12

~ 115 ~
Missionários

Pai, trazemos diante de Ti os missionários do Corpo de Cristo que estão no campo levando as boas novas do Evangelho não apenas neste país, mas também em todo o mundo. Trazemos aqueles no Corpo de Cristo que estão sofrendo perseguição e aqueles que estão na prisão por causa de suas crenças.

Pai, a Tua graça é sempre mais do que suficiente para todos, e o Teu poder se aperfeiçoa na fraqueza humana. Quando cercados de problemas por todos os lados e enfrentando perseguições por causa do amor a Cristo, Teus missionários são fortalecidos ainda mais.

À medida que esses missionários que foram chamados de acordo com a Tua vontade se adaptam a uma nova cultura, oramos para que, com a ajuda do Espírito Santo, eles busquem constantemente o domínio do reino de Deus e a justiça que procede Dele. Então todas as outras coisas serão dadas a eles abundantemente.

Tu colocaste a eternidade nos corações de todas as pessoas em todos os lugares. Rogamos que reveles a Teus representantes os fundamentos básicos das Boas Novas do Evangelho que serão compreendidos pelo povo. Revela e liberta os missionários de quaisquer ideias falsas que promovam picuinhas religiosas, que desgastam a fé de todos. Oramos para que eles sempre se concentrem em fazer o melhor para Deus, sempre apresentando a verdade pura e simples. Que cada palavra que os missionários falem seja impregnada de graça e compaixão. Que suas palavras sejam temperadas com sal, sejam amigáveis, claras, e deixem as pessoas sedentas pela verdade.

Pai, mantém esses preciosos missionários em sintonia Contigo. Que nossos irmãos e irmãs programem retiros pessoais onde possam descansar, ter comunhão com outras pessoas e orar. Obrigado, Senhor Deus, por dar-lhes instruções e as palavras certas para encorajar aqueles que estão cansados. Quando Tu os acordar todas as manhãs, eles estarão ansiosos para aprender Teus ensinamentos e instruções.

Pai, sabemos que Tu velas sobre a Tua Palavra para cumpri-la. Ela sempre produz frutos. Tua Palavra realiza tudo o que Tu desejas e prospera em todos os lugares que a envias. Enquanto oramos aqui, outros recebem as respostas pelo Espírito Santo.

Agradeço, Pai, por revelares ao Teu povo a integridade da Tua Palavra. Tu és a Luz, Salvação, Refúgio e Fortaleza deles. Pedimos que esconda esses missionários em seu abrigo e os coloque no alto de uma rocha. Senhor, aumenta seus apoiadores financeiros e de oração e atende a todas as suas necessidades de acordo com Tuas riquezas em Cristo Jesus. Que eles sejam fortes em Ti e na força do Teu poder. Mantém-os em boa saúde. Mantém-os seguros e prepara uma mesa diante deles na presença de seus inimigos. Tu os ungiste para libertar os prisioneiros, alimentar os famintos, fazer justiça, resgatar e libertar. Juntamente com esses missionários, reforçamos sua fé assumindo uma posição decisiva contra o diabo, resistindo a todos os seus ataques com uma fé forte e vigorosa.

Senhor, pedimos a Ti que envies espíritos ministradores para ajudar e auxiliar esses herdeiros da salvação. Teus poderosos anjos heróis ouvem a voz da Tua Palavra, então damos voz à Tua Palavra e declaramos que esses distantes ministros do Evangelho são fortes no poder do Teu poder, extinguindo todo dardo do diabo em nome de Jesus.

Pai, usamos nossa fé para cobri-los no Corpo de Cristo com a Tua Palavra. Nenhuma arma forjada contra eles prosperará, e qualquer língua que se levantar contra eles em julgamento será condenada. Esta paz, segurança e triunfo sobre a oposição é a herança deles como Teus filhos. Esta é a justiça que eles obtêm de Ti, Pai. Eles estão longe até mesmo do pensamento de opressão; porque não temerão, e o espanto não chegará a eles.

Pai, Tu manterás esses missionários firmes e fortes até o fim, amadurecendo seu caráter para que sejam considerados inocentes no dia de nosso Senhor Jesus Cristo. Eles não ficarão ansiosos ou se perguntarão como se defender em qualquer situação, pois o Espírito Santo fornecerá as palavras – as palavras certas na hora certa. Eles não estão ansiosos sobre como devem responder em defesa ou o que devem dizer, pois o Espírito Santo os ensina na mesma hora o que eles devem dizer aos que estão no mundo exterior, seu discurso é temperado com sal.

Nós entregamos a Ti, Pai, nossos irmãos e irmãs no Senhor. Nós os depositamos sob Teu cuidado, confiando-os à Tua proteção e cautela, pois Tu és fiel. Tu os fortaleces, os colocas em um alicerce firme, os proteges e os abençoas. Maior és Tu que estás em nós do que aquele que está no mundo. Por isso, unimos nossas vozes em louvor a Ti, Altíssimo! Em nome de Jesus nós oramos, amém.

Referências Bíblicas

Jeremias 1.12 • Efésios 6.10,16 • Isaías 55.11 • Isaías 54.14,17
1 Pedro 5.9 • 1 Coríntios 1.8 • Salmo 27.1,5 • Lucas 12.11-12
3 João 2 • Colossenses 4.6 • 1 João 5.4-5 • Atos 20.32 • Salmo 146.7
2 Tessalonicenses 3.3 • Salmo 144.7 • Salmo 8.2 • Mateus 18.18
1 João 4.4 • Hebreus 1.14 • Mateus 6.33 • 2 Timóteo 2.14-18 (MSG)
Colossenses 4.7 • Isaías 50.4 • 2 Coríntios 12.9-10

~ 116 ~
Professores da Igreja

Pai, viemos em nome de Jesus, pedindo a Ti por professores e tutores ungidos que são chamados de acordo com a Tua vontade para nossos pequenos grupos, classes e coros. Agradecemos pelos professores que são cheios do Espírito de Deus em sabedoria e habilidade, em entendimento e inteligência, e em conhecimento e aptidão Agradecemos porque esses professores designados por Ti criam métodos hábeis para ensinar a nós e nossos filhos a Palavra de Deus. São professores que se entregam ao ensino.

Pai, que esses professores reconheçam que devem assumir a maior responsabilidade. De acordo com a Tua Palavra, os professores serão julgados por um padrão mais elevado e com maior severidade do que os outros. Portanto, agradecemos que nossos professores não ofendem em suas falas nem dizem coisas erradas – que eles possam ter um caráter totalmente desenvolvido, sendo cada um capaz de controlar seu próprio corpo e refrear toda a sua natureza.

Agradecemos porque nossos professores fazem parte do ministério quíntuplo[20] para adequar os santos para a obra do ministério. Eles edificam o corpo de Cristo, até que todos cheguemos à unidade da fé e ao conhecimento do Filho de Deus, à plena virilidade, à medida da estatura da plenitude de Cristo.

Obrigado, Pai, que não somos mais meninos, inconstantes, levados em redor por todo vento de doutrina. Estamos envoltos em amor, crescendo em todos os sentidos e em todas as coisas Nele, que é a Cabeça – sim, Cristo, o Messias, o Ungido.

Pai, estás efetivamente operando em nossos professores – fortalecendo e criando neles o poder e o desejo – tanto o querer quanto o efetuar para Seu bom prazer, satisfação e deleite. Em nome de Jesus, o poder e a habilidade deles vêm de Ti. Tu os qualificaste e os preparaste

---

20 Nota da Tradutora: O conceito do ministério quíntuplo vem de Efésios 4:11: "Ele [Jesus] próprio deu uns para apóstolos, outros para profetas, outros para evangelistas e outros para pastores e doutores".

para serem ministros e dispensadores de uma nova aliança. Não são ministros da letra que mata, mas do Espírito Santo que vivifica.

Pai, nos regozijamos com nossos professores e os cercamos com nossa fé e amor. Não os julgaremos ou criticaremos, mas falaremos coisas excelentes e nobres a respeito deles. Falamos apenas palavras verdadeiras e corretas – nenhuma sílaba distorcida ou enviesada.

Obrigado, Pai, porque nossos professores e os outros membros de nossa igreja estão unidos em perfeita unidade – um só coração, uma só paixão e unidos em amor. Caminhamos juntos em um propósito harmonioso. Nossos professores são pastores compassivos que cuidam carinhosamente do rebanho de Deus e os alimentam bem. Eles são responsáveis por guiar, proteger e supervisionar o rebanho (a congregação). Eles consideram-no um prazer, não um dever religioso, porque lideram de coração sob a liderança de Deus.

Obrigado, Pai, pela atuação da Tua Palavra em nosso meio. Em nome de Jesus, amém.

REFERÊNCIAS BÍBLICAS
Êxodo 31.3-4 • 2 Coríntios 3.5-6 • Romanos 12.7
Provérbios 8.6 • Tiago 3.1-2 • Filipenses 2.2,4-5
Efésios 4.12-15 • 1 Pedro 5.2-3 • Filipenses 2.13 • Jeremias 1.12

∼ 117 ∼
Um Conselheiro Cristão

Pai, em nome de Jesus, oro para que _____ exorte e aconselhe os feridos emocionalmente. Peço com fé que Teu Espírito – o Espírito de sabedoria e entendimento, o Espírito de conselho e poder – repouse sobre _____. Dá a este conselheiro discernimento e conhecimento para entender as respostas dos aconselhados às circunstâncias.

Obrigado, Pai, porque _____ é um bom ouvinte para aqueles que procuram ajuda. Dá a cada conselheiro discernimento e sabedoria para compreender a manifestação das mágoas do passado que influenciam as reações às situações atuais.

Senhor, oramos para que _____ não julgue pela visão natural ou decida apenas pela audição natural. Oramos por conselheiros que julgarão os necessitados e tomarão decisões com justiça. A justiça será o cinto dos seus lombos, e a fidelidade, o cinto dos seus rins. Ele/ela será vestido com justiça e com verdade.

Obrigado porque _____ é um promotor da paz e está cheio de alegria. Concede que Teu conselheiro, segundo a riqueza da Tua glória, seja corroborado e fortalecido com grande poder no homem interior pelo próprio Espírito Santo habitando em seu ser e em sua personalidade mais íntima.

Tu não deixarás _____ sem apoio enquanto ele/ela conceder seu tempo e cuidado, ajudando a completar o processo de perdão. Ele/ela estará confiante em suas convicções, conhecendo coisas excelentes, e terá o entendimento para ajudar Teus filhos a conhecer a certeza das palavras da verdade. Em nome de Jesus, amém.

Referências Bíblicas
Isaías 11.2-3 • Efésios 3.16 • Isaías 11.4-5
Provérbios 22.20-21 • Isaías 11.5

~ 118 ~
Prosperidade Para os Servos Ministradores

Pai, em nome de Jesus, oramos e cremos que aqueles que semearam dons espirituais entre as pessoas ceifarão dons materiais em troca. Pois Tu, Senhor, ordenaste que aqueles que pregam a Boa Nova sejam sustentados por aqueles que dela se beneficiam.

As dádivas do povo são o cheiro perfumado de uma oferta e sacrifício que Tu aceitas e nos quais Te deleitas. Tu suprirás generosamente

– encherás ao máximo – todas as necessidades do povo de acordo com Tuas riquezas na glória em Cristo Jesus.

Pai, oramos para que o Teu povo não se canse de fazer o bem, porque a seu tempo ceifará, se não houver desfalecido. De sorte que, enquanto eles têm tempo, fazem o bem a todos, mas principalmente aos domésticos da fé. Ajuda-nos a lembrar que o lavrador mesquinho só consegue colheita pobre. O lavrador generoso é quem obtém colheitas fartas.

Mas és Tu, querido Pai, que és capaz de fazer com que toda graça, todo favor e bênção terrena transborde em nós, para que, tendo sempre, em tudo, todo o suprimento, não exijamos nenhuma ajuda ou apoio, e abundemos em toda boa obra e doação de caridade.

À medida que Teu povo dá, suas ações de justiça, bondade, amabilidade e benevolência continuam e duram para sempre. Tu forneces a semente para o semeador e o pão para comer, assim também fornecerás e multiplicarás os recursos do povo para semear e aumentarás os frutos de sua justiça. Teu povo é enriquecido em todas as coisas e de todos os modos para que eles possam ser generosos, e sua generosidade, administrada por Teus professores, trará ação de graças a Deus.

À medida que eles derem, será dado a eles; boa medida, recalcada, sacudida, transbordante, deitará em seu regaço. Pois Tu disseste que a medida da generosidade se torna a medida do retorno porque o lavrador mesquinho só consegue colheita pobre. O lavrador generoso é quem obtém colheitas fartas. Louvado seja o Senhor! Em nome de Jesus, amém.

Referências Bíblicas

Gálatas 6.6-10 • 2 Coríntios 9.6-11 (MSG)
1 Coríntios 9.11-14 • Lucas 6.38 • Filipenses 4.17-19

~ 119 ~
Um Ministério Carente de Finanças

Pai, cremos que todas as necessidades de _____ são supridas por Tuas gloriosas riquezas, que nos foram dadas em Cristo Jesus. Cremos que Tu devolverás suas dádivas recalcadas, sacudidas, transbordantes, derramadas em seu regaço. Tu disseste que seremos medidos com a mesma medida com que medirmos.

Em nome de Jesus, pedimos pela autoridade de Tua Palavra que aqueles em Teu Corpo que semearam dádivas espirituais entre as pessoas devem esperar colher dádivas materiais como uma colheita. Pois Tu, Senhor, ordenaste que aqueles que pregam a Boa Nova sejam sustentados por aqueles que dela se beneficiam.

Confessamos que Teus ministros do ministério _____ buscam e estão ansiosos pelo fruto que cresça para o crédito do povo – a colheita de bênçãos que está se acumulando em sua conta. As dádivas do povo são o cheiro perfumado de uma oferta e sacrifício que Tu aceitas e nos quais Te deleitas. Tu suprirás generosamente – encherás ao máximo – todas as necessidades do povo de acordo com Tuas riquezas na glória em Cristo Jesus.

Pai, convocamos parceiros que responderão ao Teu chamado para apoiar este ministério com oração e financeiramente.

Senhor, agradecemos porque dirigires o líder _____, que busca Teus caminhos, ensinando-lhe a fortaleza de Tua Palavra e a firmeza de sua verdade. Tua unção, que destrói o jugo da escravidão, permanece nele permanentemente. Ensina-o a orar pelo povo e pelo governo de nossa terra. Agradecemos pela Tua Palavra, que traz liberdade aos ouvintes, e por preparares o coração das pessoas para receber as boas novas do Evangelho.

Senhor, fortalece (completa, aperfeiçoa) e faz com que _____ seja o que ele/ela deve ser, aperfeiçoando-o em toda boa obra para que ele/ela cumpra a Tua vontade; enquanto Tu mesmo operas nele e realizas o que é agradável aos Teus olhos, por meio de Jesus Cristo, o Messias, ao qual seja a glória para todo o sempre (pelos séculos dos séculos). Em Seu nome oramos, amém.

REFERÊNCIAS BÍBLICAS
Lucas 6.38 • Isaías 10.27 • 1 Coríntios 9.11,13
1 Timóteo 2.1-3 • Filipenses 4.17-19 • João 8.32
Mateus 9.38 • Hebreus 13.21

～ 120 ～
Orações pelos Parceiros do Ministério

I.

Pai, agradecemos por nossos parceiros e por seu serviço e dedicação para servir-Te. Obrigado porque eles produzem o fruto do Espírito: amor, alegria, paz, longanimidade, benignidade, bondade, fé, mansidão e temperança.

Agradecemos porque nossos parceiros são uma boa terra, porque eles ouvem a Tua Palavra e a entendem, e porque a Palavra dá frutos em suas vidas. Eles são como árvores plantadas junto a ribeiros de água que dão frutos no tempo certo. Suas folhas não cairão e tudo o que fizerem prosperará.

Saibam que, desde o primeiro dia em que ouvimos a respeito deles, não paramos de orar, pedindo que Deus dê a eles mente sábia e espiritual, para que adquiram uma compreensão perfeita de como Deus trabalha. Nossos parceiros são misericordiosos como nosso Pai é misericordioso. Eles julgarão apenas como querem ser julgados. Não condenam e não são condenados. Nossos parceiros perdoam os outros e as pessoas os perdoam.

Eles dão, e os homens darão a eles – sim, boa medida, recalcada, sacudida e transbordante deitarão em seus regaços. Pois qualquer que seja a medida que eles usem com outras pessoas, a mesma medida será usada em relação a eles. Em nome de Jesus nós oramos, amém.

REFERÊNCIAS BÍBLICAS
Colossenses 1.9 (MSG) • Mateus 7.1 • Gálatas 5.22-23
Lucas 6.37-38 • Salmo 1.3

II.

Pai, pedimos que abençoes nossos parceiros com todas as bênçãos espirituais nos lugares celestiais para que a boa vontade chegue até eles. Eles são generosos e emprestam livremente. Conduzem seus negócios com justiça.

Senhor, a Tua Palavra diz que certamente eles nunca serão abalados. Eles são homens e mulheres justos que serão lembrados para sempre. Eles não temerão maus rumores; seus corações estão firmes, confiando em Ti, Senhor.

Pedimos que Teus planos sejam cumpridos em suas vidas e agradecemos por Tuas misericórdias em favor deles. Em nome de Jesus, amém.

REFERÊNCIAS BÍBLICAS
Salmo 112.5-8 • Jeremias 29.11 • Colossenses 1.9

∽ 121 ∽
Vencendo o Preconceito

Pai, em nome de Jesus, chegamos a Ti, pedindo Teu perdão por sermos intolerantes uns com os outros por causa da cor de nossa pele. Perdoa-nos por tolerar o preconceito na família da fé, pois não somos mais estrangeiros ou forasteiros, mas concidadãos de todos os outros cristãos – agora pertencemos à família de Deus (Efésios 2.19). Liberta-nos da influência da opinião pública para que possamos viver nossa gloriosa fé originada em Cristo, onde prevalece a unidade do Espírito. Vermelho, amarelo, preto e branco – estamos unidos – preciosos aos Teus olhos.

Perdoa-nos por nos segregarmos por cor, sexo, medida de riqueza ou intelecto. Somos todos Teus filhos, ovelhas do Teu pasto. Tu nos fizeste, não nós mesmos.

Somos um só sangue, redimidos pelo sangue do Cordeiro, que foi morto antes da fundação do mundo. Somos batizados *em* Cristo e nos revestimos da semelhança da família de Cristo.

Pedimos o fim da divisão e segregação na família de Cristo – que não haja divisão entre judeus e não judeus, escravos e livres, homens e mulheres. Entre nós somos todos iguais. Ou seja, estamos todos em um relacionamento comum com Jesus Cristo.

Obrigado, Pai, por nos unires em Cristo por meio de Sua morte na cruz. Pela cruz nos reconciliamos, e esse foi o fim da hostilidade.

Senhor, Jesus veio e evangelizou a paz, a nós que estávamos longe e aos que estavam perto. Ele nos tratou como iguais e assim nos igualou. Por meio Dele, compartilhamos o mesmo Espírito e temos acesso igual a Ti, Pai.

O Reino da fé é agora nosso país de origem, e não somos mais estrangeiros ou forasteiros. Nós *pertencemos* aqui.

Senhor, estás construindo um lar. Tu estás usando todos nós – independentemente de como chegamos aqui – no que estás construindo. Tu estás nos edificando com Cristo Jesus como a Pedra Angular que mantém todas as partes unidas. Pai, vemos isso tomando forma dia após dia – um templo sagrado construído por Ti – e todos nós edificados nele, um templo no qual Tu habitas.

Pai, Tu nos chamaste para andar no mesmo caminho, para seguir na mesma direção. Por isso, permaneceremos juntos de coração e na caminhada. Temos um só Senhor, uma só fé, um só batismo, um só Deus e Pai de todos, que governa sobre todos, age por intermédio de todos e está presente em todos. Tudo que somos, pensamos e fazemos é permeado por essa linda Unidade.

Pai, nós Te imitamos. Andamos em amor, estimando-nos e deleitando-nos uns nos outros. Caminhamos como filhos da luz, conduzindo a vida das pessoas do mundo para a luz. Vemos prudentemente como andamos! Vivemos com propósito, dignidade e precisão, remindo o tempo, porque os dias são maus.

Falamos entre nós com salmos, hinos e cânticos espirituais, cantando e salmodiando ao Senhor no nosso coração, dando sempre graças por todas as coisas a nosso Deus e Pai, em nome de nosso Senhor Jesus Cristo. Pelo amor servimos uns aos outros.

Obrigado, Pai, porque esse preconceito está sendo erradicado do Corpo de Cristo. Em nome de Jesus, amém.

Referências Bíblicas
Tiago 2.1 • Efésios 2.13-22 • Salmo 100.3
Efésios 4.3-6 (MSG) • 1 Pedro 1.18-19 • Efésios 5.1-2,8
Gálatas 3.27-28 • Efésios 5.15-16,19-20
Gálatas 3.28 • Gálatas 5.13

∽ 122 ∽
Funcionários do Escritório

Pai, começamos este dia regozijando-nos em Ti e agradecendo-Te por Tua bondade, misericórdia e graça para conosco como indivíduos e como ministério. Confessamos e proclamamos que este é o dia que Tu criaste, e pretendemos regozijar-nos e alegrar-nos nele.

Pai, entregamos o dia com suas atividades, seus relacionamentos, suas decisões e sua criatividade a Ti. Oferecemos tudo a Ti, reconhecendo Jesus como Senhor de todos e pedindo a Ti pelo Teu Espírito Santo que o uses para a Tua glória e honra. Oramos para que Tua vontade seja feita em nós individualmente e como um ministério.

Rogamos o sangue de Jesus sobre esta propriedade, sobre todos os membros da equipe, sobre cada telefonema, e-mail, mensagem de texto ou contato eletrônico, sobre cada pessoa que entra por estas portas e toda a rede ministerial, incluindo todos aqueles por quem oramos. Agradecemos por nos libertares da potestade das trevas e nos transportares para o reino de Teu querido Filho. Estamos vivendo e crescendo no reino da luz.

Pai, Tu nos deste escolhas, e nós escolhemos a vida e as bênçãos. Tu és nossa Força, nossa Confiança e nossa Coragem. Somos corajosos, proclamando com ousadia que Tua unção – Teu poder para remover o fardo e destruir o jugo – habita em nós individual e coletivamente. Esta unção está trabalhando em, sobre e através de nós neste dia para realizar a Tua vontade. Que Tu sejas glorificado em tudo o que fazemos.

Agradecemos pelo Teu amor. Somos Teus imitadores – andando em amor, em verdade, em luz e em sabedoria dentro e fora desses escritórios. Somos equilibrados e perseverantes em todas as coisas.

Estamos pedindo e esperando que a chuva temporã e a chuva serôdia sejam derramadas sobre este ministério para cumprir Tuas designações. Tu nos chamaste por Tua graça para um tempo como este. Regozijamo-nos com o derramamento do Teu Espírito neste ministério. Em nome de Jesus, amém.

Referências Bíblicas
Salmo 33.1 • 1 João 2.27 • Salmo 118.24 • 1 Coríntios 6.20
1 Coríntios 12.3 • Efésios 5.1-2 • Mateus 6.10
Tiago 5.7 • Colossenses 1.13 • 1 Pedro 5.10 • Deuteronômio 30.19
Ester 4.14 • Isaías 10.27 • Atos 2.17

~ 123 ~
Ministério em Casas de Repouso

Pai, obrigado por me chamares para ministrar a Teus filhos em casas de repouso. Proponho seguir adiante pelo Teu poder, pois Tu primeiro me salvaste e depois me chamaste para esta santa obra. Foi uma dádiva preparada para mim em Jesus muito antes de eu saber qualquer coisa sobre ela.

Mas eu sei agora. Desde o aparecimento de nosso Salvador, nada poderia ser mais claro – a morte abolida, a vida vindicada em uma chama constante de luz, tudo por meio da obra de Jesus. Eu não poderia estar certo e confiante – Aquele em quem confio pode cuidar do que Ele confiou a mim para fazer até o fim.

Obrigado por Tua palavra – a chegada da Tua palavra traz luz, e Tua luz é a vida dos homens. As palavras que falo são espírito e vida, e oro para que a luz do Evangelho ilumine a mente daqueles a quem ministro. Pai, Tua unção permanece dentro de mim permanentemente – obrigado por uma unção do Santo.

Obrigado, Senhor, por aqueles que me acolhem, estendendo a mão para receberem oração, encorajamento e abraços. Oro para que a luz em meus olhos traga alegria a seus corações. Ajuda-me a exortá-los e ensiná-los a continuar desejando serem úteis, cumprindo Teu chamado em suas vidas. Pai, Tu tens um propósito para eles – não é Tua vontade que eles sejam deixados de lado. Tu disseste que coroa de honra são as cãs, achando-se elas no caminho de justiça. Tu queres que eles continuem dando frutos na velhice, então me ajuda a trazer entendimento para eles.

Pai, obrigado por teres tocado minhas mãos com a Tua unção, e quando eu impuser as mãos sobre os enfermos, eles serão curados. Eles experimentarão a cura que flui de Teu trono e recuperarão um tom espiritual de mente e espírito. Eu me rendo a Ti como um instrumento de justiça, trazendo salvação, integridade, cura, libertação e conforto aos enfermos e idosos.

Pai, Tu fazes justiça ao órfão e à viúva, e és Juiz e Protetor da viúva. Tu proteges, preservas e sustentas os órfãos e as viúvas, e os levantas. Estou reivindicando essas promessas para todos aqueles a quem ministro, acreditando que Tu sempre defendes Tua Palavra e cumpres Tuas promessas.

Senhor, seu braço não está encolhido para que não possas salvar, e nada é difícil demais para Ti. Peço-Te a sabedoria e o bom senso de que preciso para ser um vaso de honra, santificado e idôneo para o Teu uso e preparado para toda boa obra.

Não ando nas minhas próprias forças, mas nas Tuas, Pai. A religião pura e imaculada para com Deus, o Pai, é fazer a diferença na vida dos órfãos e das viúvas em suas tribulações. O verdadeiro cristianismo, do tipo que passa diante de Deus, o Pai, é este: Estender a mão para os sem-teto e sem amor em sua situação difícil.

Obrigado, Senhor, porque como o bem da terra, porque criaste em mim um espírito voluntário e obediente. Eu Te sirvo com um coração feliz e um espírito alegre. Escolho fazer tudo o que Tu me chamas para fazer. Obrigado por me equipares com tudo o que preciso para fazê-lo. Em nome de Jesus, amém.

Referências Bíblicas
2 Timóteo 1.8-10 • Romanos 6.13 • Deuteronômio 10.18
Salmo 68.5 • Salmo 119.130 • Salmo 146.9
João 1.4 • Jeremias 1.12 • João 6.63 • Isaías 39.1
2 Coríntios 4.4 • Gênesis 18.14 • 1 João 2.20,27
Tiago 1.27 • Marcos 16.18 • 2 Timóteo 2.21 • Salmo 92.14
Isaías 1.19 • Marcos 4.2

~ 124 ~
Ministério Para os Encarcerados

Pai, Tu disseste que todo aquele que invocar o nome do Senhor será salvo. No entanto, como as pessoas podem ter fé no Senhor e pedir que Ele as salve se nunca ouviram falar Dele? E como eles podem ouvir, a menos que alguém lhes diga? E como alguém pode dizê-los sem ser enviado pelo Senhor? As Escrituras dizem que é uma bela visão ver até mesmo os pés de alguém que vem pregar as boas novas.

Portanto, agradecemos a Ti, Pai, por enviar Teus ministros que estão dispostos a ir e pregar libertação aos encarcerados. Concede, segundo as riquezas da Tua glória, que eles sejam fortalecidos e corroborados com grande poder no homem interior pelo Espírito Santo. Unge seus lábios para pregar as boas novas do Evangelho.

Pai, envia Teu Espírito Santo para ir adiante dos ministros, ungindo os ouvidos dos ouvintes e preparando seus corações para ouvir, receber, amar e obedecer a Tua Palavra. Obrigado porque a luz do Evangelho brilha em seus corações para irradiar o brilho para a iluminação do conhecimento de Tua majestade e glória, para que todo aquele que invocar Teu nome seja salvo.

Pai, obrigado por criares um desejo dentro de Teus ministros de estudar diligentemente Tua Palavra para que possam receber sua aprovação e explicar corretamente a palavra da verdade. Eles são testemunhas vivas para aqueles que ainda não são obedientes ao Evangelho.

Pai, nós Te agradecemos pelo derramamento do Teu Espírito sobre os funcionários e os presos deste estabelecimento. Sabemos que a fé vem pelo ouvir, e o ouvir, pela Tua Palavra. E somos gratos pelo Espírito Santo que revela a verdade aos pecadores, mostrando-lhes e convencendo-lhes do pecado, da justiça e do juízo. Agradecemos pela salvação e libertação de todos aqueles que invocam o Teu nome.

Agora levamos Tua misericórdia, Teu amor e Tua graça para aqueles dentro destas paredes, para que possam ser salvos pela fé em Deus. A salvação é Teu presente para o homem – não algo que tenhamos feito por conta própria. Obrigado, Senhor, por ouvires nossa oração em favor das pessoas nesta instituição correcional/prisão. Em nome de Jesus, amém.

REFERÊNCIAS BÍBLICAS
Romanos 10.13-14 • Romanos 15.18 • Mateus 9.38
Atos 2.18 • Efésios 3.16 • Romanos 10.17 • 2 Coríntios 4.6
João 16.8,13 • Romanos 10.13 • Efésios 2.8 • 2 Timóteo 2.15

~ 125 ~
Vivificação

Pai, vivifica-nos e dá-nos nova vida para que possamos nos alegrar em Ti. Dê-nos um novo começo! Obrigado por nos mostrares Teu amor e por nos salvares! Dá-me novamente a alegria que vem da Tua salvação. Que minha paixão pela vida seja restaurada, saboreando a alegria em cada conquista que trazes para mim. Segura-me perto de Ti com um espírito disposto que obedece a tudo o que Tu dizes.

Obrigado por todas as promessas que nos fizeste! Tuas grandes promessas são nossas, portanto, purifiquemo-nos de tudo o que torna impuro o corpo ou a alma. Sejamos completamente santos vivendo em reverência a Ti. Seguimos cuidadosamente o mapa da Tua Palavra e estamos decididos na Tua procura: não permitas que eu passe sem ver as placas que puseste no caminho. Guardei Tuas promessas na caixa-forte do meu coração, para que eu não vá à falência.

Jesus, agradecemos porque nos purificas por meio da Palavra – pelos ensinamentos que o Senhor nos deu. Nós nos deleitamos em Teus estatutos; não esqueceremos a Tua Palavra. Agradecemos por andarmos em abundância de vida, de forma que possamos sempre viver para obedecer à Tua verdade.

Pai, em nome de Jesus, somos praticantes da Palavra e não apenas ouvintes dela. Tu nos vivifica com a Tua Palavra exatamente como prometeu que faria. Bloqueia o caminho com destino para Lugar Nenhum e agracia-me com Tua revelação. Escolho o caminho verdadeiro para Algum Lugar; deixarei placas em cada curva e canto da Tua estrada.

Tudo que está ligado àquele velho estilo de vida tem de ser abandonado. É pura podridão. Escolhemos abandoná-lo. Pai, assumimos um estilo de vida totalmente novo— uma vida planejada por Deus, renovada a partir de dentro; uma vida que muda para melhor nossa conduta e que faz o caráter de Deus tornar-se realidade em nossa vida. Aleluia! Amém.

Referências Bíblicas

Salmo 85.6-7 • Tiago 1.22 • Salmo 51.10,12-13 • Salmo 119.25 (MSG)
Salmo 119.9-11 (MSG) • Salmo 119.37,40,50 • 2 Coríntios 7.1
Efésios 4.22-24 (MSG) • João 15.3 • 2 Coríntios 4.16
Salmo 119.16-17

~ 126 ~
Sucesso de uma Reunião

Pai, em nome de Jesus, nos aproximamos do trono da graça com ousadia e confiança. Que a Palavra de Deus venha com precisão e amor durante a reunião sobre _____. Pedimos que Tu unjas cada pessoa para ensinar e pregar a Palavra de Deus com simplicidade, ousadia e precisão durante toda a reunião. Pedimos que aqueles que ouvirão não resistam à sabedoria e à inspiração do Espírito Santo falada por meio de Teus ministros do Evangelho.

À medida que Tua Palavra é ensinada, pedimos que faças as pessoas abrirem seus olhos e ouvidos espirituais para que possam voltar das trevas para a luz – do poder de Satanás para Ti, Pai – e que confessem pessoalmente Jesus como seu Salvador e Senhor.

Nós confiamos esta reunião a Ti, Pai. Nós a depositamos sob Tua responsabilidade – confiando este encontro, as pessoas que ouvirão e as pessoas que falarão à Tua proteção e cuidado. Tua graciosa Palavra, Pai, pode nos transformar no que Tu queres que sejamos e pode nos dar tudo o que poderemos precisar. Tua Palavra edificará as pessoas e fará com que percebam que são coerdeiras com Jesus.

Cremos, Pai, que à medida que a Tua Palavra for revelada, uma unção estará sobre as pessoas, e _____ (nome) será submetido completamente ao Espírito Santo, pois a Palavra de Deus que é falada é viva e cheia de poder, tornando-a ativa, operante, energética e eficaz, sendo mais penetrante do que qualquer espada de dois gumes. Pedimos que atendas às necessidades de cada pessoa espiritual, física, mental e financeiramente.

Graças e louvor Te damos, Pai, porque pedimos, concordamos e agora acreditamos que essas petições serão atendidas. Agradecemos por sempre zelares por Tua Palavra para cumpri-la e porque nenhuma palavra de Tua boa promessa deixar de acontecer. Acreditamos que todas as pessoas da terra saberão que Tu és Deus, e que não há outro! Aleluia! Amém.

REFERÊNCIAS BÍBLICAS
Tiago 5.16 • Atos 26.18 • Mateus 18.19 • Atos 20.32 • Efésios 6.19
Hebreus 4.12 • Atos 6.10 • Filipenses 4.19 • Efésios 1.18
1 Reis 8.56 • Jeremias 1.12

~ 127 ~
Sucesso de uma Conferência

Pai, oramos para que aqueles que ouvirem as mensagens na conferência _____ creiam – aceitem, confiem e dependam de Jesus como o Cristo – e que todos aqueles que Tu chamaste para participar da conferência estejam lá e recebam o que tens para eles.

Que seja conhecido e compreendido por todos que é em nome e por meio do poder e autoridade de Jesus Cristo de Nazaré que esta conferência é bem-sucedida.

Jesus disse que o que ligamos na terra é ligado nos céus, e o que desligamos na terra é desligado nos céus. Portanto, declaramos em nome de Jesus que a liberdade de expressão é dada a todo indivíduo que segura um microfone para proclamar com ousadia as boas novas do Evangelho. Todo orador, salmista, assessor e trabalhador tem uma unção do Santo. Cada pessoa envolvida com a organização e funcionamento da conferência tem seus olhos inundados de luz e possui um espírito de sabedoria e revelação no conhecimento de Ti. Quando as pessoas virem a coragem a eloquência irrestrita dos oradores, ficarão maravilhadas e reconhecerão que estiveram com Jesus.

Pai, em nome de Jesus, o povo louvará e glorificará a Deus pelo que está acontecendo nesta conferência. Pelas mãos dos ministros, numerosos e espantosos sinais e prodígios serão realizados entre o povo. Teus servos têm total liberdade para declarar Tua mensagem sem medo – enquanto Tu estendes Tua mão para curar e realizar sinais e maravilhas em nome de Jesus.

Obrigado, Pai, porque quando oramos, o lugar onde estamos reunidos será abalado; todos nós seremos cheios do Espírito Santo, e Teu povo continuará a falar a Palavra de Deus com liberdade, ousadia e coragem. Mais e mais indivíduos se juntarão a nós – pessoas vindas do norte, sul, leste e oeste, trazendo os doentes, os deprimidos, os oprimidos e os de coração quebrantado. Jesus curará todos eles.

Oro por cada um que participa desta conferência. Que cada atitude seja uma expressão do fruto do Espírito: amor, alegria, paz, paciência, amabilidade, bondade, fidelidade, mansidão e domínio próprio. Senhor, oro para que cada um libere rios de água viva, uma efusão da unção do Teu Espírito Santo.

Obrigado, Pai, pelo cumprimento da Tua Palavra. Teus planos e propósitos na vida de todos os presentes serão realizados. Em nome de Jesus, amém.

REFERÊNCIAS BÍBLICAS
Atos 4.10,13,21 • Atos 5.12-13,16 • Mateus 18.18
Atos 6.3,10 • Gálatas 5.22 • Atos 4.29-31
Efésios 1.17-19 • João 1.20

POVOS
e Nações

~ 128 ~
Proteção e Libertação de uma Cidade

Pai, em nome de Jesus, recebemos Teu poder—capacidade, eficiência e força – porque o Espírito Santo veio sobre nós; e nós somos Tuas testemunhas em _____ (nome da cidade) e até os confins, os limites, da terra.

Pai, chegamos com confiança e ousadia ao Teu trono de graça, para que possamos alcançar misericórdia e achar graça, a fim de ajudarmos em tempo oportuno a cidade de _____. Obrigado por enviar Teus mandamentos à terra. Tua Palavra corre muito rapidamente em _____ e continua a crescer e se espalhar.

Pai, buscamos a paz e o bem-estar de _____, onde o Senhor nos plantou para viver. Oramos a Ti pelo bem-estar desta cidade e fazemos a nossa parte envolvendo-nos nela. Oramos por cada líder e representante político, para que possamos viver vidas tranquilas e imperturbáveis, enquanto adoramos a Ti, o tremendo Deus, com corações puros. Agrada a Ti que oremos por eles, pois anseias que todos se salvem e cheguem ao pleno conhecimento da verdade.

Espírito Santo, pedimos a Ti que nos tornes bons cidadãos, pois todos os governos estão abaixo de Deus. Se há paz e ordem, é ordem de Deus. Ajuda-nos a viver de modo responsável como cidadãos, pois cidadãos decentes não tem o que temer.

Pai, oramos por libertação e salvação para aqueles que estão seguindo o rumo e os costumes deste mundo – que estão sob a influência da tendência desta era atual – seguindo o príncipe da potestade do ar. Pai, perdoa-lhes, porque não sabem o que fazem.

No poderoso nome de Jesus, quebramos o poder do diabo, o deus deste mundo, que cegou as mentes daqueles que não creem e não receberam a gloriosa luz das boas novas. Oramos para que o Senhor da Seara mande ceifeiros em seus caminhos com o Evangelho de Jesus Cristo. Oramos para que o Pai da glória, o Deus de nosso Senhor Jesus Cristo, conceda a eles as riquezas do Espírito de sabedoria e do Espírito de revelação para conhecê-Lo por meio de uma intimidade mais profunda. Que seus corações sejam inundados de luz até que experimentem a riqueza das gloriosas heranças de Deus.

Obrigado, Pai, pelos anjos da guarda designados para este lugar que lutam por nós nas regiões celestiais. Em nome de Jesus, somos vitoriosos sobre os principados, as potestades, o príncipe das trevas deste mundo e as hostes espirituais da maldade, nos lugares celestiais, que estão sobre a cidade de _____.

Pedimos ao Espírito Santo que varra os portões de nossa cidade e convença as pessoas, trazendo-lhes demonstrações sobre o pecado e sobre a justiça – retidão de coração e justiça diante de Deus.

Pai, Tu disseste: "Porque bem sei os pensamentos que tenho acerca de vós, diz o Senhor; pensamentos de paz, e não de mal, para vos dar o fim que esperais" (Jer. 29.11). Pela bênção da influência dos justos, e pela graça de Deus em nome deles, a cidade de _____ é exaltada. Amém.

Referências Bíblicas
Atos 1.8 • Efésios 1.17-23 • Hebreus 4.16 • 2 Coríntios 4.4
Salmo 147.15 • Efésios 6.12 • Atos 12.24 • Jeremias 29.7-8 • João 16.8
Romanos 13.1-7 (MSG) • Jeremias 29.11 • Mateus 9.37-38
Provérbios 11.11 • Efésios 2.2 • 1 Timóteo 2.2-4

~ 129 ~
Oração Contra o Terrorismo

Pai, nós Te louvamos e damos ação de graças porque Jesus está voltando em breve. Estamos aqui para nos posicionar contra os espíritos malignos do terrorismo, que vieram para roubar, matar e destruir. Obrigado pelo Espírito Santo que se levanta dentro de nós para interceder em nosso nome. Estamos aqui implorando a Ti com gemidos inexprimíveis. Deus Pai, Tu sondas o coração e conheces plenamente nossos anseios, mas também sabes qual é a intenção do Espírito, porque é o Espírito Santo que está implorando fervorosamente diante de Ti por nós, Teus santos, em perfeita harmonia com Teu plano e nosso destino.

Portanto, não vamos nos preocupar ou ficarmos ansiosos sobre o terrorismo ameaçando a vida de pessoas inofensivas e inocentes. Nós nos submetemos a Ti e resistimos à tentação de ficarmos ansiosos ou preocupados com alguma coisa. Estamos saturados em oração ao longo de cada dia, oferecendo nossos pedidos cheios de fé diante de Ti com gratidão transbordante.

Pai, nossa petição é que o terrorismo nos céus e na terra seja interrompido! Tu não nos deste um espírito de temor, mas um espírito de amor, de fortaleza e de moderação. Portanto, não temeremos aqueles que podem matar apenas o corpo e não nossas almas.

Senhor, Tu sabes onde cada célula terrorista está localizada nesta nação. Pai, peço-Te que cortes as cordas desta rede perversa (Sl 129.4). E traga desordem, confusão, deserção e um santo temor de Deus para o campo inimigo. Corta sua rede de comunicação, seu financiamento financeiro e seus sistemas de rastreamento. Dissipe seu poder e exponha seus esquemas malignos e atividades terroristas e leve-os à justiça, em nome de Jesus.

Pai, eu oro para que Tu alvejes todos os líderes terroristas e que, como Saulo de Tarso, os derrubes de seus "cavalos" de orgulho, ilusão e decepção. Que o brilho da Tua Glória os envolva e os coloque de joelhos em rendição a Ti! (Atos 9.1-6). Eu recuo a cobertura oculta da escuridão que os esconde. Pois está escrito: "Suas teias não servem de veste, nem se poderão cobrir com suas obras". Declaro em nome de Jesus que suas obras serão expostas e os perpetradores serão presos, pois as suas "obras são obras de iniquidade, e obra de violência há nas suas mãos" (Isaías 59.6)[21].

Pai, oferecemos esta oração a Ti em nome de Jesus, amém.

Referências Bíblicas
Filipenses 4.5-6 • Romanos 8.31 • Lucas 10.19 • 2 Timóteo 1.7
Efésios 6.10 • Salmo 91.5-6 • Efésios 2.2 • Isaías 54.14 • Efésios 6.12
Provérbios 3.3 • Mateus 16.19 • Salmo 50.23
Salmo 56.9 • Romanos 8.26-27

---

21 Citado com permissão dos *Intercessores Pela América*, IFApray.org.

~ 130 ~
Salvação dos Perdidos

Viemos interceder perante Ti e orar por aqueles que estão perdidos e sem Deus. Oramos em concordância com Jesus, que é capaz de salvar totalmente aqueles que vêm a Ti por meio Dele, porque Ele vive sempre para interceder por eles.

Oramos por aqueles que estão perecendo, pois suas mentes estão cegas pelo deus desta era, deixando-os na incredulidade. Abre seus olhos cegos que os impedem de ver a luz da aurora das maravilhosas novas da glória de Jesus Cristo. Pai, deixa Tua luz brilhar nas trevas e derrama Tua luz sobre eles para que possam ver o conhecimento da graça e da verdade.

Estamos aqui para nos posicionar contra os espíritos invisíveis das trevas que os mantiveram em cativeiro. Oramos por sua libertação do poder das trevas e pedimos que os transporte ao reino do Filho do Teu amor, em quem temos a redenção por Seu sangue, o perdão dos pecados.

Pai, sabemos que Satanás deseja impedir essas pessoas de ouvir a verdade, se possível. Somos humanos, mas não travamos guerra com planos e métodos humanos. Usamos as poderosas armas de Deus para derrubar as fortalezas do diabo. Com essas armas, quebramos os conselhos e toda altivez que impede as pessoas de confessarem Jesus como Senhor e de crerem em seus corações que Tu O ressuscitaste dos mortos. Oramos para que as pessoas sejam salvas e cheguem ao conhecimento da verdade.

Quando a Luz brilhar nas trevas e eles ouvirem as Boas Novas do Evangelho, invocarão o nome do Senhor e serão salvos. Agradecemos por nos amares mesmo quando éramos Teus inimigos. Tu deste o Teu Filho, o Teu único Filho, para que ninguém precise ser destruído; crendo Nele, qualquer um pode ter uma vida plena e duradoura.

Jesus, Tu não estás atrasado com Tua promessa de voltar. A demora revela a Tua amorosa paciência para com aqueles que ainda não Te conhecem, porque não queres que nenhum pereça, mas que todos cheguem ao arrependimento.

Senhor Jesus, quando olhamos para as nações, percebemos que a colheita de almas está grande e madura! Pedimos ao Dono da colheita que lance muitos mais ceifeiros para colher Seu grão!

Confessamos que aqueles a quem Jesus não foi anunciado, O verão, e os que não ouviram sobre Jesus, entenderão. E sairão da armadilha do diabo, que os manteve cativos. Eles abrirão os olhos e voltarão das trevas para a luz – do poder de Satanás para Ti, Deus! Em nome de Jesus, amém.

REFERÊNCIAS BÍBLICAS
Hebreus 7.25 • 2 Coríntios 4.1-6 • 1 Coríntios 10.3-5
Romanos 15.21• Mateus 9.38 • 2 Timóteo 2.26
Colossenses 1.13 • 2 Pedro 3.8-10

∼ 131 ∼
Nações e Continentes

Pai, Jesus é a nossa Salvação. Ele é a luz reveladora de Deus para as nações não-judaicas e a luz da glória para o Teu povo Israel. Como membros do Corpo de Cristo, pedimos a Ti que nos dês as nações por herança e os confins da terra por nossa possessão. Todos os reis se prostrarão diante de Ti; todas as nações Te servirão. Em nome de Jesus, trazemos diante de Ti a nação (ou continente) de _____ e seus líderes. Pedimos que repreendas os líderes em nosso favor, para que possamos viver uma vida tranquila e pacífica em toda piedade e honestidade.

Oramos para que a sabedoria hábil e piedosa entre no coração dos líderes de _____ e que o conhecimento seja suave para eles, que o bom siso os guarde e que a inteligência os conserve e os livre do mau caminho e dos homens que falam coisas perversas.

Oramos para que os justos habitem na terra, que homens e mulheres íntegros, irrepreensíveis e retos aos Teus olhos, Pai, permaneçam nela; mas que os ímpios sejam arrancados da terra e os aleivosos sejam exterminados. Oramos para que aqueles que estão em posição de autoridade dissipem os ímpios dentre os bons e faça girar sobre eles a roda para separar o joio do grão, pois a bondade e a misericórdia, a verdade e a fidelidade preservam os que estão em posição de autoridade, e suas posições são mantidas pela lealdade do povo.

Pai, pedimos que Tu dirija as decisões tomadas por esses líderes e que os líderes atuais, homens e mulheres de discernimento, compreensão e conhecimento, permaneçam no cargo para que a estabilidade de _____ continue por muito tempo. Oramos para que os justos intransigentes tenham autoridade em _____ para que o povo possa se alegrar.

Pai, é uma abominação os líderes cometerem maldade. Oramos para que seus ofícios sejam estabelecidos e garantidos pela retidão e que lábios retos e justos sejam um deleite para os que estão em posição de autoridade e que eles amem aqueles que falam o que é certo.

Oramos e cremos que as boas novas do Evangelho serão divulgadas nesta terra. Agradecemos pelos Trabalhadores da Colheita que divulgaram Tua Palavra de que Jesus é o Senhor em _____. Agradecemos por levantares intercessores para orar por _____ em nome de Jesus. Amém[22].

Referências Bíblicas

1 Timóteo 2.1-2 • Provérbios 28.2 • Salmo 105.14
Provérbios 29.2 • Provérbios 2.10-15 • Atos 12.24
Provérbios 2.21-22 • Salmo 68.11 • Provérbios 20.26,28
Lucas 2.30-32 (MSG) • Provérbios 21.1 • Salmo 2.8
Provérbios 16.10,12-13 • Salmo 72.11

---

22 Para obter uma lista completa de nações para incorporar em seu tempo de oração, além de orações adicionais pelas nações, nós lhe direcionamos para o livro *Orações que Prevalecem® para as Nações*.

～ 132 ～
O Povo da Nossa Terra

Pai, em nome de Jesus, viemos diante de Ti para reivindicar Tua promessa em 2 Crônicas 7.14. "Se Meu povo, que se chama pelo Meu nome, se humilhar, orar, buscar Minha face e se converter dos seus maus caminhos, então Eu ouvirei dos céus, perdoarei os seus pecados e sararei a sua terra".

Nós nos humilhamos diante de Ti em oração. Nós Te buscamos e ansiamos por Tua presença. Somos o Teu povo, chamados pelo Teu nome, e voltamos para Ti – nosso primeiro amor. Convertemo-nos de nossos maus caminhos. E Te agradecemos por ouvires nossas orações e por moveres Teu Espírito em nossa terra.

Pai, oramos para que um espírito de humildade e uma paixão por orar sejam fomentados em uma medida ainda maior nos cristãos em toda a terra. Como o Corpo de Cristo, nos levantamos para abençoar nossas cidades e nossa nação sob Ti. Provérbios 11.11 diz: "Quando o justo abençoa a cidade, ela prospera, mas, num piscar de olhos, o perverso consegue destruí-la" (MSG). Agradecemos, querido Pai, por sarares nossa terra e fazeres com que nossa nação floresça mais uma vez.

Perdoa-nos nossos pecados de julgar inadequadamente, reclamar e criticar nossos líderes. Oramos para que governantes e autoridades governem bem, para que nós, o povo, possamos viver vidas pacíficas e tranquilas, marcadas pela piedade e dignidade. Toca nossos lábios com as brasas do Teu altar para que possamos fazer orações que prevaleçam para todos os homens e mulheres em todos os lugares. Oramos para que o povo de nossa terra prospere em todos os sentidos e desfrute continuamente de boa saúde, assim como suas almas prosperam em Ti.

Senhor, desejamos derramar rios de água viva para a cura das nações. Em nome de Jesus, amém.

Povos e Nações

REFERÊNCIAS BÍBLICAS
Lucas 21.11,25-26 • Salmo 51.7 • Mateus 16.3 • Isaías 6.6-7
Mateus 26.41 • Tiago 5.16 • Tiago 4.10 • 1 Timóteo 2.1
1 Pedro 3.4 • João 7.38 • Mateus 5.5 • Salmo 139.23 • Apocalipse 22.1-2

∽ 133 ∽
Governo

Pai, em nome de Jesus, agradecemos pelo nosso país e seu governo. Apresentamos em oração diante de Ti os homens e mulheres que estão em posições de autoridade. Oramos e intercedemos pelo presidente, pelos deputados, pelos senadores, pelos juízes da nossa terra, pelos policiais homens e mulheres, pelos governadores e prefeitos, e por todos aqueles que exercem autoridade sobre nós de alguma forma. Oramos para que o Espírito do Senhor repouse sobre eles.

Acreditamos que a sabedoria hábil e piedosa entrou no coração de nosso presidente e o conhecimento é suave para ele. O bom siso o guarda; a inteligência o conserva e o livra do mau caminho e dos homens perversos.

Pai, pedimos que Tu cerques o presidente com homens e mulheres que tornam seus corações e ouvidos atentos ao conselho divino e fazem o que é certo aos Teus olhos. Acreditamos que Tu os torna homens e mulheres íntegros que são obedientes, para que possamos levar uma vida tranquila e pacífica em toda piedade e honestidade. Oramos para que os justos habitem em nosso governo – que homens e mulheres irrepreensíveis e completos aos Teus olhos, Pai, permaneçam nessas posições de autoridade, mas os ímpios sejam arrancados de nosso governo e os traiçoeiros sejam exterminados dele.

Tua Palavra declara que "bem-aventurada é a nação cujo Deus é o Senhor" (Sl 33.12). Recebemos Tua bênção. Pai; Tu és nosso refúgio e fortaleza em tempos de angústia, de custos altos, de miséria e desespero. Portanto, declaramos com nossas bocas que Teu povo habita com segurança nesta terra, e *prosperamos* abundantemente. Somos mais que vencedores por meio de Cristo Jesus!

Está escrito em Tua Palavra que o coração do rei está nas mãos do Senhor e que Tu o inclinas para onde quiseres. Acreditamos que o coração de nosso líder está em Tuas mãos e que suas decisões são divinamente dirigidas pelo Senhor.

Damos graças a Ti porque as boas novas do Evangelho são espalhadas em nossa terra. A Palavra do Senhor prevalece e cresce poderosamente no coração e na vida das pessoas. Damos graças por esta terra e pelos líderes que Tu nos deste, em nome de Jesus.

Jesus é o Senhor do nosso país! Amém.

REFERÊNCIAS BÍBLICAS
1 Timóteo 2.1-3 • Deuteronômio 28.10-11 • Provérbios 2.10-12,21-22
Romanos 8.37 • Salmo 33.12 • Provérbios 21.1 • Salmo 9.9 • Atos 12.24

~ 134 ~
Sistemas Escolares e Filhos

Pai, agradecemos que a chegada da Tua Palavra traga luz e que Tu zelas a Tua Palavra para cumpri-la. Pai, apresentamos a Ti o(s) sistema(s) escolar(es) de _____ e os homens e mulheres que estão em posições de autoridade dentro do(s) sistema(s) escolar(es).

Oferecemos petições, orações, pedidos e ações de graças em nome desses líderes. Pedimos a Ti que lhes dê sabedoria hábil e piedosa para conduzir os assuntos do(s) sistema(s) escolar(es), das escolas e no melhor interesse de nossos filhos. Obrigado porque homens e mulheres íntegros – irrepreensíveis e completos aos Teus olhos – permanecem nessas posições. Aqueles que cometem erros e não são confiáveis serão erradicados em nome de Jesus. Pai, nós também Te agradecemos pelas pessoas batizadas e cheias do Espírito que ocupam estas posições sempre que possível.

Nós trazemos nossos filhos, nossos jovens, diante de Ti, Pai. Pronunciamos Tua Palavra com a ousadia e confiança de que nós e nossas famílias somos salvos em nome de Jesus. Somos redimidos da maldição da lei, pois Jesus foi feito maldição por nós. Como pais, instruímos nossos filhos no caminho que devem andar, e quando envelhecerem não se desviarão dele.

Pai, oramos para que nossos filhos escolham se esquivar de qualquer coisa que possa ofender a Ti e desacreditar o nome de Cristo. Oramos para que se mostrem filhos de Deus inocentes e irrepreensíveis, sem mácula, no meio de uma geração corrompida e pervertida, entre a qual reluzem como luzes brilhantes em um mundo escuro. Agradecemos, Pai, por lhes dares conhecimento, a inteligência em todas as letras e sabedoria, e porque eles acham graça entre aqueles que os cercam.

Pai, oramos e intercedemos para que esses jovens, seus pais e os líderes do(s) sistema(s) escolar(es) se separem do contato com influências contaminantes e corruptoras, e se purifiquem de tudo que possa contaminar e corromper seus espíritos, almas e corpos. Pedimos que eles evitem a imoralidade e toda devassidão sexual – fujam da impureza em pensamento, palavra ou ação – e vivam e se comportem de maneira honrosa e adequada como o fazem à luz do dia, em nome de Jesus.

Pai, pedimos a Ti que comissiones os espíritos ministradores a saírem e fiscalizarem a área, dissipando as forças das trevas.

Pai, obrigado porque em Cristo nossa riqueza espiritual está armazenada como um tesouro escondido esperando para ser descoberto – a sabedoria do céu e as riquezas infinitas da ciência. Nós Te louvamos por trabalhares no coração de nossos filhos, dando-lhes o desejo de honrar-Te vivendo vidas santas. Os que andam no erro acreditarão na verdade, e os queixosos estarão dispostos a ser ensinados. É nossa oração que Tu, Pai, sempre ocupes o primeiro lugar em seus corações. Nós cercamos nossos filhos com nossa fé. Eles são batizados e transformados espiritualmente, tomando caminhos que Tu preparaste de antemão para que eles andassem, e vivendo a boa vida que Tu preparaste para nós vivermos.

Obrigado, Pai, porque Tu és o Deus libertador. Obrigado porque as boas novas do Evangelho são divulgadas em todo(s) o(s) nosso(s) sistema(s) escolar(es). Agradecemos pelos intercessores que defendem

Tua Palavra e pelos Trabalhadores da Colheita que pregam a Tua Palavra em nome de Jesus. Louvado seja o Senhor! Amém.

> REFERÊNCIAS BÍBLICAS
> 1 Timóteo 2.1 • Salmo 119.130 • 2 Timóteo 2.21
> Jeremias 1.12 • 2 Coríntios 7.1 • Provérbios 2.10-12
> 1 Coríntios 6.18 • Provérbios 2.21-22 • Romanos 13.13
> Atos 16.31 • Efésios 5.4 • Gálatas 3.13 • 2 Timóteo 2.22
> Mateus 18.18 • Provérbios 22.6 • 2 Timóteo 2.26
> Filipenses 2.15-16 • Hebreus 1.14 • Daniel 1.17
> Colossenses 2.3 • Daniel 1.9 • 1 João 2.16-17
> Efésios 2.10 • Isaías 29.23-24

～ 135 ～
Membros das Forças Armadas

Pai, nossas tropas foram enviadas para _____ como pacificadores, e pedimos a Ti pela segurança deles de acordo com o Salmo 91.

Esta não é uma competição atlética vespertina da qual nossas forças armadas vão participar e esquecer em algumas horas. É um estado de guerra permanente, uma luta de vida ou morte contra o Diabo e seus anjos. Nós olhamos além dos instrumentos humanos de conflito e visamos as forças, autoridades e governantes das trevas e poderes no mundo espiritual. Como filhos do Deus Altíssimo, reforçamos a vitória triunfante de nosso Senhor Jesus Cristo.

Nosso Senhor despojou principados e potestades, expondo-os publicamente. Agradecemos, Jesus, por derrotares o maligno e suas forças das trevas por nós e por nos dares autoridade para proclamar Teu nome, que está acima de todo nome. Todo poder e autoridade no céu e na terra pertencem a Ti. A retidão e a verdade prevalecerão, e as nações virão à luz do Evangelho.

Pedimos ao céu que transforme nossas tropas em uma verdadeira força de manutenção da paz, derramando a glória de Deus por meio de nossos homens e mulheres naquela parte do mundo. Usa-os como instrumentos de justiça para derrotar os planos do diabo.

Senhor, imploramos o poder do sangue de Jesus, pedindo que Tu manifestes Teu poder e glória. Suplicamos a Ti em nome dos cidadãos desses países em ambos os lados deste conflito. Eles vivenciaram dor e mágoa; eles são vítimas das estratégias do diabo para roubar, matar e destruir. Oramos para que eles venham a conhecer Jesus, que veio para nos dar vida, e vida com abundância.

Intercedemos pelo povo da terra devastada pela guerra e invadida pelo diabo. Esperamos um transbordamento de Tua bondade e glória na vida daqueles por quem estamos orando. Que eles invoquem o Teu nome e sejam salvos.

Tu, Senhor, dás a conhecer a tua salvação; a Tua justiça Tu revelas abertamente aos olhos das nações.

Pai, sustenta e protege as famílias de nossas forças armadas. Preserva os casamentos, faz com que o coração dos pais se volte para os filhos e o coração dos filhos se volte para os pais e mães. Rogamos o sangue de Jesus sobre nossas tropas e suas famílias. Fornece um sistema de apoio para sustentar, elevar e edificar aqueles que foram deixados para criar os filhos sozinhos. Jesus foi feito sabedoria, justiça e santificação para esses pais. Através do Teu Espírito Santo, consola os solitários e fortalece os cansados.

Pai, estamos ansiosos pelo dia em que toda a terra será preenchida com o conhecimento do Senhor, assim como as águas cobrem o mar. Em nome de Jesus, amém[23].

Referências Bíblicas
Efésios 6.12 (MSG) • Salmo 98.2 • Colossenses 2.15
Malaquias 4.6 • João 10.10 • 1 Coríntios 1.30 • Ezequiel 22.30
Isaías 11.9 • Atos 2.21

---

23 Uma parte desta oração foi baseada em uma carta datada de 22 de janeiro de 1996, escrita por Kenneth Copeland do Ministério Kenneth Copeland em Fort Worth, Texas, e enviada a seus sócios. Usada com permissão.

~ 136 ~
A Nação e o Povo de Israel

Senhor, não rejeitarás nem desprezarás o Teu povo, nem abandonarás a Tua herança. Tu Te atentas para a aliança que fizeste com Abraão. Pai, lembra-Te da Tua aliança com Abraão, Isaque e Jacó.

Pai, oramos pela paz de Jerusalém: "Aqueles que te amam prosperarão. Haja paz dentro de teus muros e prosperidade dentro dos teus palácios. Por causa dos meus irmãos e amigos, direi: Haja paz em ti. Por causa da casa do Senhor, nosso Deus, buscarei teu bem" (Sl 122.6-9).

Pai, nós Te agradecemos por unires o povo de Israel uns com os outros e por trazeres Tua Igreja (judeus e gentios) à unidade – um novo homem. Obrigado pelos tratados de paz com os antigos inimigos de Israel. Que esses tratados sejam usados para o bem para abrir caminho para as boas novas do Evangelho enquanto nos preparamos para a vinda de nosso Messias.

Intercedemos por aqueles que se tornaram insensivelmente indiferentes, cegos, endurecidos e insensíveis ao Evangelho. Oramos para que eles não caiam em sua total ruína espiritual. Foi por meio de seu passo em falso e transgressão que a salvação chegou aos gentios. Agora, pedimos que os olhos do seu entendimento sejam iluminados para que conheçam o Messias, o qual Se dará a conhecer a todo o Israel.

Pedimos que fortaleças a casa de Judá e salves a casa de José. Obrigado, Pai, por restaurá-los porque tens compaixão deles. Será como se Tu não os tivesse rejeitado, pois Tu és o Senhor, o Deus deles, e os ouvirás. Agradecemos por Tua grande misericórdia e amor por eles e por nós, em nome de *Yeshua*, nosso Messias.

Pai, agradecemos por salvares Israel e por arrebanhá-los dentre as nações, para que eles possam dar graças ao Teu santo nome e glória em Teu louvor. Louvado sejas, Senhor Deus de Israel, de eternidade a eternidade. Que todo o povo diga: "Amém!" Louvado seja o Senhor. Em nome de Jesus.

REFERÊNCIAS BÍBLICAS
Salmo 94.14 • Salmo 74.20 • Romanos 11.7
Romanos 11.11 • Levítico 26.42 • Efésios 1.18 • Salmo 122.6-9
Efésios 2.14 • Zacarias 10.6,12 • Salmo 106.47-48

∼ 137 ∼
Paz de Jerusalém

Pai, em nome de Jesus e de acordo com a Tua Palavra, anseio e oro pela paz de Jerusalém. Oro para que olhos cegos sejam abertos e ouvidos surdos ouçam. Senhor, que eles Te reconheçam como seu refúgio e lugar de segurança. Pai, a Tua Palavra diz "multidões, multidões no vale da decisão" (Joel 3.14) e todo aquele que invocar o Teu nome será liberto e salvo (ver Romanos 10.13).

Tem misericórdia de Israel e sê misericordioso com eles. Leva em consideração que eles lutam para que suas terras sejam restauradas. Tu, Senhor, és a força e o baluarte deles no dia da angústia. Oramos para que eles sejam justos diante de Ti e que Tu faças com que até mesmo seus inimigos estejam em paz com eles. A Tua Palavra diz que pela pureza das nossas mãos, Tu livrarás até aqueles por quem intercedemos que não são inocentes. Que eles percebam que sua defesa e escudo dependem de Ti.

Senhor, nós Te agradecemos por Tua Palavra e porque Tu tens uma aliança com Israel e removerás seus pecados. Eles são Teus amados. Tua Palavra também diz que Seus dons são irrevogáveis – Tu nunca retiras os dons que deste e, quando escolhe alguém e graciosamente dá dons à pessoa, eles nunca são rescindidos. Embora Israel tenha sido desobediente e rebelde a Ti, Senhor, oramos para que agora eles se arrependam e obtenham Tua misericórdia e perdão por meio de Teu Filho, Jesus. Nós Te louvamos, Senhor, por Tua compaixão e perdão ao Teu povo. Nós Te louvamos porque eles estão sob Tua proteção e orientação divina, pois são Tua posse especial e Teu tesouro particular. Tu os pouparás, pois lemos em Tua Palavra que todo o povo de Israel será salvo!

Comprometo-me a orar pela paz de Jerusalém! Obrigado, Pai, por nos livrares de toda obra maligna e pela autoridade que o Senhor nos deste em nome de Jesus. Nós Te amamos e Te louvamos.

Orai pela paz de Jerusalém; aqueles que te amam prosperarão. Haja paz dentro de teus muros e prosperidade dentro dos teus palácios! Amém.

Referências Bíblicas
Joel 3.14 • Romanos 10.13 • Romanos 11.28-29

∼ 138 ∼
Oração de Proteção em Evento Meteorológico Destrutivo e Desastre Natural

Pai, somos sempre gratos porque nenhuma palavra de Tua boa promessa falhou. Tu és um Pai amoroso que é bom e fiel a Teus filhos. Tu nos proteges de todo tipo de mal em nome de Jesus.

Terremotos, fome, furacões, tornados, secas, incêndios, tsunamis, inundações e muito mais são resultados do pecado e seus efeitos em um planeta que está gemendo e sofrendo de dor sob a escravidão da corrupção.

Tu deste a terra ao homem e à mulher, que deveriam preenchê-la e governá-la. Pela desobediência de Adão, o sofrimento e a morte foram desencadeados sobre a raça humana. Em alguns casos, a própria negligência do homem com nosso planeta trouxe danos ao planeta Terra. Pai, o diabo é chamado de deus deste mundo, mas sabemos que Jesus o derrotou quando ressuscitou dos mortos! Querido Pai, Tu nos deste o mesmo grande poder que ressuscitou Cristo dentre os mortos e O colocou no lugar de honra à Tua destra nas regiões celestiais.

Durante o dilúvio nos dias de Noé, o planeta foi abalado em seu âmago – drasticamente alterado de Teu projeto original. Agora, esses desastres naturais e padrões climáticos trazem morte e destruição para milhões. Mas sabemos, Pai, que Tu não os envias. Cada dádiva Tua é boa, perfeita e saudável, fluindo do alto. Tu és o Pai das luzes que rilha nos céus sem sombra ou escuridão oculta e nunca estás sujeito a mudanças.

Não podemos controlar os eventos que ocorrem neste mundo caído. Não podemos declarar que não haverá mais desastres naturais ou eventos meteorológicos destrutivos. Tua Palavra até prediz esses eventos à medida que nos aproximamos do retorno de Jesus. Tu disseste que "haverá fome, pestes e terremotos em vários lugares. Mas todas estas coisas são o princípio das dores" (Mateus 24.7-8).

Mas, Pai, agradecemos a Ti por podermos impedi-los de entrar em nossas casas e propriedades. Podemos minimizar seus danos com nossas orações e nossas palavras. Podemos repreender o vento e as ondas e dizer "Cala-te, aquieta-te" às tempestades, assim como Jesus fez (Marcos 4.37-39). Podemos falar aos elementos assim como Elias fez (veja Tiago 5.17-18). E podemos receber Tua segurança e proteção!

Pai, obrigado pelos socorristas que dão suas vidas pelos outros. Sê um escudo ao redor deles enquanto eles vão resgatar aqueles que precisam de ajuda. Quando as inundações rugem como trovões e levantam suas ondas violentas, nós clamamos a Ti, nosso Deus. Tu és mais poderoso do que a fúria violenta dos mares, mais poderoso do que as ondas da praia – Tu, Senhor, és mais poderoso do que estes! Tu és socorro bem presente na hora da angústia.

Obrigado pelas provisões do Salmo 91. Oramos Tuas promessas de proteção sobre nossas vidas, proclamando: Minha família e eu sentamos entronizados sob a sombra do Onipotente. Estamos abrigados em Tua força, Deus Altíssimo. Tu és a esperança que nos sustenta e a Fortaleza que nos abriga. Tu és o único Deus para nós e nossa grande confiança. Tu nos resgatas de todas as armadilhas ocultas do inimigo e nos proteges de falsas acusações e qualquer maldição mortal. Teus braços enormes estão em volta de nós, nos protegendo. Podemos correr sob Tua cobertura de majestade e nos esconder. Teus braços de fidelidade são um escudo que nos protege do perigo.

Jamais nos preocuparemos com um ataque de forças demoníacas à noite, nem temeremos que um espírito das trevas venha contra nós. Não temamos nada! Seja de noite ou de dia, o perigo demoníaco não nos perturbará, nem os poderes do mal se lançarão contra nós.

Mesmo em tempos de desastre, com milhares e milhares sendo mortos, permaneceremos ilesos e íntegros. Seremos espectadores enquanto os ímpios perecem no juízo, pois eles pagarão pelo que fizeram! Quando vivemos nossas vidas dentro de Tua sombra, Altíssimo, nosso abrigo secreto, sempre estaremos protegidos do mal. Como então o mal poderia prevalecer contra nós ou a doença nos infectar? Eles não podem!

Agradecemos por enviares anjos com ordens especiais para nos proteger onde quer que formos, defendendo-nos de todo mal. Se cairmos em uma armadilha, eles estarão lá para nós e nos impedirão de tropeçar. Nós até caminhamos ilesos entre os mais ferozes poderes das trevas, pisoteando cada um deles sob nossos pés!

Pois aqui está o que Tu falaste: "Porque tão encarecidamente Me amou, também o livrarei; Eu o porei num alto retiro, porque conheceu o Meu nome. Ele me invocará, e Eu lhe responderei; estarei com ele na angústia; dela o livrarei e o glorificarei. Darei a ele abundância de dias e lhe mostrarei a Minha salvação!" (Salmos 91.14-16). Em nome de Jesus nós oramos, amém.

Referências Bíblicas

2 Reis 5.8 • 1 Reis 8.56 • Tiago 1.17 • Romanos 8.21-22
Salmo 93.3-4 • Salmo 115.16 • Salmo 107.20 • Salmo 8.4-6
Mateus 24.7 • Gênesis 1.26-28 • Marcos 4.37-41 • 2 Coríntios 4.4
Tiago 5.17-18 • Hebreus 2.14 • Salmo 91 • Efésios 2.6

ORANDO
Uns Pelos Outros

~ 139 ~
Vida Controlada pelo Espírito

Pai, eu oro por todos os santos em todos os lugares. Ajuda-nos a permanecermos ensináveis para que possamos receber instruções dos apóstolos, profetas, evangelistas, pastores e mestres. Seremos Teus filhos instruídos para a obra do ministério, para a edificação do Corpo de Cristo. Leva-nos à unidade da fé e ao conhecimento do Filho de Deus, à plena virilidade, à medida da estatura da plenitude de Cristo.

Pai, agora nenhuma condenação há para os que andam segundo o Espírito, porque por meio de Cristo Jesus a lei do Espírito da vida nos liberta da lei do pecado e da morte. Concede-nos a graça de viver a vida do Espírito. Pai, Tu condenaste o pecado na carne – a subjugaste, a venceste e a privaste de seu poder sobre nós. Agora, a justiça da Lei é plenamente cumprida em nós, que vivemos e andamos nos caminhos do Espírito – nossas vidas governadas e controladas pelo Espírito Santo.

Temos o propósito de viver de acordo com o Espírito e somos controlados pelos desejos do Espírito. Inclinamos nossas mentes e buscamos as coisas que gratificam o Espírito Santo. Não vivemos mais a vida da carne; vivemos a vida do Espírito. O Espírito Santo de Deus realmente habita dentro de nós, dirigindo-nos e controlando-nos.

Com a autoridade da Tua Palavra, declaramos que somos mais que vencedores, obtendo uma vitória insuperável por meio de Jesus, que nos ama. Recusamos ser vencidos pelo mal, mas venceremos e dominaremos o mal com o bem. Temos toda a armadura da luz, vestidos com o Senhor Jesus Cristo, e não fazemos nenhuma provisão para satisfazer a carne.

Pai, escolhemos ser praticantes da Tua Palavra. Extraímos Tua sabedoria em oração e caminhamos nela. Somos amantes da paz, cheios de compaixão e bons frutos. Andamos na fé porque é impossível agradar a Ti sem ela. Escolhemos ser Teus imitadores em tudo o que fazes – representando-Te como filho ou filha. E vivemos uma vida cheia de amor, seguindo o exemplo de Jesus.

Senhor, somos fortes na força do Teu poder. Portanto, tomamos nossa posição contra o diabo e resistimos a ele; ele foge. Nós nos aproximamos de Ti e Tu Te aproximas de nós. Temos a Tua palavra sobre isso. Não tememos, pois Tu nunca nos abandonas.

Em Cristo, somos cheios com a Divindade – Pai, Filho e Espírito Santo. Jesus é o nosso Senhor!

Referências Bíblicas
Romanos 8.2,4,9,14,31,37 • Romanos 12.21 • Hebreus 13.5
Hebreus 11.6 • Efésios 5.1 • Romanos 13.12,14 • Efésios 6.10
Tiago 1.22 • Tiago 4.7-8 • Tiago 3.17 • Colossenses 2.10

∽ 140 ∽
Oração Por Uma Comunhão Renovada

Pai, obrigado por velares sobre a Tua Palavra para cumpri-la. Eu oro e creio que _____ é um(a) discípulo(a) de Cristo, ensinado(a) por Ti e obediente à Tua vontade. Grande é a sua paz e compostura imperturbável. _____ tem a Ti como seu professor. Oramos para que Tu dês a _____ um espírito ensinável e um ouvido atento para que ele/ela aprenda Contigo e retorne ao seu primeiro amor, Jesus.

Oro para que _____ escolha fortalecer a verdade envolvida em seu coração, fiel às coisas que aprendeu e nas quais acreditou. Desde a infância, ele/ela é sábio(a) o suficiente para conhecer as Sagradas Escrituras, as quais são capazes de torná-lo(a) sábio(a) o suficiente para ter fé em Cristo Jesus e ser salvo(a). Jesus dá a _____ a vida real e eterna, e ninguém tem o poder de arrebatá-lo(a) de Suas mãos.

Pai, cria um desejo no coração de _____ de se submeter a Ti e resistir ao diabo, que deseja mantê-lo(a) cego(a) para a verdade. Oro para que a luz de Deus ilumine os olhos de sua imaginação, inundando seus olhos com a luz que vem das Boas Novas do Evangelho de Jesus Cristo. Eu oro e creio que _____ cairá em si e escapará da armadilha do diabo.

Estou aqui para interceder e proteger _____ até que ele/ela tenha certeza de que não há nada no universo com o poder de separá-lo(a) do amor de Deus. Não há poder acima de _____ ou abaixo dele/dela – nenhum poder que possa ser encontrado no universo que possa distanciar _____ do amor caloroso de Deus, que é derramado sobre ele/ela por meio de nosso Senhor Jesus, o Ungido! Em nome de Jesus, amém.

Referências Bíblicas
Jeremias 1.12 • 2 Timóteo 2.26 • João 6.45 • 1 Coríntios 11.31
Isaías 54.13 • Mateus 18.18 • 2 Timóteo 3.14-15 • Hebreus 3.14 •
Isaías 57.18 • Hebreus 10.35 • João 10.28-29 • Efésios 1.18 • 1 João 5.16
1 João 1.3 • 2 Coríntios 4.4 • Ezequiel 22.30 • Romanos 8.38

～ 141 ～
Libertação Contra Satanás e Suas Forças Demoníacas

Se a pessoa por quem você está intercedendo ainda não confessou Jesus como Salvador e Senhor, ore especificamente pela salvação dela, caso ainda não o tenha feito. Levante-se e agradeça ao Pai que isso seja feito em nome de Jesus. Então ore:

Pai, em nome de Jesus, venho com ousadia ao Teu trono de graça e apresento _____ diante de Ti. Eu intercedo em nome de _____, sabendo que o Espírito Santo dentro de mim Se junta a mim contra os males que tentariam manter _____ em cativeiro. Eu desato _____ das amarras da maldade com minhas orações e tomo meu escudo da fé e apago cada dardo inflamado do adversário que poderia prender _____. Pai, Tu dizes que tudo o que eu ligar na terra será ligado no céu, e tudo o que eu desligar na terra será desligado no céu.

Em nome de Jesus, ligo o corpo, a alma e o espírito de _____ à vontade e aos propósitos de Deus para sua vida. Ligo a mente, a vontade e as emoções de _____ à vontade de Deus. Eu o ligo à verdade e ao sangue de Jesus. Eu ligo sua mente à mente de Cristo, para que os próprios pensamentos, sentimentos e propósitos de Seu coração estejam dentro de seus pensamentos.

> *Eu desprendo todo padrão de pensamento, atitude, ideia, desejo, crença, motivação, hábito e comportamento velho, errado e ímpio dele/dela. Eu derrubo, subjugo, esmago e destruo todas as fortalezas associadas a essas coisas. Removo qualquer fortaleza em sua vida que tenha justificado e protegido ressentimentos contra qualquer pessoa. Removo a fortaleza da falta de perdão, medo e desconfiança dele/dela. Eu desprendo e removo essas coisas em nome de Jesus[24].*

Pai, peço a Ti que comissiones Teus espíritos ministradores para ir e fornecer a ajuda e assistência necessárias para _____.

Pai, pela fé eu tomo posse da salvação de _____ e sua confissão do Senhorio de Jesus Cristo. Falo das coisas que não são como se já fossem, pois escolho olhar para o invisível – as coisas eternas de Deus. Em nome de Jesus, Satanás não terá vantagem sobre _____, pois não desconheço os ardis de Satanás. Submeto-me a Deus e resisto à tentativa de Satanás de manter _____ em cativeiro; o diabo corre de terror em nome de Jesus. Eu imploro o sangue do Cordeiro sobre _____, pois Satanás e seus seguidores são vencidos por esse sangue e pela Tua Palavra. Agradeço-Te, Pai, porque eu piso em serpentes e escorpiões e sobre toda a força do inimigo, em favor de _____. _____ é liberto(a) deste presente mundo mau. Ele/ela é liberto(a) dos poderes das trevas e transportado para o Reino do Teu querido Filho!

Pai, peço agora que preenchas esses espaços vagos dentro de _____ com Tua redenção, Tua Palavra, Teu Espírito Santo, Teu amor, Tua sabedoria, Tua justiça e Teu conhecimento revelador, em nome de Jesus.

---

24 Trecho retirado do livro de Liberty Savard, *Shattering Your Strongholds*, (North Brunswick, NJ: Bridge-Logos Publishers, 1992), 171-172.

Eu Te agradeço, Pai, porque _____ foi redimido(a) das mãos de Satanás pelo sangue de Jesus. Ele/ela é justificado(a) e tornado(a) reto(a) pelo sangue de Jesus e pertence a Ti – espírito, alma e corpo. Agradeço que todo jugo escravizador é quebrado, pois ele/ela não se tornará escravo de nada nem será submetido ao seu poder em nome de Jesus. _____ escapou da armadilha do diabo que o(a) mantinha cativo e doravante faz a Tua vontade, Pai, que é glorificar-Te em seu espírito, alma e corpo.

Pai, obrigado porque Jesus Se manifestou para destruir as obras do diabo. As obras de Satanás são destruídas na vida de _____ em nome de Jesus. Aleluia! _____ anda no Reino de Deus, que é justiça, paz e alegria no Espírito Santo! Louvado seja o Senhor! Amém[25].

Referências Bíblicas

Hebreus 4.16 • 2 Coríntios 2.11 • Ezequiel 22.30 • Tiago 4.7
Romanos 8.26 • Efésios 4.27 • Isaías 58.6 • Apocalipse 12.11 •
Efésios 6.16 • Lucas 10.19 • Mateus 18.18 • Gálatas 1.4 • Marcos 16.17
Colossenses 1.13 • Efésios 6.12 • Mateus 12.43-45 • Colossenses 2.15
1 Coríntios 6.12 • Mateus 12.29 • 2 Timóteo 2.26 • Hebreus 1.14
1 João 3.8 • Romanos 4.17 • Romanos 14.17 • 2 Coríntios 4.18

~ 142 ~
Libertação dos Cultos

Pai, em nome de Jesus, chegamos a Ti em oração e fé, crendo que Tua Palavra corre velozmente por toda a terra, pois a Palavra de Deus não está acorrentada ou aprisionada. Apresentamos a Ti _____ (aqueles envolvidos nos cultos e suas famílias).

Pai, estende a Tua mão; resgata e liberta _____ desses poderes sombrios – bárbaros que mentem descaradamente, que aper-

---

25 Esta oração pode ser orada quantas vezes forem necessárias. Leva tempo para perceber a fé que lhe leva a uma posição de louvor e ação de graças. Permaneça firme, fixo, imóvel e constante, lembrando-se de que maior é Aquele que está em você do que aquele que está no mundo.

tam sua mão e depois esfaqueiam você pelas costas. Eles devem ser silenciados porque subvertem e afastam famílias inteiras da verdade por meio de seus ensinamentos falsos e corruptos, tudo por sua ganância desonesta. Nada de bom vem desses impostores, e um dia serão desmascarados.

Faz justiça para os oprimidos, precioso Pai. Liberta os prisioneiros, abre os olhos dos cegos, levanta os abatidos, cura os quebrantados de coração e sara suas feridas. Eleva os humildes e oprimidos e abate os ímpios até o chão, no poderoso nome de Jesus.

Converte os corações dos desobedientes, incrédulos e irredutíveis à sabedoria dos justos e ao conhecimento da vontade de Deus, a fim de aprontar para Ti, Senhor, um povo perfeitamente preparado em espírito. Desperta fé nos corações mais fechados para preparar o povo para o aparecimento de Jesus.

Pai, reprimimos nossas vozes de choro e as lágrimas de nossos olhos, pois nossas orações serão recompensadas e _____ retornará para casa da terra do inimigo. Tu salvarás a nossa descendência da terra do seu cativeiro; nossos filhos e filhas voltarão. Veremos _____ andando na verdade da Palavra de Deus, reverenciando Teu nome, Pai. Os que saírem dos trilhos voltarão a andar na linha, e os que se queixam e choramingam aprenderão a ser gratos. Eles aceitarão instrução no Caminho – Jesus. Pai, Tu contendes com aqueles que contendem conosco e dá segurança a _____. Oro para que _____ escolha a vida e viva a vida abundante que Jesus providenciou.

Em nome de Jesus, amarro os pés de _____ nos caminhos da retidão, para que seus passos sejam firmes e seguros. Eu ligo _____ à obra da Cruz, com toda a sua misericórdia, graça, amor, perdão e renúncia de si mesmo.

Eu desligo o poder e os efeitos de enganos e mentiras dele/dela. Desligo a confusão e a cegueira do deus deste mundo da mente de _____, que o impediu de ver a luz do evangelho de Jesus Cristo. Invoco cada palavra preciosa da Escritura que já entrou em sua mente e coração, para que se eleve em poder dentro dele/dela. Desligo o poder e os efeitos de quaisquer palavras áspe-

*ras ou duras (palavrões) faladas para, sobre ou por _____.
Jesus me deu as chaves e a autoridade para ligar e desligar essas coisas em Seu nome. Obrigado, Senhor, pela verdade*[26].

Pai, pedimos a Ti que comissiones os espíritos ministradores a sair e dissipar essas forças das trevas e trazer _____ para casa, em nome de Jesus.

Pai, nós cremos e confessamos que _____ teve conhecimento e está familiarizado com a Palavra, a qual foi capaz de instruí-lo e de dar-lhe o entendimento para a salvação que vem pela fé em Cristo Jesus. Senhor, nós oramos e acreditamos que Tu certamente livrarás _____ de todo ataque do mal e atrairás _____ para Ti mesmo, e preservarás e trarás _____ a salvo para o seu reino celestial. Glória a Ti, Pai, que libertas aqueles por quem intercedemos em nome de Jesus! Amém[27].

REFERÊNCIAS BÍBLICAS

Salmo 147.15 • Isaías 43.5-6 • 2 Timóteo 2.9 • Isaías 29.23-24 (MSG)
Salmo 144.7-8 (MSG) • Isaías 49.25 • Deuteronômio 30.19
João 10.10 • Tito 1.11 • Mateus 18.18 • 2 Timóteo 3.9 (MSG)
2 Timóteo 3.2-9 • Salmo 146.7-8 • Hebreus 1.14 • Salmo 147.3-6
2 Timóteo 3.15 • Lucas 1.17 (MSG) • 2 Timóteo 4.18 • Jeremias 31.16-17
Jó 22.30 • Jeremias 46.27

---

26 Trecho retirado do livro de Liberty Savard, *Shattering Your Strongholds*, (North Brunswick, NJ: Bridge-Logos Publishers, 1992), 171-172.

27 Faça esta oração até que a fé surja em você. Então você saberá que Deus cumprirá Sua Palavra na vida daquele por quem você está intercedendo. O Espírito Santo é o seu Ajudador. Quando perceber que a intercessão foi concluída, envolva a pessoa com alegres cantos de livramento em seu quarto de oração.

~ 143 ~
Libertação de Hábitos

Pai, em nome de Jesus e segundo a Tua Palavra, creio em meu coração e digo com minha boca que Jesus é o Senhor da minha vida. Porque toda a verdade está em Jesus, eu me despojo de minha natureza anterior; Eu retiro e descarto meu velho e não renovado eu. Desejo ser livre do(s) hábito(s) de _____ em nome de Jesus. Pai, o(s) hábito(s) não é(são) útil(eis) (bons para mim, convenientes e benéficos). Não desejo mais ser escravo de hábitos e comportamentos errados ou ser colocado sob o poder dele(s).

Pai, esses hábitos autodestrutivos são sintomas de uma falha em minha alma, meu caráter, e os confesso como pecado. Não quero cometer habitualmente os mesmos erros repetidamente. Pai, Tua Palavra expõe os padrões de pensamento errados que estão me levando a continuar agindo de maneira contrária à Tua Palavra. Desejo ser continuamente cheio e controlado pelo Espírito Santo.

Obrigado, Pai, por me transportares para o Reino de Teu querido Filho. Agora sou Teu jardim cultivado. Em nome de Jesus, abandono todo comportamento imoral e todo tipo de maldade. Com simples humildade, proponho deixar que Tu, meu Jardineiro, me agracies com a Palavra, fazendo de minha vida um jardim de salvação.

Eu me armei com toda a armadura de Deus, a armadura de um soldado fortemente armado, que Deus providenciou para mim – o capacete da salvação, lombos cingidos com a verdade, pés calçados com a preparação do evangelho da paz, o escudo da fé, e a Espada do Espírito, que é a Palavra de Deus. Com a armadura de Deus, sou capaz de enfrentar todas as estratégias, enganos e dardos inflamados de Satanás, em nome de Jesus.

Vestido com Sua armadura, disciplino meu corpo e o subjugo. Com cada tentação, escolho o escape que Tu forneces. Maior é Aquele que está em mim do que aquele que está no mundo.

Obrigado, Senhor. Eu Te louvo porque estou crescendo espiritualmente e porque Tua Palavra enxertada está salvando minha alma. Eu me despojo da velha natureza com seus hábitos, e me visto do novo homem criado em Cristo Jesus. Aleluia! Amém.

REFERÊNCIAS BÍBLICAS
Romanos 10.9-10 • 1 Coríntios 10.13 • Efésios 4.21-22
Efésios 6.13-17 • 1 Coríntios 6.12 • 1 João 4.4
1 Coríntios 3.9 AMP • 2 Coríntios 5.17 • Tiago 1.21 (MSG)

~ 144 ~
Libertação de Companhias Corruptas

Pai, em nome de Jesus, peço que abras os olhos do entendimento de _____, para que ele/ela não seja enganado(a) pela influência de pessoas corruptas e depravadas. Obrigado por fazer com que ele/ela ganhe vida e desperte _____ para que possa retornar ao bom senso e ao bom juízo.

Pai, venho diante de Ti pedindo misericórdia – misericórdia que triunfa sobre o juízo. Obrigado por atraíres _____ para Ti mesmo com cordas e laços de amor e por levá-lo ao arrependimento com Tua bondade. Então _____ se separará do contato com influências contaminantes e se purificará de tudo que possa deturpar o espírito, a alma e o corpo.

Em nome de Jesus, ligo a mente de _____ à mente de Cristo, para que ele/ela possa viver e se comportar de maneira honrosa e digna, como o faz à luz do dia. Eu o desligo dos padrões de pensamento errados de seu antigo estilo de vida, os quais eram controlados por um conjunto de valores inspirados pelo adversário, que engana aqueles que não vieram vivos para Cristo.

Peço-Te que dês a _____ um coração disposto, para que ele/ela possa ser lealmente submisso à autoridade civil governante – não resistindo nem se colocando contra eles. Ele/ela deve ser obediente, preparado(a) e disposto(a) a fazer qualquer trabalho reto e honroso. Ele/ela caminhará com homens sábios, e será sábio(a).

_____ é perdoado(a) pelo nome de Jesus e porque ele/ela confessa Seu nome. Ele/Ela é vitorioso(a) sobre o maligno porque ele/ela veio a conhecer, reconhecer e estar ciente do Pai.

Como a mente de _____ é renovada pela Palavra, a Palavra habita e permanece nele/nela, e ele/ela habita sempre no Filho e no Pai. A natureza de Deus habita em _____; Seu princípio de vida permanece continuamente dentro dele(a), e ele/ela não pode praticar o pecado porque é nascido(a) de Deus. A lei do Espírito da vida em Cristo Jesus libertou _____ da lei do pecado e da morte. Obrigado, Pai, por zelares a Tua Palavra para cumpri-la, em nome de Jesus! Amém.

Referências Bíblicas
1 Coríntios 15.33-34 • Provérbios 28.7 • 2 Timóteo 2.21
1 Tessalonicenses 5.22 • 2 Coríntios 7.1 • 1 João 2.12-16
Romanos 13.13 • 1 João 2.21,24 • 1 Pedro 2.1 • 1 João 3.9
Romanos 13.1-2 • Romanos 8.2 • Tito 3.1
Jeremias 1.12 • Provérbios 13.20

~ 145 ~
Libertação do Transtorno Mental

Pai, em nome de Jesus, eu me aproximo sem medo, com confiança e ousadia do trono da graça, para que eu possa alcançar misericórdia e achar graça, a fim de que _____ seja ajudado em tempo de necessidade.

Pai, eu me comprometo a orar em nome de _____, intercedendo por ele/ela diante de Ti, para que a Tua misericórdia triunfe sobre o juízo. Jesus, Tu derrotaste o diabo por _____, e tomamos de volta tudo o que Satanás roubou dele/dela.

És Tu, Pai, que livras _____ da cova e da corrupção de _____ (nome do transtorno: esquizofrenia, paranoia, depressão maníaca, etc.). Pai, Tu não deste a _____ um espírito de timidez – de covardia, de medo covarde, submisso e bajulador – mas deste a ele/ela um espírito de poder, de amor e de moderação, disciplina e autocontrole.

Em nome de Jesus, eu perdoo seus pecados e intercedo por _____ até que ele/ela) caia em si e escape da armadilha do diabo, que manteve _____ cativo(a).

Porque Jesus derrotou principados e potestades, e os expôs publicamente, eu me posiciono contra as forças das trevas, que foram designadas para _____. Obrigado, Pai, por libertares _____ da potestade das trevas e por transportá-lo(a) para o Reino de Teu querido Filho.

Eu decreto e declaro que a lei do Espírito da vida em Cristo Jesus libertou _____ da lei do pecado e da morte. _____ não será mais indeciso(a) – hesitante, duvidoso(a), irresoluto(a) – instável e não confiável e incerto(a) sobre tudo (ele/ela pensa, sente e decide). _____ se livrará de toda impureza e do crescimento desenfreado da maldade e, com um espírito humilde (gentil, modesto), receberá e acolherá a Palavra que, implantada e enraizada em seu coração, contém o poder de salvar sua alma (mente, vontade e emoções).

Em nome de Jesus, graça seja dada a _____ e paz da parte de Deus, nosso Pai, e do Senhor Jesus Cristo, o qual entregou a Si mesmo por seu pecado, para livrá-lo(a) do presente século mau, segundo a vontade de Deus e nosso Pai, a quem seja a glória para todo o sempre. Amém.

Referências Bíblicas

Hebreus 4.16 • Efésios 6.12 • Salmo 50.15 • Colossenses 1.13
Salmo 56.13 • Romanos 8.2 • Salmo 103.4 • Tiago 1.8,21
2 Timóteo 1.7 • Gálatas 1.3-5 • João 20.23 • Ezequiel 22.30
2 Timóteo 2.26

~ 146 ~
Cerca de Proteção

Pai, em nome de Jesus, elevamos _____ a Ti e oramos por uma cerca de proteção ao seu redor. Agradecemos, Pai, por seres uma muralha de fogo ao redor de _____ e por colocares Teus anjos ao redor dele/dela.

Agradecemos, Pai, que _____ habita no esconderijo do Altíssimo e permanece à sombra do Todo-Poderoso. Dizemos de Ti, Senhor, Tu és o seu refúgio e fortaleza, em Ti ele/ela confiará. Tu cobres _____ com Tuas penas, e debaixo de Tuas asas ele/ela confiará. _____ não terá medo do terror noturno nem da flecha que voa durante o dia. Somente com seus olhos _____ contemplará e verá a recompensa dos ímpios.

Porque _____ fez de Ti, Senhor, seu refúgio e fortaleza, nenhum mal o(a) acontecerá – nenhum acidente o(a) atingirá – nem nenhuma praga ou calamidade o(a) atingirá. Pois Tu dás a Teus anjos a responsabilidade de _____, para guardá-lo(a) em todos os Teus caminhos.

Pai, Tu colocaste Teu amor sobre _____, portanto, o(a) livrarás. _____ invocará a Ti, e Tu (a)o responderás. Tu estarás com ele/ela nas aflições e o(a) satisfarás com uma vida longa, e mostrarás a ele/ela a Tua salvação. Nem um fio de cabelo de sua cabeça perecerá. Amém.

Referências Bíblicas
Ezequiel 22.30 • Salmo 91.4-5 • Zacarias 2.5 • Salmo 91.8-11
Salmo 34.7 • Salmo 91.14-16 • Salmo 91.1-2 • Lucas 21.18

~ 147 ~
Achando Graça Diante dos Outros

Pai, em nome de Jesus, Tu fazes Teu rosto brilhar e iluminar _____ e és gracioso (gentil, misericordioso e generoso) com ele/ela. _____ é posto(a) por cabeça, e não por cauda. _____ está apenas em cima e não debaixo.

Agradeço a Ti pela graça presente em _____, que busca o Teu Reino e a Tua justiça e busca diligentemente o bem. _____ é uma bênção para Ti, Senhor, e é uma bênção para _____ (nomeie-os: família, vizinhos, colegas de trabalho, etc.). A graça (favor) está com _____, que ama o Senhor Jesus com sinceridade. _____ estende favor, honra e amor a _____ (nomes). _____ está fluindo em Teu amor, Pai. Tu estás derramando sobre _____ o espírito da graça. Tu o(a) coroas com glória e honra, pois ele/ela é Teu/Tua filho(a) – obra Tua.

_____ é um sucesso hoje. _____ é alguém muito especial para Ti, Senhor. _____ está crescendo no Senhor – fortalecendo-se no espírito. Pai, Tu dás a _____ conhecimento e inteligência em todas as letras e sabedoria.

Tu fazes com que _____ ache graça, compaixão e bondade diante de _____ (nomes). _____ obtém favor aos olhos de todos os que olham para ele/ela neste dia, em nome de Jesus. _____ está cheio(a) de Tua plenitude – arraigado(a) e fundado(a) em amor. Tu estás fazendo muito mais do que tudo o que _____ pede ou pensa, pois Teu grande poder o(a) está controlando.

Obrigado, Pai, porque _____ é bem favorecido(a) por Ti e pelos homens, em nome de Jesus! Amém.

> **REFERÊNCIAS BÍBLICAS**
> Números 6.25 • Salmo 8.5 • Deuteronômio 28.13
> Efésios 2.10 • Mateus 6.33 • Lucas 2.40 • Provérbios 11.27
> Daniel 1.17 • Efésios 6.24 • Daniel 1.9 • Lucas 6.38
> Ester 2.15,17 • Zacarias 12.10 • Efésios 3.19-20

∼ 148 ∼
Aperfeiçoando as Habilidades de Comunicação

Pai, por muito tempo eu não entendi o poder das palavras. Perdoa-me por usar palavras como armas. Muitas vezes não me expressei com amor, e todas as minhas palavras foram reduzidas ao som oco de nada mais que um címbalo tinindo. Por muito tempo estar certo foi mais importante do que meus relacionamentos.

Conceda-me a sabedoria para ser pronto para ouvir, tardio para falar e tardio para irar-me. É da abundância do meu coração que falo, e estou pronto para abandonar tudo moralmente impuro. Ensina-me a falar palavras bonitas e vivificantes, que liberarão doçura para nossas almas e cura interior para nossos espíritos. Estou pronto para assimilar Tua Palavra com um espírito sensível, porque Tua Palavra de Vida tem o poder de salvar continuamente minha alma (minha personalidade, emoções e pensamentos). Oro para que a Tua Palavra seja sempre como poesia escrita e cumprida pela minha vida! Que minha linguagem corporal e minhas palavras concordem entre si, revelando o motivo e a intenção do meu coração.

Estou aqui diante de Ti e ansioso para descartar toda forma de desonestidade e mentira, para que eu seja conhecido como alguém que sempre fala a verdade, pois todos somos membros uns dos outros. Escolho vincular minhas emoções ao controle do Espírito Santo e agradeço a Ti porque essas paixões não podem mais me levar ao pecado. Agora e para sempre, que minhas palavras sejam belas dádivas que encorajam os outros. Que eu fale palavras de graça para ajudá-los, em nome de Jesus.

Referências Bíblicas
1 Coríntios 13.1 • Tiago 1.13-22 • Tiago 3.2-17
Provérbios 16.24 • Efésios 4.25-29

~ 149 ~
Oração pelo Emprego

Pai, em nome de Jesus, cremos e confessamos a Tua Palavra sobre _____ hoje, sabendo que Tu zelas a Tua Palavra para cumpri-la. Tua Palavra prospera na vida de _____, para onde é enviada. Tu és sua Fonte de todo consolo, conforto e encorajamento. _____ é corajoso(a) e cresce em força.

Seu desejo é não dever nada a nenhum homem, a não ser amá-lo. Portanto, _____ se esforça e suas mãos não desfalecem, pois sua obra será recompensada. Seu galardão não lhe é imputado segundo a graça, mas segundo a dívida. _____ faz disso sua ambição e definitivamente se esforça para viver tranquila e pacificamente, e trata de seus próprios interesses. _____ é correto(a) e honrado(a) e impõe o respeito do mundo exterior, sendo independente, não dependendo de ninguém e não precisando de nada. Tu, Pai, supres ao máximo todas as suas necessidades.

Ele/ela trabalha em silêncio, ganha sua própria comida e outras necessidades. Ele/ela não se cansa de fazer o que é certo e continua fazendo o bem sem enfraquecer. _____ aprende a dedicar-se às boas ações – ao trabalho honesto e ao emprego honroso – para que seja capaz de atender às demandas necessárias sempre que a ocasião exigir. Pai, Tu conheces suas obras e o que ele/ela está fazendo. Puseste diante de _____ uma porta escancarada, que ninguém pode fechar. _____ não teme e não se apavora, pois Tu, Pai, ajuda-o(a) e fortalece-o(a). Em Jesus, _____ tem perfeita paz, confiança e bom ânimo, pois Jesus venceu o mundo e o privou de seu poder de prejudicar _____. Ele/ela não se preocupa nem se inquieta com nada, pois a Tua paz, Pai, monta guarda sobre o coração e a mente dele(a). _____ conhece o segredo de enfrentar todas as situações, pois é autossuficiente na suficiência de Cristo. _____ controla sua boca e sua língua, resguardando-se de problemas.

_____ valoriza Tua sabedoria, Pai, e Te reconhece. Tu diriges, endireitas e clareia seu caminho e o(a) promove. Portanto, Pai, _____ cresce em Tua sabedoria em ampla e plena sabedoria, em estatura, em anos e em graça para Contigo, Pai, e os homens! Amém.

REFERÊNCIAS BÍBLICAS
Jeremias 1.12 • Tito 3.14 • Isaías 55.11 • Apocalipse 3.8
2 Coríntios 1.3 • Isaías 41.10 • 1 Coríntios 16.13
João 16.33 • Romanos 13.8 • Filipenses 4.6-7
2 Crônicas 15.7 • Filipenses 4.12-13 • Romanos 4.4
Provérbios 21.23 • 1 Tessalonicenses 4.11-12 • Provérbios 3.6
2 Tessalonicenses 3.12-13 • Provérbios 4.8 • Lucas 2.52

~ 150 ~
Superando Atitudes Negativas no Trabalho

Obrigado, Pai, em nome de Jesus, por velares sobre a Tua Palavra até que seja cumprida. _____ é obediente a seus empregadores – chefes ou supervisores – tendo respeito por eles. Ele/ela anseia agradá-los, em sinceridade e de todo o seu coração, como serviço a Cristo, não servindo à vista, como agradando a homens, mas como servo(a) de Cristo, fazendo a vontade de Deus de coração e com toda a sua alma.

_____ prontamente presta serviço com boa vontade ao Senhor e não aos homens. Ele/ela sabe que por todo bem que fizer, receberá sua recompensa do Senhor.

_____ viverá uma vida alegre e fará tudo sem resmungar, discutir ou dividir. Ele/ela é irrepreensível, então ninguém pode criticá--lo(a). Ele/ela vive uma vida pura e inocente como filho(a) de Deus, reluzindo como uma luz brilhante em um mundo cheio de pessoas corruptas e perversas, e oferecendo-lhes as palavras da vida eterna.

_____ honra o Senhor, e seu trabalho é uma expressão sincera de devoção a Ele. Seja qual for a tarefa ou trabalho, _____ trabalha com um sorriso no rosto, tendo sempre em mente que não importa de quem venham as ordens, ele/ela realmente está servindo a Deus. O bom trabalho resulta a _____ em boa retribuição da parte do Senhor. Amém.

REFERÊNCIAS BÍBLICAS
Jeremias 1.12 • Colossenses 3.22-24 • Efésios 6.5-8 (MSG)
Filipenses 2.14-15

~ 151 ~
Conforto para uma Pessoa Que Perdeu um Ente Querido Cristão

Pai, eu Te agradeço por termos um Sumo Sacerdote que é capaz de entender, simpatizar e ter sentimentos de compaixão com a dor de _____ pela perda de seu/sua _____.

Pai, eu Te agradeço porque _____ não sofre como as pessoas que não têm esperança, porque ele/ela acredita que Jesus morreu, ressuscitou e voltará. Pai, Tu disseste que quando Jesus voltar, Ele trará Consigo todos os que tiveram fé em Jesus antes de morrerem.

Jesus, Tu vieste curar os quebrantados de coração. É em nome de Jesus que Tu, Pai, confortas _____ porque o(a) amaste e em graça deste-lhe consolação eterna e boa esperança.

Todos os louvores pertencem ao Deus e Pai de nosso Senhor Jesus Cristo. Pois Ele é o Pai de terna misericórdia e o Deus de consolo sem fim, que conforta _____. Pai, Tu sempre vens ao nosso lado para nos confortar em todos os sofrimentos, para que possamos estar ao lado daqueles que estão passando por qualquer provação dolorosa. Podemos levar a eles esse mesmo consolo que Deus derramou sobre nós.

Pai, obrigado por concederes a _____ dê ornamento em lugar de cinza, óleo de alegria em lugar de tristeza, vestes de louvor em lugar de espírito angustiado, a fim de que ele/ela se chame carvalho de justiça, plantado pelo Senhor, para que Tu sejas glorificado. Em nome de Jesus, amém.

Referências Bíblicas
Hebreus 4.15-16 • 2 Tessalonicenses 2.16
1 Tessalonicenses 4.13-14 • 2 Coríntios 1.3-4 • Mateus 5.4
Isaías 61.3 • Lucas 4.18

~ 152 ~
Cura de Deficientes

Pai, chegamos diante de Ti com ousadia e confiança, sabendo que Tu não és um homem para mentir e que zelas a Tua palavra para cumpri-la. Portanto, Pai, trazemos diante de Ti aqueles que são chamados de deficientes e doentes – mental e fisicamente. Pela autoridade de Tua Palavra, sabemos sem dúvida que é Tua vontade que essas pessoas – bebês, crianças e adultos – sejam completamente curados e restaurados em nome de Jesus.

Embora Satanás, o deus deste mundo, venha contra Tua obra, sabemos que Tu és o Deus de milagres, o Deus de amor, poder e força. Por meio de Teu plano redentor, somos redimidos da maldição da lei. A lei do Espírito da vida em Cristo Jesus nos livrou da lei do pecado e da morte. Estamos assentados com Cristo nos lugares celestiais, muito acima de todas as forças satânicas. Nós trazemos aqueles que foram atacados impiedosamente – mentalmente e/ou fisicamente – diante do Teu trono de graça. Intercedemos por eles, por suas famílias e entes queridos.

Proclamamos a vitória que Jesus conquistou no Calvário quando desarmou os principados e potestades que se moviam contra nós. Acreditamos que todos que tiverem a oportunidade, neste dia, de fazer de Jesus seu Senhor e Salvador invocarão Seu nome e serão salvos. Ligamos seus espíritos, almas e corpos à vontade de Deus, ao sangue de Jesus, à misericórdia, graça e verdade. Destruímos as fortalezas de falta de perdão, medo e desconfiança. Em nome de Jesus, desligamos a incredulidade, o medo, o desânimo, a tradição, a depressão e a opressão das mentes dos pais, filhos e indivíduos envolvidos.

Pai, oramos por pessoas batizadas e cheias do Espírito em posições de autoridade – administradores, professores, médicos, enfermeiras, serventes, atendentes e voluntários. Oramos para que homens e mulheres íntegros e completos aos Seus olhos, permaneçam nessas posições, mas que os ímpios sejam arrancados da terra e os aleivosos sejam exterminados. Pai, oramos para que os Trabalhadores da Colheita saiam pregando as boas novas aos perdidos e ao Corpo de Cristo.

Oramos para que Tu vivifiques esses indivíduos para a Tua Palavra – para que eles sejam cheios de sabedoria e conhecimento revelador sobre a integridade da Tua Palavra, falando palavras cheias de fé e fazendo ações cheias de fé. Oramos pela plenitude do Espírito Santo, por saúde divina, pelo fruto do espírito humano recriado, pelos dons do Espírito Santo e por libertação. Que eles saibam que Jesus é a Fonte de todo consolo, conforto e encorajamento, e que eles devem ser santificados – espírito, alma e corpo. Confessamos que eles são redimidos da maldição da lei – redimidos de toda doença, todo mal, enfermidade, aflição, defeito, deficiência, deformidade, lesão e todo demônio.

Falamos de cura aos fetos no ventre das mães, pois os filhos são herança do Senhor e o fruto do ventre é o seu galardão.

Falamos de restauração de células cerebrais danificadas e ativação de células cerebrais adormecidas. Falamos de intelecto normal para a idade. Falamos de milagres criadores para partes do corpo e cura para todas as feridas. Falamos palavras de vida e dizemos que eles viverão em vitória nesta vida e não morrerão. Falamos de perfeita sanidade da mente e integridade de corpo e espírito. Dizemos que as línguas estão desprendidas e que a fala é nítida. Dizemos que os ouvidos ouvem e os olhos veem, em nome de Jesus. Dizemos que os demônios são expulsos, curvando-se ao nome de Jesus. Falamos de libertação para corpos e mentes, pois Tu, Senhor Deus, és a Salvação da face deles e o Levantador dos que estão abatidos – a alegria do Senhor é sua força e fortaleza!

Comissionamos os espíritos ministradores de Deus a saírem enquanto ouvem a Palavra de Deus para fornecer a ajuda e assistência necessárias àqueles por quem estamos orando! Pai, nenhuma palavra Tua é vazia do poder necessário para fazer com que ela se cumpra! Nós firmamos a Tua Palavra nesta terra, pois ela já está firmada para sempre no céu. Nada é muito difícil ou impossível para Ti Todas as coisas são possíveis para nós que cremos. Oramos para que mais intercessores se levantem conosco. Que nossas orações sejam apresentadas como incenso diante de Ti – uma doce fragrância para Ti! Louvado seja o Senhor! Em nome de Jesus nós oramos, amém.

Referências Bíblicas

Romanos 3.4 • Marcos 16.17 • Marcos 11.23-24 • Jeremias 1.12
Salmos 42.11 • 1 Pedro 2.24 • Atos 3.16 • Salmo 146.8 • Mateus 8.17
2 Coríntios 4.4 • Neemias 8.10 • Marcos 7.35 • João 10.10
Salmo 103.20 • Provérbios 20.12 • Gálatas 3.13 • Mateus 9.37-38
Lucas 1.37 • Romanos 8.2 • Efésios 1.17-18 • Salmo 119.89
Efésios 2.6 • 2 Coríntios 1.3 • Jeremias 32.27 • Mateus 18.18
1 Tessalonicenses 5.23 • Marcos 9.23 • Provérbios 2.21-22
Salmo 127.3 • Salmo 141.2

~ 153 ~
Aqueles Envolvidos no Aborto

Introdução

Por meio de nosso ministério, uma querida filha de Deus compartilhou conosco as seguintes Escrituras, que continuam a ajudá-la em períodos de luto e tristeza. A graça e o amor de Deus provaram ser o bálsamo necessário para curar a dor emocional causada por um ato que não pode ser revertido. A memória da decisão jamais será apagada. Os lembretes estão por toda parte – na igreja, na mídia e na vida cotidiana.

A oração escrita tem uma aplicação dupla: (1) para um povo – uma nação – que permitiu a legalização do aborto sob demanda; (2) tanto para o homem quanto para a mulher envolvidos no processo de tomada de decisão. Durante os momentos de intercessão por mulheres e homens que lidam com os erros do passado, nos identificamos com eles em sua dor. A Palavra de Deus é o remédio que cura e a salvação das almas.

Oração

Esta oração também pode ser orada na forma singular "eu" pela pessoa envolvida no aborto.

Pai, em nome de Jesus, perdoa-nos como nação por desconsiderar a santidade da vida. Reconhecemos que cada pessoa é criada exclusivamente por Ti, Senhor – feita de maneira maravilhosa! Tu conheces cada um por dentro e por fora, conheces cada osso do corpo. Sabes exatamente como fomos feito, aos poucos, como fomos esculpidos do nada até ser alguma coisa. Todas as fases de uma vida são exibidas diante de Ti, e os dias são preparados antes mesmo de uma criança viver o primeiro deles. Porque agora vemos claramente, valorizamos a vida que Tu dás.

Pai, cada um de nós é um livro aberto para Ti; mesmo à distância, Tu sabes o que estamos pensando. Nós nunca estamos fora da Tua vista. Quando olhamos para trás, percebemos que Tu estavas lá. Estavas presente quando matamos o(s) ser(es) a quem deste a vida.

Senhor, nos arrependemos de nosso pecado e do pecado de nossa nação. Tem misericórdia de nós, ó Senhor. Pedimos Teu perdão, e Tu és fiel e justo para nos perdoar e nos purificar de toda iniquidade.

Se Tua lei não fora toda a nossa recreação, há muito que teríamos perecido em nossa aflição. Nunca esqueceremos Teus preceitos (como podemos?), pois é por eles que Tu nos tens vivificado (nos concedeste vida).

Estamos prestes a coxear; nossa dor e tristeza estão constantemente perante nós. Pois confessamos nossa culpa e iniquidade; afligimo-nos por causa de nosso pecado.

Portanto, em vez de mais repreensões, agora desejamos voltar e ser graciosamente perdoados, consolados e encorajados, para que não sejamos dominados por tristeza e desespero excessivos.

Olhamos para Jesus como nosso Salvador e Consolação e acolhemos Sua paz e plenitude em nossas almas. Não podemos trazer nosso(s) filho(s) de volta; iremos a eles; eles não voltarão para nós.

Estamos esperando e ansiando o cumprimento e a realização de nossa bendita esperança, sim, o glorioso aparecimento de nosso grande Deus e Salvador, Cristo Jesus (o Messias, o Ungido). Em Seu nome oramos, amém.

Referências Bíblicas
Salmo 139.14-16 (MSG) • Salmo 119.92-93 • Salmo 38.17-18
2 Coríntios 2.7 • Salmo 139.2-5 (MSG) • 2 Samuel 12.23
1 João 1.9 • Tito 2.13

~ 154 ~
Um Paciente com AIDS

I. Oração pelo Filho de Deus

Pai, Tu enviaste Jesus para sarar as mágoas de _____ e curar sua dor emocional e física. A Bíblia diz que Tu enviaste Tua Palavra para curá-lo(a) e livrá-lo(a) da destruição.

Senhor, nós cremos; ajuda a nossa incredulidade. Pedimos a Ti que dês a _____ um espírito de sabedoria e revelação para discernir mistérios e segredos, no conhecimento profundo e íntimo de Jesus, o Messias.

Pai, à medida que _____ cresce na graça e no conhecimento do Senhor Jesus Cristo, ajuda-o(a) a receber todas as bênçãos espirituais dadas por Ti. Obrigado por dares a ele/ela a paz que o mundo não pode tirar.

Senhor, Teu Filho, Jesus, deu Tua vida por _____. Ele/ela O recebeu como seu Senhor e renasceu, desejando dar glória a Ti e continuar em comunhão com Tua família. Jesus vive em seu coração, e ele/ela ama a Ti e aos outros como ama a si mesmo(a). Obrigado porque _____ encontra bastante apoio do Corpo de Cristo para que ele/ela encontre encorajamento, edificação e conforto.

Pai Celestial, em Tua misericórdia, fortalece _____ e ajude-o(a) com seus problemas físicos. Deixe-o(a) saber que não está sozinho(a), pois não há nada que possa separá-lo(a) do amor de Cristo – nem dor, estresse ou perseguição. Ele/ela vencerá todas as circunstâncias ou provações através do amor de Jesus.

Pai, _____ está confiando em Ti e fazendo o bem; assim ele/ela habitará na terra e se alimentará seguramente de Tua fidelidade, e verdadeiramente ele/ela será alimentado(a). _____ também se deleita em Ti, e Tu satisfarás os desejos e petições secretas de seu coração. Pedimos que dês a _____ a graça de entregar seu caminho a Ti, confiando em Ti, e tudo Tu farás.

Ajuda _____ a entrar no Teu repouso, Senhor, e a esperar por Ti sem se preocupar. Que ele/ela cesse com a raiva e a ira perversa.

Pai, Tu não deste a _____ um espírito de temor, mas de poder, de amor e de moderação. Nem ele/ela ficará confuso(a) e deprimido(a). Tu lhe deste ornamento em lugar de cinza, óleo de alegria em lugar de tristeza, vestes de louvor em lugar de espírito angustiado, para que Tu sejas glorificado.

O castigo que traz a paz e o bem-estar de _____ estava sobre Jesus, e pelas pisaduras que O feriram, ele/ela foi sarado(a) e curado(a).

Como Teu/Tua filho(a), Pai, _____ tem uma esperança alegre e confiante de salvação eterna. Esta esperança nunca irá desapontá-lo(a) ou confundi-lo(a), pois Teu amor foi derramado em seu coração pelo Espírito Santo, que lhe foi dado. Em nome de Jesus, amém.

Referências Bíblicas
Lucas 4.18 • Romanos 8.35-37 • Salmo 107.20 • 2 Coríntios 2.14
Marcos 9.24 • Salmo 37.3-5,7-8 • Efésios 1.17
2 Timóteo 1.7 • 2 Pedro 3.18 • Isaías 54.4 • Efésios 1.3
Isaías 61.3 • João 14.27 • Isaías 53.5 • João 3.3
Romanos 5.4-5 • João 13.34

II. Oração por Alguém que Não Conhece Jesus como Senhor

Agradecemos por nos chamares para sermos Teus agentes de intercessão por _____. Pela graça de Deus, intercederemos diante de Ti por _____ para que ele/ela seja poupado(a) da destruição eterna.

Senhor, nós reconhecemos Teu Filho, Jesus, como o Cordeiro de Deus que tira os pecados de _____. Obrigado por enviares o Espírito Santo que sai para persuadir e convencer _____ do pecado, da justiça e do juízo. Tua bondade o(a) leva a se arrepender – a mudar sua mente e seu interior para aceitar a Tua vontade. Tu és Aquele que livra _____ e o(a) atrai para Si mesmo, para fora do controle e domínio das trevas, e o(a) transporta para o Reino do Filho do Teu amor.

Senhor da seara, pedimos-Te que coloques no caminho de _____ o ceifeiro perfeito, um ceifeiro para compartilhar o Teu Evangelho de uma maneira especial para que ele/ela o ouça e entenda. Cremos que ele/ela cairá em si – sairá da armadilha do diabo que o(a) manteve cativo – e fará de Jesus o Senhor de sua vida.

Pai, à medida que _____ cresce na graça e no conhecimento do Senhor Jesus Cristo, ajuda-o(a) a receber todas as bênçãos espirituais dadas por Ti. Obrigado por dares a ele/ela a paz que o mundo não pode tirar.

Pai Celestial, em Tua misericórdia, fortalece _____ e ajude-o(a) com seus problemas físicos. Deixe-o(a) saber que não está sozinho(a), pois não há nada que possa separá-lo(a) do amor de Cristo – nem dor, estresse ou perseguição. Ele/ela chegará vencerá todas as circunstâncias ou provações através do amor de Jesus.

Ajuda _____ a entrar no Teu repouso, Senhor, e a esperar por Ti sem se preocupar. Que ele/ela cesse com a raiva e a ira perversa.

Pai, Tu enviaste Jesus para sarar as mágoas de _____ e curar sua dor emocional e física. A Bíblia diz que Tu enviaste Tua Palavra para curá-lo(a) e livrá-lo(a) da destruição. Pedimos a Ti que dês a _____ um espírito de sabedoria e revelação para discernir mistérios e segredos, no conhecimento profundo e íntimo de Jesus, o Messias.

O castigo que traz a paz e o bem-estar de _____ estava sobre Jesus, e pelas pisaduras que O feriram, ele/ela foi sarado(a) e curado(a). Como Teu/Tua filho(a), Pai, _____ tem uma esperança alegre e confiante de salvação eterna. Esta esperança nunca irá desapontá-lo(a) ou confundi-lo(a), pois Teu amor foi derramado em seu coração pelo Espírito Santo, que lhe foi dado. Em nome de Jesus, amém.

Referências Bíblicas

Ezequiel 22.30 • João 14.27 • João 1.29 • Romanos 8.35-37
João 16.8-12 • 2 Coríntios 2.14 • Romanos 2.4
Salmo 37.7-8 • Colossenses 1.13 • Lucas 4.18
Mateus 9.38 • Salmo 107.20 • 2 Timóteo 2.26
Efésios 1.17 • 2 Pedro 3.18 • Isaías 53.5
Efésios 1.3 • Romanos 5.5

∼ 155 ∼
Presidiários

Introdução

As seguintes orações foram escritas em resposta a cartas de prisioneiros solicitando orações para serem usadas por eles em circunstâncias especiais. Elas podem ser oradas juntamente de um parceiro de oração ou intercessor.

I. Oração pela Proteção e Futuro de um Preso

Pai, oro para que eu possa me tornar útil, prestativo e gentil com aqueles ao meu redor, misericordioso (compassivo, compreensivo, amoroso), perdoando os outros prontamente e livremente, como Tu, Pai, em Cristo, perdoaste meus pecados.

É meu desejo ser um imitador de Ti, Senhor. Com o Espírito Santo como meu Ajudador, vou copiá-Lo e seguirei Teu exemplo como uma criança amada imita seu pai. Proponho andar em amor, estimando e me deleitando nos outros como Cristo me ama. Ao guardar a Tua Palavra, dependo do Teu Espírito Santo para me ensinar a viver uma vida de vitória em Cristo Jesus, meu Senhor.

Em nome de Jesus, eu sou Teu filho. Habito no esconderijo do Altíssimo e à sombra do Onipotente permaneço. Eu digo de Ti,

Senhor, que Tu és meu Refúgio e Fortaleza – meu Deus; em Ti confiarei. Tu me cobres com as Tuas penas, e debaixo das Tuas asas eu me refugiarei. Tua verdade é meu escudo e broquel.

Porque Tu és meu Senhor, meu Refúgio e Abrigo, nenhum mal me acontecerá – nenhum acidente me atingirá – nem nenhuma praga ou calamidade chegará perto de mim. Tu dás a Teus anjos uma responsabilidade especial sobre mim, para me guardarem em todos os meus caminhos de obediência e serviço.

Obrigado por ouvires minha oração. Estás comigo na angústia; Tu me livras e me dás abundância de dias, e me mostras a Tua salvação. Em nome de Jesus, amém.

REFERÊNCIAS BÍBLICAS
Efésios 4.32 • Salmo 91.9-11
Efésios 5.1-2 • Salmo 91.15-16 • Salmo 91.1-2,4

II. Oração por um Pai Encarcerado e Seus Filhos

Ouve, Deus, estou clamando a plenos pulmões: "Sê bom para mim! Responda-me!"

Quando meu coração sussurrou: "Busque a Deus", todo o meu ser respondeu: "Estou procurando por Ele!" Não Te escondas de mim agora.

Eu não sabia disso antes, mas agora sei que Tu sempre estiveste por perto para me ajudar: não vires as costas para mim agora. Não me deixes de fora, não me abandones; Tu sempre mantiveste a porta aberta (Salmos 27.9-10 – MSG).

Agradeço por enviares ministros para falarem sobre Ti e Teu amor por mim.

Meus filhos dizem que me odeiam; eles se sentem abandonados e sozinhos. Mesmo que seu pai/mãe os tenha deixado, peço a Ti, Pai, que os acolhas.

Senhor da colheita, peço que envies Trabalhadores da Colheita e sábios conselheiros para meus filhos, que foram feridos por minhas ações.

Pai, pequei contra Ti, contra meus filhos e contra mim mesmo. Eu me arrependo dos pecados que tão facilmente me cercaram e peço que me perdoes.

Pai, a Tua Palavra me assegura que Tu me perdoas e me purificas de toda iniquidade. Obrigado por me perdoares. Oro para que meus filhos estejam dispostos a me perdoarem, para que possamos ser uma família novamente.

Em nome de Jesus, lanço sobre Ti o cuidado de meus filhos e descanso na certeza de que aperfeiçoarás o que me concerne. Eu visto a veste de louvor e me deleito em Ti. Ensina-me os Teus caminhos, Senhor, para que eu possa andar e viver na Tua verdade. Em nome de Jesus, amém.

REFERÊNCIAS BÍBLICAS
Salmo 27.7-10 (MSG) • Isaías 61.3 • Mateus 9.38 • 1 João 1.9
Salmo 86.11 • 1 Pedro 5.7 • Salmo 138.8 • Hebreus 12.1

III. Oração Para um Preso Orar Por Sua Família e Cuidadores

Pai, pequei contra Ti, contra meus filhos e contra mim mesmo. Eu me arrependo dos pecados que tão facilmente me cercaram e peço Teu perdão.

Pai, a Tua Palavra me assegura que Tu me perdoas e me purificas de toda iniquidade. Obrigado por me perdoares. Oro para que meus filhos estejam dispostos a me perdoarem, para que possamos ser uma família novamente.

Obrigado pela pessoa que assumiu a responsabilidade por meus filhos enquanto estou fora. Oro para que Tu fortaleças _____ e o(a) enchas com Teu Espírito, que lhe dá grande sabedoria, habilidade e destreza para criar os filhos que Tu me deste. Arrependo-me de não ter assumido minha responsabilidade para com meus filhos e peço que recompenses aquele que está cuidando deles.

A boca de _____ falará de sabedoria; e a meditação do seu coração será de entendimento. Eu Te agradeço porque ele/ela está em Cristo Jesus, que foi feito para ele/ela sabedoria de Ti—sua justiça, santidade e redenção. Ele/ela está cheio do conhecimento da Tua vontade em toda a sabedoria e entendimento espiritual, para que possa viver uma vida digna de Ti e Te agradar em todos os sentidos, frutificando em toda boa obra.

Pai, sou responsável por minhas próprias ações e reconheço que o que fiz prejudicou toda a minha família. Perdoa-me por desonrar a Ti, minha família, meus amigos e meus filhos. Dá-me a graça de pagar minha dívida e fazer meu trabalho designado como se fosse para Ti. Ajuda-me a desenvolver diligência e paciência, dedicando-me à oração, estudo e meditação em Tua Palavra.

Senhor, há violência dentro destas paredes, mas eu olho para Ti. Esconda-me no abrigo da Tua presença, a salvo das intrigas e tramas dos que conspiram contra mim. Abriga-me em Tua presença, longe de línguas acusadoras. Em nome de Jesus, eu oro.

Referências Bíblicas
1 João 1.9 • Colossenses 1.9-10 • Salmo 49.3
Colossenses 3.23-24 • Salmo 31.20

Anotações

Anotações

Anotações

Gostou?

Você foi abençoado por este livro? A leitura desta profunda obra foi uma experiência rica e impactante em sua vida espiritual?

O fundador da Editora Atos, que publicou este exemplar que você tem nas mãos, o Pastor Gary Haynes, também fundou um ministério chamado *Movimento dos Discípulos*. Esse ministério existe com a visão de chamar a igreja de volta aos princípios do Novo Testamento. Cremos que podemos viver em nossos dias o mesmo mover do Espírito Santo que está mencioado no livro de Atos.

Para isso acontecer, precisamos de um retorno à autoridade da Palavra como única autoridade espiritual em nossas vidas. Temos que abraçar de novo o mantra *Sola Escriptura*, onde tradições eclesiásticas e doutrinas dos homens não têm lugar em nosso meio.

Há pessoas em todo lugar com fome de voltarmos a conhecer a autenticidade da Palavra, sermos verdadeiros discípulos de Jesus, legítimos templos do Espírito Santo, e a vivermos o amor ágape, como uma família genuína. E essas pessoas estão sendo impactadas pelo *Movimento dos Discípulos*.

Se esses assuntos tocam seu coração, convidamos você a conhecer o portal que fizemos com um tesouro de recursos espirituais marcantes.

Nesse portal há muitos recursos para ajudá-lo a crescer como um discípulo de Jesus, como a TV Discípulo, com muitos vídeos sobre tópicos importantes para a sua vida.

Além disso, há artigos, blogs, área de notícias, uma central de cursos e de ensino, e a Loja dos Discípulos, onde você poderá adquirir outros livros de grandes autores. Além do mais, você poderá engajar com muitas outras pessoas, que têm fome e sede de verem um grande mover de Deus em nossos dias.

Conheça já o portal do Movimento dos Discípulos!

www.osdiscipulos.org.br